4

ESO

LATÍN

J. L. NAVARRO GONZÁLEZ,
J. Mª RODRÍGUEZ JIMÉNEZ

Usa este código para:

Acceder al
BANCO DE RECURSOS

y descargar el
LIBRO DIGITAL

disponibles en
www.anayaeducacion.es

ANAYA

5

APERTURA DE UNIDAD DIDÁCTICA

Diversidad de **textos** e **imágenes** para conectar la percepción del mundo antiguo con la cultura y la actualidad.

Reflexiones en grupo.

Un **cómic** en latín para que aprendas vocabulario y estructuras sintácticas sencillas en un latín más cercano y, a veces, coloquial.

Iconos que sugieren qué **clave del proyecto** puedes aplicar.

DESARROLLO DE LOS CONTENIDOS

Organizadores visuales.

Conoce reglas de evolución fonética, la formación de palabras y los latinismos en el apartado de **léxico**.

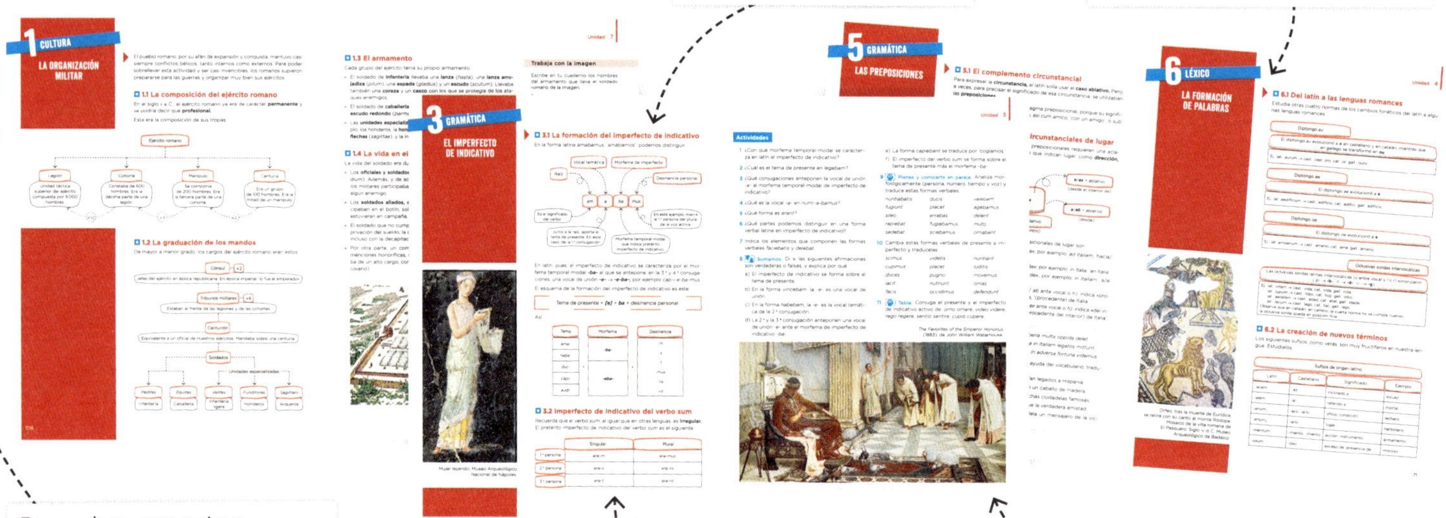

Descubre aspectos de la civilización romana en el apartado de **cultura**.

Aprende de forma ordenada y progresiva los **contenidos gramaticales**.

Actividades para reforzar y ampliar los contenidos.

LAS CLAVES DEL PROYECTO

Compromiso ODS

Descubre los Objetivos de Desarrollo Sostenible y forma parte activa de nuestro compromiso para lograr un mundo más igualitario y habitable.

Plan Lingüístico

Pon en práctica tus destrezas comunicativas en los diferentes tipos de texto que te proponemos. El lenguaje siempre está presente, ¡comunícate!

Desarrollo del pensamiento

Trabaja estrategias de pensamiento: reflexiona sobre los contenidos que estás aprendiendo y genera ideas, organízalas, priorízalas, arguméntalas, exponlas...

Aprendizaje cooperativo

Im[...]lícate en tu apren-[...] participa en el de[...]rupo; com-proba[...] mejora [...] to y la conv[...] clase.

CONTEXTOS CLÁSICOS

En la revista **Contextos clásicos** descubre la cultura latina a través de sus textos y su arquitectura.

Trabaja tus competencias con un **texto latino y su traducción.**

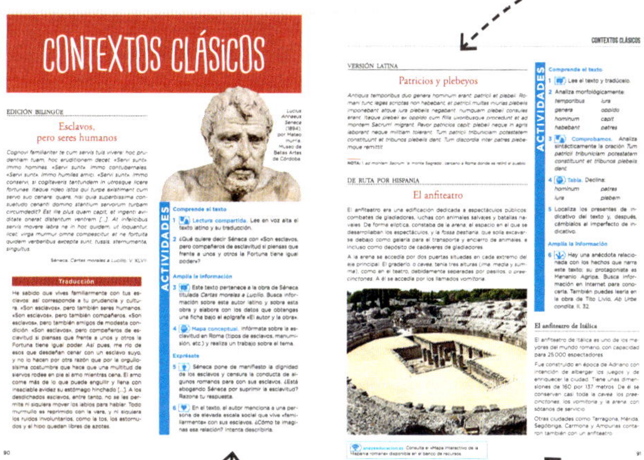

Atrévete a traducir un **texto en latín** sobre los contenidos culturales que has aprendido.

Visita el **legado** arquitectónico romano presente en nuestra geografía.

Actividades para que apliques las claves del proyecto.

COMPRUEBA LO APRENDIDO

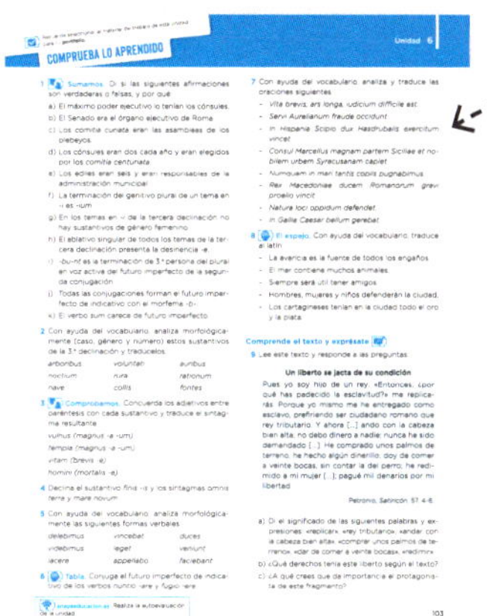

Comprueba todo lo que has aprendido en cada unidad con estas actividades.

Llamadas a recursos digitales de anayaeducacion.es.

APÉNDICE GRAMATICAL Y VOCABULARIOS

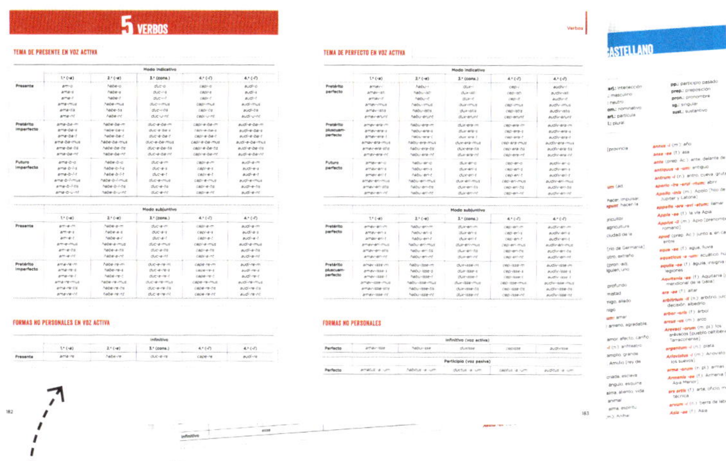

Apéndice gramatical de fácil consulta al final del libro.

Dos completos **vocabularios** que te ayudarán a resolver las actividades

Educación emocional

Aprende a conocerte; identifica las situaciones que te generan emociones bloqueantes y gestiónalas con experiencias de autoafirmación constructiva.

Cultura emprendedora

Confía en tus aptitudes y conocimientos, desarrolla la creatividad, adáptate a las situaciones cambiantes y ten una actitud proactiva y responsable.

TIC

Aprende a obtener información, seleccionarla y aplicarla; a planificar, gestionar y elaborar trabajos; a colaborar en Red de forma ética y segura.

Orientación académica y profesional

Valora tus capacidades personales, descubre y despierta tu vocación, entrénate en la toma de decisiones y aprende a orientarte entre distintas opciones.

Evaluación

Descubre diversas estrategias para analizar qué has aprendido y cómo lo has aprendido; entrénate para asumir compromisos o superar dificultades.

ASÍ ES EL PROYECTO DIGITAL

www.anayaeducacion.es

Regístrate en **www.anayaeducacion.es**. Solo necesitas tener un correo electrónico, el código que se indica en la primera página de este libro y el permiso de tu padre, madre, tutor o tutora legales. Así podrás acceder al banco de recursos y descargar el libro digital.

LIBRO DIGITAL

Una versión digital de tu libro, que podrás usar en condiciones *offline* y *online*, con acceso a los recursos digitales tanto agrupados por tipologías como asociados a los contenidos de cada unidad.

BANCO DE RECURSOS

Un espacio con recursos, técnicas y actividades, diseñado para afianzar tus conocimientos.

RECURSOS RELACIONADOS CON LAS CLAVES DEL PROYECTO

Más sobre las claves

Compromiso ODS, con microvídeos que te ayudarán a conocer cuáles son las metas para alcanzar los Objetivos de Desarrollo Sostenible trabajados en el proyecto.

Plan Lingüístico, con infografías que te darán las pautas para abordar el trabajo por medio de distintos tipos de textos (descriptivo, narrativo, expositivo, etc.).

Desarrollo del pensamiento, donde se incorporan explicaciones sobre cómo aplicar las distintas estrategias de pensamiento planteadas en el proyecto.

Aprendizaje cooperativo, que incluye la descripción de las técnicas de aprendizaje cooperativo propuestas en el proyecto.

Educación emocional, con orientaciones para superar la inquietud generada en diferentes situaciones de tu proceso de aprendizaje (inicio del curso, enfrentarte a un examen, etc.).

TIC, mediante fichas que reforzarán tu uso saludable, correcto y seguro de las tecnologías de la información y la comunicación.

Orientación académica y profesional, con información sobre diferentes profesiones vinculadas a los contenidos tratados en la asignatura.

Evaluación, se presentan orientaciones para hacer tu portfolio, así como rúbricas y dianas que facilitan tu autoevaluación.

RECURSOS DESTACADOS DE LA MATERIA

- Materiales audiovisuales (animaciones, locuciones, etc.)
- Mapas interactivos
- Guías de gramática y de traducción
- Frases y expresiones latinas
- Diccionario de latinismos
- Diccionarios de latín y castellano

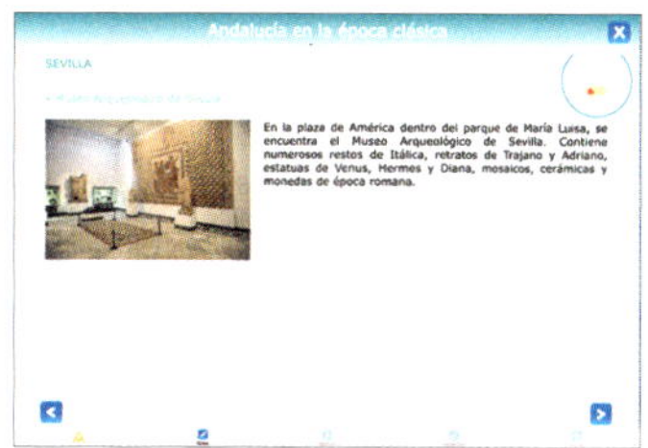

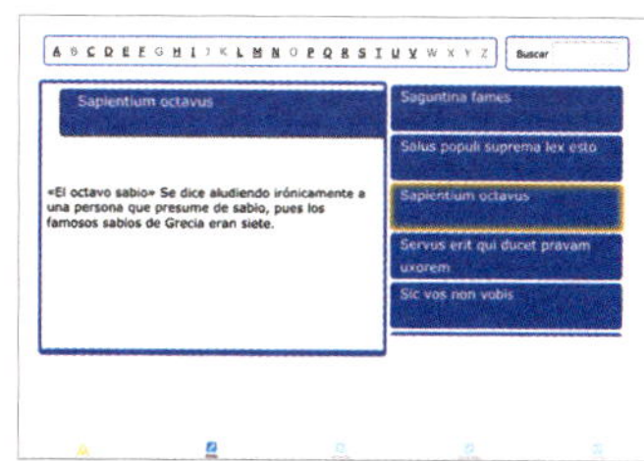

RECURSOS CLASIFICADOS POR UNIDADES

Todos los recursos clasificados para que puedas localizar fácilmente los relacionados con cada apartado de tu unidad.

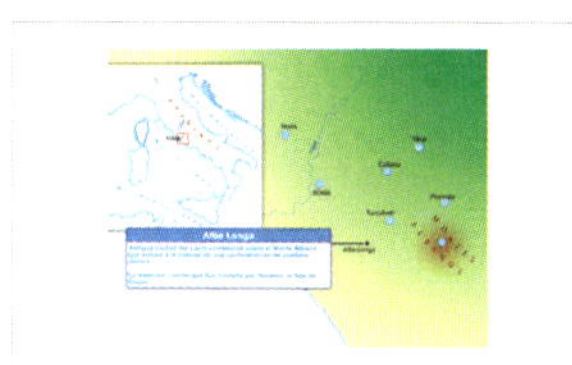

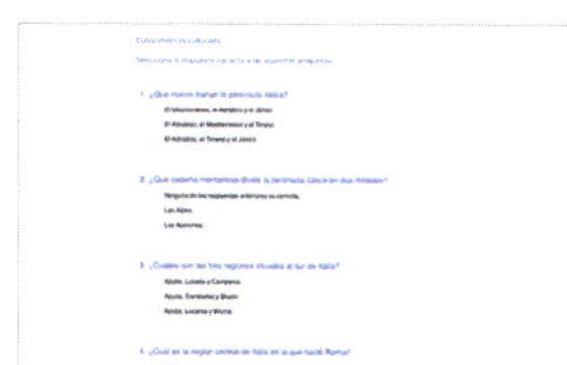

ASÍ SON
LOS CONTENIDOS DEL CURSO

1 LA LENGUA LATINA Pág. 8

2 LA CIUDAD DE ROMA Pág. 26

3 LA HISTORIA DE ROMA Pág. 44

4 HISPANIA Pág. 60

5 LA ESTRUCTURA SOCIAL ROMANA Pág. 76

6 LA ORGANIZACIÓN POLÍTICA EN ROMA Pág. 92

7 EL EJÉRCITO ROMANO Pág. 106

8 LA RELIGIÓN EN ROMA Pág. 122

9 FAMILIA Y EDUCACIÓN EN ROMA Pág. 140

10 OCIO Y TIEMPO LIBRE Pág. 158

APÉNDICE Pág. 176

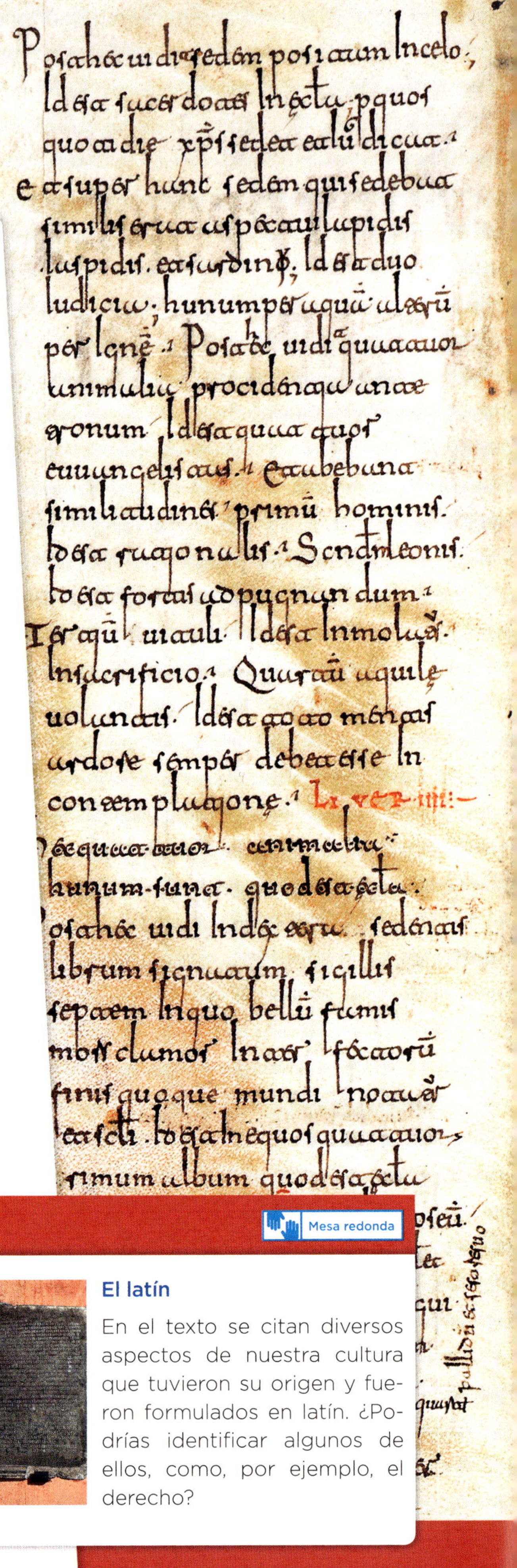

1

LA LENGUA LATINA

El latín y los muertos

[...] Todo lo que nos conforma por dentro, todo nuestro acervo moral e intelectual —nuestra herencia más verdadera e irrenunciable—, ha sido formulado en latín. Los signos que componen nuestro alfabeto son latinos, la sintaxis y las relaciones gramaticales que empleamos al hablar son latinas, también las figuras retóricas a las que recurrimos para que nuestras palabras sean más expresivas. Y, en fin, todo nuestro universo espiritual fue formulado en latín, o al menos trasfundido al latín [...]; los conceptos de persona y de familia, de tradición y bien común fueron formulados en latín; las nociones de poder y autoridad, de amor y sabiduría fueron formulados en latín; los planetas y los metales, los vicios y las virtudes, los dogmas y los preceptos, los contratos y los testamentos fueron formulados en latín. Hasta nuestra alegría y nuestro llanto, nuestros piropos y nuestras invectivas fueron formulados en latín; y hoy lloramos y reímos, nos abrazamos y enfadamos porque el latín moldeó nuestras pasiones y sentimientos. [...]

Por las venas y arterias de nuestra palabra y nuestro pensamiento discurría la sangre de la lengua latina. Alentaba toda nuestra vida, era propiamente nuestra alma; por lo que nada hay más grotesco que llamarla «lengua muerta». Quienes estamos completamente muertos somos nosotros, por dejar que nos las arrebatasen.

Juan Manuel De Prada, «Animales de compañía». *XL Semanal*.

REFLEXIONA SOBRE EL TEMA

Mesa redonda

Identidad moral e intelectual

¿Crees que la sociedad actual es consciente de que el latín está en la base de la cultura occidental? ¿Qué efectos negativos pueden producirse por ignorar el origen y el fundamento de la propia cultura?

El latín

En el texto se citan diversos aspectos de nuestra cultura que tuvieron su origen y fueron formulados en latín. ¿Podrías identificar algunos de ellos, como, por ejemplo, el derecho?

anayaeducacion.es. En tu banco de recursos dispones de diversos talleres para gestionar tus emociones.

AVE! EGO MARCUS SUM!

VOCABULARIO

ave: hola
ego: yo
sum: soy
quindecim annos: quince años
natus sum: tengo
magna: grande (en femenino)
villa: casa de campo
habito: vivo
cum: con
post: después
cum cane: con el perro
discimus: aprendemos
deambulamus: paseamos
vale: adiós

Accede a la animación de este cómic disponible en el banco de recursos de anayaeducacion.es.

1 CULTURA

EL LATÍN, UNA LENGUA INDOEUROPEA

1.1 El indoeuropeo

Detrás de nuestra lengua y de nuestra escritura hay una larga historia. Podríamos preguntarnos: ¿de dónde viene nuestra lengua?, ¿qué tiene nuestra lengua en común con otras lenguas actuales?, ¿por qué escribimos de esta forma y no de otra, como los chinos o los árabes?

Si clasificamos las lenguas que se hablan en España por sus orígenes, vemos que el **castellano,** el **catalán,** el **valenciano** y el **gallego** derivan del latín, pero no así el **euskera.** De la misma manera, **el latín deriva del indoeuropeo,** al igual que la mayoría de las lenguas de Europa.

¿Qué es el indoeuropeo? ¿Quién lo hablaba?

El indoeuropeo es el idioma que hablaba el pueblo al que se ha dado este mismo nombre, que estaba asentado en las estepas de Asia central, al sur de la actual Rusia, en torno al 4000 a. C.

En torno al 2000 a. C., los indoeuropeos comenzaron a disgregarse, trasladándose a distintos puntos de Europa y de Asia. El resultado fue la escisión del indoeuropeo en **dos ramas:** una **oriental** y otra **occidental.**

Como el indoeuropeo se utilizó en un tiempo anterior a la escritura, no hay ningún documento en esta lengua. A pesar de ello, se ha podido reconstruir parcialmente por comparación entre las lenguas derivadas de él, que son muchas, como puedes observar en la tabla.

Rama oriental		
Grupo	Lenguas antiguas	Lenguas modernas
Indo-iranio	India: védico, sánscrito	Neoindio, nepalí, bengalí y dialectos
	Irán: persa antiguo, avéstico	Urdú, persa y pashto
Armenio	Armenio antiguo	Armenio moderno
Eslavo	Antiguo eslavo	Ruso, polaco, checo, ucraniano, búlgaro, serbocroata, esloveno y eslovaco
Albanés	Albanés antiguo	Guego y tosco
Báltico	Antiguo báltico	Lituano y letón

Rama occidental		
Grupo	Lenguas antiguas	Lenguas modernas
Griego	Griego antiguo	Griego moderno
Itálico	Latín	Lenguas romances: castellano, catalán, gallego, valenciano, francés, italiano, portugués, provenzal, retorromano, rumano y sardo
	Osco-umbro	–
Germánico	Gótico	Alemán, holandés, inglés, sueco, danés, noruego e islandés
Celta	Celta	Irlandés, escocés, galés y bretón
Anatolio	Hetita	–
Tocario	Tocario	–

Trabaja con la imagen

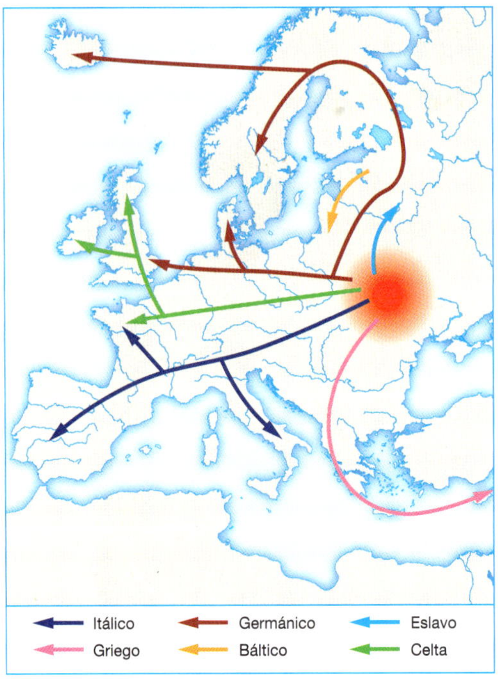

En este mapa puedes observar las migraciones indoeuropeas de Europa y de los distintos grupos de lenguas a las que dieron origen.

Investiga y realiza un mapa con la expansión del indoeuropeo por el continente asiático. En ese mapa indica también las lenguas que derivaron de él.

Las lenguas indoeuropeas de Europa

Actividades

Recuerda lo aprendido

1 ¿En qué lugar y en qué época se supone que surgió el indoeuropeo?

2 ¿Qué entendemos por lengua indoeuropea?

3 Cita diez lenguas de origen indoeuropeo que se hablen en la actualidad.

4 ¿A qué grupo del indoeuropeo pertenecen el checo o el búlgaro? ¿Y a qué rama?

5 **Comprobamos.** Indica el extraño de cada serie y explica por qué:

a) Báltico, eslavo, itálico, armenio.

b) Griego, itálico, germánico, tocario.

c) Húngaro, estonio, euskera, letón.

d) Portugués, gallego, francés, catalán.

e) Védico, sánscrito, avéstico, nepalí.

6 En tu cuaderno, relaciona ambas columnas:

1. Nepalí	a) Itálico
2. Rumano	b) Germánico
3. Islandés	c) Báltico
4. Sardo	d) Celta
5. Lituano	e) Armenio
6. Danés	f) Eslavo
7. Galés	g) Indo-iranio
8. Armenio	h) Germánico
9. Checo	i) Itálico
10. Esloveno	j) Eslavo

7 ¿Qué lenguas indoeuropeas se hablan en España? ¿Y no indoeuropeas?

Amplía la información

8 Investiga sobre el pueblo indoeuropeo, su lengua y su descubridor.

2 CULTURA

HISTORIA DE LA LENGUA LATINA

2.1 La expansión del latín

En el siglo VI a. C., en la península itálica se hablaban varias lenguas, entre ellas el latín. A medida que Roma fue extendiendo su dominio por el mundo, también fue afianzando su lengua: el latín.

A finales del siglo III d. C., el latín era una **lengua de uso** en casi toda **Europa.**

2.2 El latín culto y el latín vulgar

El latín que se hablaba en el Imperio romano era una lengua distinta del latín que se escribía.

El latín culto

El latín culto era el **latín escrito,** literario. Lo usaron los autores literarios de todas las partes del Imperio y en todas las épocas. Permaneció prácticamente inalterado y unificado a través de los siglos.

Este latín culto, además de ser la **lengua de la literatura** en sentido estricto, fue la lengua en la que se transmitió todo el legado cultural romano: el derecho, la ciencia, la lingüística, la filosofía, etc.

El latín vulgar

El latín vulgar era el **«hablado»,** el latín corriente y popular. Al ser una lengua hablada, tenía aspectos distintos y dialectales entre las diversas provincias del Imperio. Es decir, que el latín que se hablaba en la Galia era distinto del latín que se hablaba en el norte de África, por ejemplo.

2.3 La evolución del latín culto

Ahora bien, tanto el latín que se hablaba como el que se escribía fueron evolucionando con el paso del tiempo y vivieron varias etapas. Son las siguientes:

- El **latín arcaico** (siglos VI al I a. C.). Con este latín, al principio, se escribieron tan solo textos epigráficos; es decir, inscripciones sobre piedra, metal...; luego, fueron apareciendo los primeros textos literarios.
- El **latín clásico** (siglos I a. C.-I d. C.). En esos años se afianzó el latín culto y la literatura latina alcanzó su época de esplendor, tanto en verso como en prosa.
- El **latín tardío** (siglos II-VII d. C.). La decadencia y el final del Imperio vieron la desintegración paulatina del latín y la formación de las lenguas romances.
- El **latín medieval.** Durante la Edad Media, el latín ya no se hablaba, pero se utilizaba como lengua escrita y de cultura.
- El **latín humanístico y eclesiástico** (desde el Renacimiento, siglos XV y XVI, en adelante). En esta época, los humanistas procuraron recuperar el latín de la época clásica. Hasta el siglo XVIII, el latín se siguió utilizando como medio de expresión científica (Newton, Linneo, etc.) y hoy sigue siendo la lengua oficial de la Iglesia católica.

Detalle de *Factorum et dictorum memorabilium*, de P. Valerio Máximo, dedicados al emperador Tiberio. Siglo XV. Biblioteca Nacional de España.

2.4 La evolución del latín vulgar

Como hemos dicho anteriormente, frente a un latín culto, oficial y literario, había un latín vulgar, de carácter espontáneo y coloquial, hablado por campesinos, soldados y súbditos del Imperio alejados de Roma.

El nacimiento de las lenguas romances

Precisamente de ese latín vulgar, cada vez más apartado de las normas gramaticales, nacieron en Europa las lenguas romances: castellano, catalán, valenciano, gallego, francés, italiano, portugués, provenzal, retorromano, rumano y sardo.

Trabaja con la imagen

Este es el mapa con la distribución de las lenguas en España. La única lengua no romance es el euskera.

Busca información sobre esta lengua prerromana. ¿Crees que el latín influyó en el euskera? Y al contrario, ¿ha influido el euskera en las lenguas que han estado en contacto con él?

Actividades

Recuerda lo aprendido

1 ¿Sabes qué es el latín culto? ¿Y el latín vulgar?

2 **Línea del tiempo.** Haz una tabla en la que indiques los distintos tipos de latín que ha habido a lo largo de la historia y su cronología.

3 **Comprobamos.** En tu cuaderno, relaciona ambas columnas:

1. Latín culto	a) Renacimiento
2. Laltín tardío	b) Latín popular
3. Latín arcaico	c) Decadencia del Imperio
4. Latín clásico	d) Escritura
5. Latín humanístico	e) Literatura latina
6. Latín vulgar	f) Inscripciones

4 ¿Qué se entiende por latín clásico?

5 ¿Se hablaba el mismo latín en todas las provincias del Imperio?

6 ¿Hasta qué siglo se utilizó el latín como medio de expresión científica?

7 ¿Qué es una lengua romance? ¿Cuáles son las lenguas romances de Europa? ¿Y de España?

8 Las lenguas romances no surgieron del latín clásico. ¿De qué lengua lo hicieron?

Exprésate

9 **El espejo.** ¿Podrías establecer alguna relación entre el latín del Imperio romano y el inglés que se habla hoy? ¿Se puede decir que existe un inglés «culto», escrito, y un inglés popular, o «vulgar», hablado con pronunciaciones y acentos diferentes? Razona tu respuesta.

Accede a la información sobre el latín culto y el latín vulgar disponible en el banco de recursos de anayaeducacion.es.

3 CULTURA

HISTORIA DE LA ESCRITURA

3.1 Los sistemas de escritura

La historia de las lenguas, como hemos visto, es muy antigua; la historia de la escritura, en cambio, es mucho más reciente. Otra cosa que debes saber es que, al igual que los seres humanos hablan lenguas diferentes (chino, árabe, inglés, etc.), también utilizan sistemas de escritura diferentes.

La historia de la escritura ha seguido un proceso que recuerda el modo que tenemos de aprender a leer y a escribir: primero, identificamos dibujos; después, silabeamos y, finalmente, relacionamos los sonidos con las letras. Estas son las **cuatro fases** de la historia de la escritura:

Fases de la historia de la escritura

Escritura ideográfica

Representa ideas o palabras mediante **dibujos** sencillos. Este sistema de escritura presenta problemas, debido a la gran cantidad de signos que es preciso memorizar para poder escribir; por ejemplo, el chino tiene varios miles de caracteres diferentes. La **escritura china** es ideográfica.

Escritura pictográfica

Representa objetos reales mediante un **dibujo simplificado.** Por ejemplo, un pictograma que representa una mano significa «mano»; un pictograma que representa un ojo significa «ojo», etc. La **escritura jeroglífica egipcia** es pictográfica.

Escritura silábica

Utiliza **signos** para representar no ya un concepto, sino una parte de la palabra: la **sílaba.** El conjunto de símbolos de todas las sílabas de una lengua es un **silabario.** La **escritura japonesa** actual es silábica.

Escritura alfabética

Emplea **signos** para representar **fonemas.** Cada signo representa un fonema. La invención de la escritura alfabética supuso un avance trascendental, pues con un número reducido de signos (entre 20 y 30) se pueden representar todas las palabras de una lengua. Nuestra **escritura latina** es alfabética.

Trabaja con la imagen

La escritura es la representación gráfica del lenguaje. Escribir nos permite conservar las palabras en el tiempo; transmitir conocimientos, emociones y pensamientos, o recordar cosas.

En la historia de la escritura hay dos períodos bien diferenciados: el de la escritura no fonológica, en el que no hay relación entre los signos escritos y los sonidos, y el de la escritura fonológica, en el que los signos escritos representan los fonemas de una lengua. Entre las primeras están la escritura ideográfica y la pictográfica, y entre las segundas, la escritura silábica y la alfabética. Identifícalas.

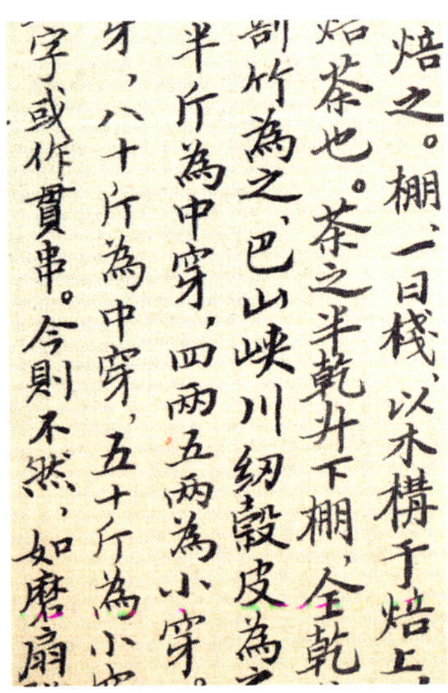

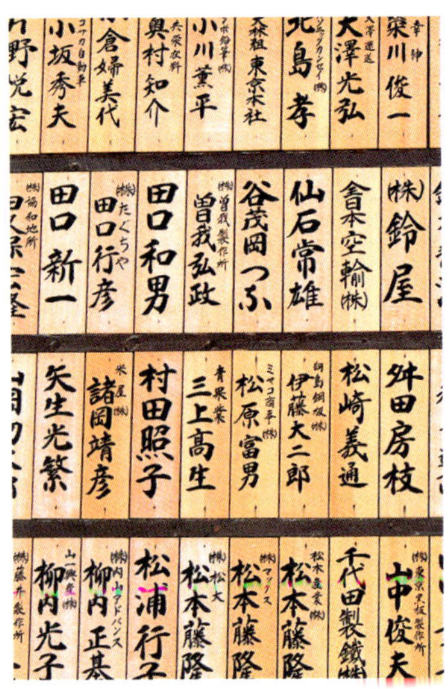

3.2 La historia del alfabeto

Desde la aparición del primer alfabeto conocido hasta la creación del que empleamos actualmente, la historia ha sido larga.

El alfabeto cuneiforme

La escritura cuneiforme es una de las más antiguas que conocemos. Dio lugar, entre otros, al **alfabeto ugarítico** (1400 a. C.), encontrado en Ugarit (Siria), y que representaba solo las **consonantes.**

Este tipo de escritura se caracterizaba por escribirse con un punzón de punta triangular —cuña, de ahí su nombre—, que dejaba la marca en la arcilla.

Inscripción cuneiforme de la III dinastía de Ur. Museo Británico, Londres.

El alfabeto fenicio

Siglos después, en torno al año 1000 a. C., los **fenicios** crearon un nuevo alfabeto y, como eran un pueblo comerciante y viajero, lo difundieron por el Mediterráneo. Tampoco representaba las vocales.

De este alfabeto proceden los alfabetos **hebreo, griego** y **arameo;** y del alfabeto arameo procede el alfabeto **árabe.**

El alfabeto griego

Cuando los griegos entraron en contacto con los fenicios, conocieron y adaptaron su alfabeto, pero aportando una innovación definitiva: la representación de las vocales. De esta manera, ya todos los sonidos de una lengua contaban con su propio signo gráfico. Del alfabeto griego proceden todos los alfabetos utilizados hoy en Europa: el alfabeto **griego,** el alfabeto **cirílico** y el alfabeto **latino.**

El alfabeto latino

Con las colonizaciones griegas en el sur de Italia, entonces la Magna Grecia, y las relaciones comerciales con los etruscos que vivían en la península itálica, los romanos aprendieron el alfabeto griego y, a partir de él, crearon el alfabeto latino.

Actividades

Recuerda lo aprendido

1 **Sumamos.** ¿En qué se diferencia la escritura pictográfica de la ideográfica?

2 ¿Sabes explicar qué es un silabario?

3 Di si es verdadero o falso e indica por qué:

a) En la escritura fonética, cada signo representa un sonido.

b) En la escritura silábica, cada signo representa una sílaba.

c) En la escritura ideográfica, una mano se representa con un solo signo.

d) En la escritura alfabética, cada signo representa un objeto.

e) La escritura jeroglífica es ideográfica.

f) La escritura silábica requiere miles de signos.

4 ¿Cuál es el alfabeto más antiguo que se conoce?

5 ¿Qué alfabetos provienen del alfabeto fenicio? ¿Y del griego?

6 ¿Qué gran novedad introdujeron los griegos en su adaptación del alfabeto fenicio?

Amplía la información

7 Los romanos conocieron el alfabeto griego a través de los etruscos. ¿Sabes quiénes eran los etruscos y dónde estaba afincado este pueblo? Averígualo y sitúalos en un mapa.

ODS Consulta la información correspondiente a las **metas del objetivo 4** en el banco de recursos de anayaeducacion.es.

4 GRAMÁTICA

EL ALFABETO LATINO

4.1 Las letras del alfabeto latino

En sus orígenes, el alfabeto latino tenía 21 letras:

A	B	C	D	E	F	G	H	I	K	L	M	N	O	P	Q	R	S	T	V	X
a	b	c	d	e	f	g	h	i	k	l	m	n	o	p	q	r	s	t	u	x

La minúscula de la letra «uve» en época clásica era la «u» y no la «v».

A finales de época clásica se incorporaron dos letras más al alfabeto, la **Y/y** y la **Z/z**, para poder transcribir palabras de origen griego.

Actualmente, el alfabeto latino es el más extendido del mundo y es el que empleamos.

4.2 Los fonemas del alfabeto latino

Es importante que distingas entre **grafía/letra** (escritura) y **fonema** (literalmente, sonido). En castellano, por ejemplo, una sola grafía puede representar dos sonidos («c» en palabras como *casa* o *cerilla*), al igual que un solo sonido puede tener varias grafías (*kilo, queso* y *casa*).

Los fonemas se clasifican en dos grupos: **consonantes** y **vocales.**

En cuanto a las **vocales,** el latín contaba con **cinco grafías,** pero con diez sonidos distintos, cinco vocales **breves** y cinco vocales **largas:**

Vocales latinas					
Breves	ă	ĕ	ĭ	ŏ	ŭ
Largas	ā	ē	ī	ō	ū

El latín no escribía la cantidad, pero, cuando queremos indicarla, empleamos el signo (¯) colocado encima de la vocal para la cantidad larga (ej.: ā) y el signo (˘), para la cantidad breve (ej.: ă).

El latín tenía pocos **diptongos.** Los más frecuentes eran ***ae, au*** y ***oe;*** por ejemplo: *paeninsula, audax, poena.*

Trabaja con la imagen

Lectura compartida

Lee en voz alta estos textos en latín prestando atención a las particularidades que has estudiado sobre la pronunciación del alfabeto latino.

Arma virumque cano, Troiae qui primus ab oris
Italiam, fato profugus, Laviniaque venit
litora, multum ille et terris iactatus et alto
vi superum saevae memorem Iunonis ob iram;
multa quoque et bello passus, dum conderet urbem,
inferretque deos Latio, genus unde Latinum,
Albanique patres, atque altae moenia Romae.

Virgilio, *Eneida*, I, 1-7.

4.3 La pronunciación del alfabeto latino

El alfabeto de los antiguos latinos es prácticamente igual al que utilizamos, pero con una serie de particularidades en cuanto a su pronunciación que debemos tener en cuenta:

- La ***c*** se pronuncia siempre como /k/; por ejemplo: *Cicero*, /kíkero/.
- La ***g*** se pronuncia siempre suave; por ejemplo: *genius*, /guénius/; *gaudeo*, /gáudeo/. En la serie ***gu*** se pronunciaba siempre la *u*, incluso seguida de *i/e*; por ejemplo: *sanguis*, /sángüis/; *unguem*, /úngüem/.
- La ***h*** no se pronunciaba; por ejemplo: *hostis*, /óstis/. Tampoco en los grupos ***ch***, ***rh*** y ***th***, que son transcripción de grafías griegas; por ejemplo: *cholera*, /kólera/; *rhetoricus*, /retórikus/; *theatrum*, /teátrum/.

  En cambio, el grupo ***ph***, también transcripción de la grafía griega φ, se pronunciaba como /f/; por ejemplo: *philosophus*, /filósofus/.
- La grafía ***i*** es una semivocal entre consonantes y un fonema consonántico /y/ ante una vocal; por ejemplo: *citrus*, /kítrus/; iam, /yám/.
- La doble ***l*** se pronunciaba como tal; por ejemplo: *puella*, /puél·la/.
- La ***q*** iba siempre seguida de *u*, que sí se pronunciaba; por ejemplo: *quinque*, /kuínkue/; *quoque*, /kuókue/.
- La ***u***, al igual que la *i*, era una semivocal. Aunque en época clásica se pronunciaba siempre como /u/ (así: *multus*, /múltus/; *uiuere*, /uíuere/), pronto empezó a tener una realización consonántica en contexto vocálico, cercana a la /b/.

  A partir de época medieval se representaron ambas realizaciones mediante las grafías *u* y *v*, respectivamente; por ejemplo: *tuus*, /túus/; *vivere*, /bíbere/.
- La grafía **x** representaba el doble sonido /ks/; por ejemplo: *dux*, /dúks/.
- Las grafías ***y*** y ***z*** representaban las correspondientes grafías griegas υ y ζ, por lo que se pronunciaban como la /u/ francesa y como /ds/; por ejemplo: *zephyrus*, /dséfürus/; *Zacynthus*, /dsaküntus/.

Calzada romana entre la ciudad de Ávila y Arenas de San Pedro. Siglo II-I a. C. a siglo V d. C.

In nova fert animus mutatas dicere formas
corpora; di, coeptis (nam vos mutastis et illas)
adspirate meis primaque ab origine mundi
ad mea perpetuum deducite tempora carmen.
Ante mare et terras et quod tegit omnia caelum
unus erat toto naturae vultus in orbe,
quem dixere chaos: rudis indigestaque moles
nec quicquam nisi pondus iners congestaque eodem
non bene iunctarum discordia semina rerum.

Ovidio, *Metamorfosis*, 1-9.

Accede a la presentación sobre pronunciación latina disponible en el banco de recursos de anayaeducacion.es.

4.4 El alfabeto griego y el alfabeto latino

El alfabeto griego			
Mayúscula	Minúscula	Pronunciación	Nombre
Α	α	a	alfa
Β	β	b	beta
Γ	γ	g (suave)	gamma
Δ	δ	d	delta
Ε	ε	e	épsilon
Ζ	ζ	ds	dseta
Η	η	e	eta
Θ	θ	z	zeta
Ι	ι	i	iota
Κ	κ	k	kappa
Λ	λ	l	lambda
Μ	μ	m	mi
Ν	ν	n	ni
Ξ	ξ	x	xi
Ο	ο	o	ómicron
Π	π	p	pi
Ρ	ρ	r	ro
Σ	σ, ς	s	sigma
Τ	τ	t	tau
Υ	υ	ü (alemana)	ípsilon
Φ	φ	f	fi
Χ	χ	j	ji
Ψ	ψ	ps	psi
Ω	ω	o	omega

El alfabeto latino	
Mayúscula	Minúscula
A	a
B	b
C	c
D	d
E	e
F	f
G	g
H	h
I	i
K	k
L	l
M	m
N	n
O	o
P	p
Q	q
R	r
S	s
T	t
V	u
X	x
Y	y
Z	z

Actividades

1 ¿Cuál es la diferencia entre letra y fonema?

2 ¿Cuántas letras tiene el alfabeto latino?

3 ¿Qué es la cantidad vocálica?

4 ¿Qué indican los signos (˘) (¯) sobre las vocales latinas?

5 ¿Cómo se pronunciaba la letra *g*?, ¿y la *c*?

6 ¿Cuál era el sonido de la letra *h*?

7 ¿Qué es una semivocal? ¿Cuántas semivocales tiene el latín? ¿Qué realizaciones tienen?

8 **Comprobamos.** Escribe en mayúsculas estos nombres griegos: Ἀλκιβιάδης, Ἄρης, Δῆλος, Δημήτηρ, Μίδας, Μίνως, Πάρις, Πύλος, Σύβαρις.

9 Con ayuda de tu profesor o profesora, lee el texto latino e indica las palabras que no se pronuncian igual que en tu lengua materna.

Quo usque tandem abutĕre, Catilīna,
patientia nostra? quam diu etĭam
furor iste tuus nos elūdet? quem ad
finem sese effrenāta iactābit audācia?

Cicerón, *Catilinarias*, I.

5 GRAMÁTICA

LA ACENTUACIÓN

5.1 Normas generales

El latín no tenía la tilde como signo gráfico para indicar el acento. No obstante, para saber cómo localizar la sílaba tónica en una palabra latina, te puedes guiar por estas normas:

- En general, no hay palabras agudas en latín. Los **monosílabos** son **tónicos,** salvo las preposiciones y las conjunciones; por ejemplo: *in_té*; *páx et_léx*.
- Todas las palabras **bisílabas** son **llanas;** por ejemplo: *páter*, *dómus*, *sílva*, *lúpus*.
- Las palabras de **más de dos sílabas** se acentúan en función de la **cantidad de la penúltima sílaba.**
- Si la **penúltima sílaba** es **larga,** la palabra es **llana,** y si la penúltima es **breve,** la palabra es **esdrújula;** por ejemplo: *monēbat*, *vívĕre*.

Determinar la cantidad de la penúltima sílaba en cada caso implica cierta dificultad, que irás venciendo a medida que avances en el estudio del latín. No obstante, te puede ayudar saber que:

- Los diptongos hacen sílaba larga; por ejemplo: *incautus* o *amoenus*.
- Una vocal seguida de consonante doble (*x*/*z*) o de dos o más consonantes es larga; por ejemplo: *interdīxi* o *inlūstris*.
- La vocal que precede a otra vocal es siempre breve; por ejemplo: *marĭa* o *habĕas*.

Estela funeraria con inscripciones en lengua paleosilábica procedente de Penna Sant'Andrea. Museo Nazionale di Antichità.

Actividades

1 ¿Hay palabras agudas en latín?

2 ¿Hay palabras bisílabas agudas en latín?

3 ¿Qué cantidad tiene una sílaba formada por un diptongo?

4 ¿En qué casos sabemos que una vocal es breve?

5 **Esquema.** Elabora un esquema con las reglas de la acentuación latina.

6 Lee en voz alta y separa con guiones las sílabas de estas palabras latinas (ej.: *genius* → *ge-ni-us*):

patientia	*constrictam*	*particeps*	*moenia*
serpentes	*ego*	*exilium*	*tuus*
praesidium	*superiore*	*gentes*	*auxilium*
pulcherrima	*oportere*	*quisquam*	*stella*

7 Indica si las palabras siguientes son llanas o esdrújulas y por qué (ej.: *inlustris* → llana; una vocal seguida de dos o más consonantes es larga y si la penúltima sílaba es larga, la palabra es llana):

potestas	*praesidium*	*superior*	*agentes*
vigilia	*stella*	*perpauca*	*theatrum*
patientia	*constrictam*	*impello*	*reliqua*
filius	*defixa*	*exilium*	*serpentes*

6 GRAMÁTICA

LOS NÚMEROS ROMANOS

6.1 Normas generales

Para anotar los números, los romanos utilizaron algunas letras mayúsculas del alfabeto latino:

I	V	X	L	C	D	M
1	5	10	50	100	500	1000

Los romanos desconocían el cero, por lo que no existe ningún símbolo que lo represente.

Para la escritura y la lectura de los números romanos, tienes que tener en cuenta estas indicaciones:

- Si a la derecha de una cifra se coloca otra igual o menor, el valor de la primera aumenta en el valor de la segunda; por ejemplo: XX (10 + 10) = 20; XV (10 + 5) = 15.
- Si a la izquierda de una cifra se coloca otra menor, el valor de la mayor queda disminuido en el valor de la menor; por ejemplo: IX (10 - 1) = 9.
- Si entre dos cifras existe otra de menor valor, esta se resta a la siguiente; por ejemplo: XIX [10 + (10 - 1)] = 19.
- Ninguna letra puede repetirse más de tres veces seguidas; por ejemplo: XL (50 - 10) = 40 (y no XXXX).
- Un guion encima de una letra multiplicaba su valor por mil; por ejemplo: $\overline{X}$ (10 x 1000) = 10 000.

En las lenguas modernas, las cifras romanas se siguen usando, especialmente para numerar capítulos, libros, tomos, dinastías, siglos, milenios, tablas, y para designar el número cardinal que precede o sigue a los nombres de papas, reyes, emperadores, concilios, congresos, olimpiadas, festivales, certámenes, campeonatos, etc.

Actividades

Inscripción conmemorativa a la Mariblanca en la Puerta del Sol de Madrid.

1 En la numeración romana, ¿puede repetirse una letra cuatro veces seguidas?

2 ¿Qué ocurre cuando entre dos cifras romanas hay una de menor valor?

3 ¿Qué ocurre si a la derecha de una cifra hay otra de menor valor? ¿Y si a su derecha hay otra de mayor valor? Pon un ejemplo en ambos casos.

4 ¿Qué significa un guion encima de una letra?

5 **Comprobamos.** Escribe en números árabes (los nuestros) las siguientes cifras romanas (por ejemplo, XXV → 25):

CLXV	MCCIX	LXI
DCLIX	MMMCCXXII	DCCXLIX

6 Escribe con números romanos (por ejemplo: 26 → XXVI):

666	1984	1994	323
1492	55	1792	498

7 LÉXICO

LA FORMACIÓN DE PALABRAS

7.1 Del latín a las lenguas romances

Como ya hemos visto, la mayor parte de las palabras en nuestras lenguas romances, aunque no todas, provienen del latín; especialmente del latín vulgar.

En la formación del léxico de origen latino de las lenguas romances se distinguen tres procedimientos:

- Palabras evolucionadas del latín.
- Palabras que se forman por mecanismos de derivación y composición.
- Palabras latinas que se adoptan literalmente.

7.2 Palabras evolucionadas del latín

Son las **palabras patrimoniales,** los **cultismos,** los **semicultismos** y los **dobletes.**

Palabras patrimoniales

Derivan directamente del latín y han experimentado todos los cambios fonéticos propios de cada lengua romance; por eso, su forma está muy cambiada respecto del original latino.

Ej.: lat. *oculum* → cast.: ojo; cat.: ull; gal.: ollo; val.: ull.

Cultismos

Se toman o se forman directamente del latín culto, por lo que estas palabras están muy poco evolucionadas y mantienen una gran semejanza con la palabra latina original.

Ej.: lat. *oculum* → cast.: oculista, cat.: oculista, gal.: oculista, val.: oculista.

Semicultismos

Son palabras que no han completado su evolución, sino que se han quedado a mitad de camino, en general por influjos cultos.

Ej.: lat. *saeculum* → cast.: siglo (si hubiera seguido su evolución completa, habría dado «sejo»).

Dobletes

Son dos palabras distintas, una palabra patrimonial y un cultismo, que han derivado de un mismo término latino.

Ej.: lat. *plenum* → cast.: lleno (palabra patrimonial).
→ cast.: pleno (cultismo).

7.3 Derivación y composición

La lengua necesita crear constantemente nuevas palabras para poder expresar nuevas realidades. Para ello, forma palabras por medio de sufijos, prefijos y lexemas. Se trata de los mecanismos de **derivación** y **composición.**

- La **derivación** es el procedimiento más frecuente de formación de palabras; consiste en añadir a una palabra un prefijo (delante de la palabra), como «subrayar», «extraordinario», «antinatural», etc., o un sufijo (detrás de la palabra), como «abordaje», «telefonista», «habitable», etc.
- La **composición** consiste en unir dos o más lexemas para formar una nueva palabra. En las palabras compuestas se unen los significados de sus componentes; por ejemplo: «cumpleaños», «parasol», «quitamanchas», etc.

7.4 Latinismos

En la lengua culta se emplean palabras o expresiones latinas. Algunas de ellas se utilizan mucho, y por ello se han castellanizado, siguiendo las reglas de acentuación de nuestra lengua y llevando incluso tilde en los casos requeridos; por ejemplo: etcétera, *in situ*, accésit, etc.

Los latinismos, en general, suelen utilizarse para dotar al discurso de cierta elegancia, o bien como términos y expresiones técnicos de **lenguajes especializados** —especialmente en el derecho—.

No obstante, su uso excesivo o erróneo produce la impresión de pedantería o ignorancia, por lo que es conveniente conocer bien su significado y el contexto adecuado para utilizarlos correctamente.

Actividades

Recuerda lo aprendido

1 Define «cultismo», «palabra patrimonial» y «doblete».

2 ¿Qué es un latinismo?

3 ¿En qué consiste el procedimiento de formación de palabras que llamamos derivación?

4 ¿Qué es un semicultismo?

5 Reconoce en los dobletes siguientes el cultismo y la palabra patrimonial:

plano/llano (lat. *planum*)
contar/computar (lat. *computare*)
cosa/causa (lat. *causa*)
derecho/directo (lat. *directus*)
frío/frígido (lat. *frigidus*)

6 Indica en estos dobletes la palabra patrimonial:

hastío/fastidio	colocar/colgar
delgado/delicado	obrar/operar
caldo/cálido	llave/clave
solitario/soltero	plaga/llaga

7 Relaciona los dobletes de la actividad anterior con su étimo latino:

plagam	*solitarium*
fastidium	*operare*
calidum	*clavem*
collocare	*delicatum*

8 **Asamblea de ideas.** Forma cinco derivados en castellano con el prefijo *infra-* ('inferior, debajo') y otros cinco con *inter-* ('entre, en medio, entre varios') y defínelos.

9 Forma cinco derivados en castellano con el sufijo *-az* ('inclinado a') y otros cinco con *-al* ('referido a') y defínelos.

10 Explica la formación y el significado de estos compuestos:

agridulce	videojuego
sacacorchos	motobomba
autógrafo	guardaespaldas
xenofobia	caradura
verdinegro	ambidextro

11 Algunos latinismos han pasado al lenguaje habitual y su empleo es bastante frecuente. Infórmate del significado de los siguientes:

bis	*ex aequo*
ídem	ex profeso
déficit	máxime

Parqué del palacio de la Bolsa de Madrid.

anayaeducacion.es. Consulta el «Diccionario de latinismos» disponible en el banco de recursos.

Recuerda seleccionar el material de trabajo de esta unidad para tu **portfolio**.

COMPRUEBA LO APRENDIDO

1 **Sumamos.** Di si las siguientes afirmaciones son verdaderas o falsas y por qué:

a) A partir de unas pocas inscripciones indoeuropeas se ha podido reconstruir gran parte de esa lengua.

b) El castellano, el catalán y el gallego son lenguas que derivan del latín.

c) El inglés es una lengua indoeuropea del grupo germánico.

d) El rumano, el portugués, el gallego y el búlgaro son lenguas romances.

e) Hacia el año 2000 a. C., el indoeuropeo se escindió en dos ramas: una oriental y otra occidental.

f) Las lenguas romances son aquellas que provienen del latín culto.

g) En los lugares alejados de Roma se hablaba un latín arcaico.

h) Llamamos latín humanístico al latín utilizado por los humanistas desde el Renacimiento.

i) El latín que se hablaba en el norte de África era diferente del latín hablado en la Galia.

2 Lee en voz alta y separa con guiones las sílabas de estas palabras latinas:

audacia	*aedificium*	*aetas*
unguem	*audio*	*puella*
amoenus	*theatrum*	*scientia*

3 Indica si las palabras siguientes son llanas o esdrújulas y por qué:

laetitia	*species*	*templum*
triumphus	*aedificium*	*adventum*
auxilium	*audio*	*autumnus*

4 Escribe con números romanos (por ejemplo: 26 → XXVI):

87	343	66
799	1985	1001
77	1654	10453
445	1014	54
398	975	187

5 Indica cuál de los siguientes números romanos es incorrecto:

CD	DVD	MMX

6 Indica el número romano que corresponde a 1375:

MCDLXXV	MXXVD	MCCCLXXV

anayaeducacion.es. Realiza la autoevaluación de la unidad.

7 Indica qué número romano de los siguientes es correcto y di por qué:

DCII	DLCIII	LXXXXI

8 Forma cinco derivados en castellano con el prefijo *pre-* ('antes de, que antecede') y defínelos.

9 Forma cinco derivados en castellano con el sufijo griego *-ismo* ('doctrina, sistema, movimiento') y otros cinco con el sufijo latino *-ble* ('posibilidad') y defínelos.

Comprende el texto y exprésate

10 Lee en voz alta la siguiente fábula de Fedro y responde a las preguntas:

Pullus ad margaritam

In sterculīno pullus gallinacĕus,
dum quaerit escam, margarītam repĕrit.
«Iaces indigno quanta res» inquit «loco!
O, si quis pretĭi cupīdus vidisset tui,
olim redisses ad pristĭnum maxĭmum!
Ego, qui te invēni, potĭor cui multo est cibus,
nec tibi prodēsse, nec mĭhi quidquam potest».
Hoc illis narro qui me non intellēgunt.

Fedro, *Fábulas*, III, 12.

Traducción

Un pollo a una perla

En un estercolero, un polluelo de gallina, mientras busca comida, encuentra una perla y le dice: «¡En qué lugar indigno yaces, cosa tan importante! Oh, si alguien deseoso de tu valor te hubiese visto, ya hace tiempo que hubieras regresado a tu antiguo esplendor. Pero como te he encontrado yo, para quien es mucho más importante la comida, ni a ti ni a mí nos puede servir de nada». Esto lo cuento para aquellos que no me entienden.

a) Separa con un guion las sílabas de estas palabras del texto:

gallinaceus	*indigno*	*potior*
quaerit	*pretii*	*prodesse*

b) Indica si estas palabras son llanas o esdrújulas:

indigno	*vidisset*	*prodesse*
pretii	*potior*	*intellegunt*

c) A partir de esta fábula se forjó el dicho «Echar margaritas a los cerdos». ¿Qué significa?

CONTEXTOS CLÁSICOS

EDICIÓN BILINGÜE

Júpiter revela a Venus el futuro de Roma

Romulus excipiet gentem, et Mavortia condet
moenia, Romanosque suo de nomine dicet.
His ego nec metas rerum nec tempora pono;
imperium sine fine dedi. Quin aspera Iuno,
quae mare nunc terrasque metu caelumque fatigat,
consilia in melius referet, mecumque fovebit
Romanos, rerum dominos gentemque togatam.

Virgilio, *Eneida*, I, 276-282.

Traducción

Rómulo se hará cargo del pueblo y fundará las murallas de Marte, y de su propio nombre los llamará romanos. A estos yo no les pongo límites ni de poderío ni de tiempo; les di un imperio sin fin. Y hasta la áspera Juno, que ahora atormenta con el miedo las tierras y el cielo, cambiará su opinión para mejor, y conmigo protegerá a los romanos, amos del mundo y pueblo experto en derecho.

Maqueta de la Roma imperial, de Italo Gismondi.
Museo de la Civilización Romana, en Roma.

ACTIVIDADES

Comprende el texto

1 **Comprobamos.** Lee en voz alta y separa con guiones las sílabas de estas palabras del texto:

Romŭlus	*imperium*
excipiet	*caelum*
Mavortia	*concilia*
moenia	*melius*
nomĭne	*fatīgat*
tempŏra	*domĭnos*

2 En las palabras de la actividad anterior, indica si son llanas o esdrújulas y por qué (por ejemplo: *genius* → *ge-ni-us*, es una palabra esdrújula, ya que la penúltima sílaba es breve al ir la vocal ante otra vocal).

3 Define y relaciona estas palabras con una palabra latina del texto:

gentil	imponer
denominar	marítimo
intemporal	aterrizar

Amplía la información

4 Busca información sobre este autor latino y sobre el contenido de esta obra y elabora una ficha bajo el epígrafe «El autor y la obra».

5 Rómulo, Marte y Juno están presentes en el texto. Busca información sobre ellos.

anayaeducacion.es. En el banco de recursos dispones de fichas para mejorar tu ciudadanía digital.

VERSIÓN LATINA

Los inventores del alfabeto

Los egipcios fueron los primeros en expresar, con figuras de animales, las percepciones de la mente y se presentan a sí mismos como inventores del alfabeto.

De allí, dicen, los fenicios, como dominaban el mar, lo llevaron a Grecia y alcanzaron la gloria como si hubiesen inventado lo que en realidad habían recibido de otros. Efectivamente, existe la creencia de que Cadmo, viajando en una escuadra fenicia, fue el introductor de este arte entre los pueblos aún incultos de los griegos. Algunos mencionan que el ateniense Cécrope, el tebano Lino y, en la época troyana, el argivo Palamedes inventaron dieciséis formas de letras y que luego otros, principalmente Simónides, inventaron el resto. En Italia, por otra parte, los etruscos lo aprendieron del corintio Demarato, y los aborígenes, del arcadio Evandro. La forma de las letras latinas es la de las originales griegas. No obstante, también entre nosotros fueron pocas al principio, pero después se fueron añadiendo. Siguiendo ese ejemplo, Claudio añadió tres letras, que se usaron mientras él fue emperador, pero se olvidaron después.

Tácito, *Anales*, XI, 14.

DE RUTA POR HISPANIA

Las calzadas

Las calzadas son uno de los mayores logros de la ingeniería romana. Básicas para la comunicación entre personas y para la difusión de la información y del comercio, la red de calzadas romanas ha pervivido hasta nuestros días.

Las calzadas de mayor importancia son anchas y con arcenes, lo que permitía el cruce de dos carruajes. El firme tenía hasta un metro de espesor; al fondo, cimientos de piedra sobre los que se asentaba una capa de grava; y, por encima, un empedrado de grandes losas irregulares.

La Vía de la Plata

Iba desde Astorga hasta Huelva. El tramo más importante, y tal vez el más frecuentado, era el comprendido entre Mérida y Salamanca. Ha resistido de forma excelente al paso de los años; la carretera N-630 mantiene su trazado, e incluso su nombre, en la actualidad.

anayaeducacion.es. Consulta el «Mapa interactivo de la Hispania romana» disponible en el banco de recursos.

Moneda fenicia de plata. Museo Nacional de Beirut, Líbano.

ACTIVIDADES

Comprende el texto

1 Explica el significado de estas palabras del texto: «escuadra», «argivo» y «aborígenes».

2 ¿Quién inventó las letras en los distintos alfabetos según Tácito?

3 Con los datos del texto de Tácito, realiza un esquema de la historia del alfabeto.

4 **Mapa mental.** Elabora un esquema con la historia del alfabeto admitida actualmente (orígenes, transmisión, grafías, etc.) e indica en qué aspectos coincide con la historia de Tácito y en cuáles difiere de ella.

Expresa tu opinión

5 Según el texto, los egipcios fueron los primeros en utilizar la escritura, concretamente mediante figuras de animales. ¿Se corresponde esta afirmación con la realidad de la escritura egipcia? Argumenta tu respuesta.

6 Hace tiempo que el latín y el griego antiguo dejaron de hablarse; sin embargo, siguen siendo asignaturas del sistema educativo de varios países occidentales. ¿Por qué crees que esto es así? Debate en clase sobre este tema.

Amplía la información

7 Busca en la biblioteca o en Internet información sobre este autor latino y sobre el contenido de los *Anales*, y, con los datos que obtengas, elabora una ficha bajo el epígrafe «El autor y la obra».

8 ¿Qué tres letras introdujo el emperador Claudio en el alfabeto latino?

9 La red de comunicaciones romanas de Hispania estaba trazada con ejes transversales que ponían en contacto los núcleos urbanos más poblados. Entre las más importantes se encuentra la Vía Augusta. Busca información sobre esta vía y traza su recorrido sobre un mapa de España.

2

LA CIUDAD DE ROMA

La vida en el Foro

La vida matutina del Foro concentraba el movimiento y resumía todos los aspectos de Roma; los más dispares y contrastantes. En los otros lugares no era así; al contrario, cada uno de ellos tenía su fisonomía singular, según el tipo de gente que más lo frecuentaba o habitaba; había las calles de los ricos y las de los pobres; los distritos suntuosos y los rincones sucios. [...] Como sucede hoy en todas las ciudades muy grandes, de un punto a otro, tal vez a corta distancia, cambiaba la gente y cambiaba la escena. Al Foro, en cambio, en las horas antemeridianas, acudía todo el mundo. Roma, en aquel inmenso gentío, mostraba sus aspectos innumerables.

Todas las clases, todas las nacionalidades, todos los intereses, todas las ambiciones tenían allí sus representantes. Bastaba una ojeada al Foro para comprender cuán numerosa era y diversa la población de Roma. Entre los magistrados y respetables ciudadanos con toga, entre el gentío que se apretujaba en torno al tribunal del pretor, se notaban también hombres del pueblo con túnica y esclavos con la cabeza rapada, y orientales, de lengua griega, que se metían por todas partes.

Ugo Enrico Paoli,
Urbs. La vida en la Roma antigua.

REFLEXIONA SOBRE EL TEMA

Asamblea de ideas

La ubicación de Roma

Roma llegó a ser la mayor ciudad de su época, pero tuvo unos orígenes humildes: su emplazamiento original se reducía a una colina. ¿Cuál fue esta primera colina? ¿Y cuáles fueron las otras seis restantes?

Una ciudad para ser vivida

En nuestras ciudades vemos que conviven realidades diferentes y, a veces, con fuertes contrastes. ¿Podrías comentar espacios, barrios y realidades de tu ciudad que sean muy diferentes entre sí?

ODS Consulta la información correspondiente a las **metas del objetivo 1** en el banco de recursos de **anayaeducacion.es**.

URBS ROMA

VOCABULARIO

magna urbs: gran ciudad
milia: miles
sum: soy
multas: muchas
duae (f. pl.): dos
flumen: río
Tiberis: Tíber
habet: tiene
parva: pequeña
circum Romam: alrededor de Roma
sunt: son (en este caso, con valor de «hay»)
laborant: trabajan

Accede a la animación de este cómic disponible en el banco de recursos de anayaeducacion.es.

1 CULTURA

LA CIUDAD DE ROMA

Trabaja con la imagen

Interpretación compartida. Observa las imágenes y responde a estas preguntas:

- Localiza en los mapas los siguientes lugares: Tirreno, Adriático, Tíber, Apeninos, Lacio.
- Cita las siete colinas sobre las que se fundó Roma.
- La colina del Capitolio era el centro religioso y político de la antigua Roma. Averigua si este término se sigue usando en la actualidad y si conserva el mismo significado.

1.1 La ubicación de Roma

Italia es una península con forma de bota de caña, con un tacón esbelto y bien marcado.

Si observas un mapa de Europa, verás que la posición de Italia en la cuenca del **Mediterráneo** es bastante céntrica. Dos mares la bañan, el **Adriático** por el este y el **Tirreno** por el oeste. Al sur, se encuentra el mar **Jónico,** que llega hasta las costas de Grecia. Los **Alpes** la coronan por el norte, mientras los montes **Apeninos,** que la atraviesan de norte a sur, la dividen, por así decir, en dos mitades.

> En el centro de Italia está la región del **Lacio,** que da nombre a sus habitantes, «los latinos», y a su lengua, «el latín». Y en el corazón del Lacio está Roma, la «ciudad eterna».

Por su estratégica ubicación, los romanos acabaron traspasando sus fronteras y creando un imperio de extensiones inimaginables para la época y para sus propios habitantes.

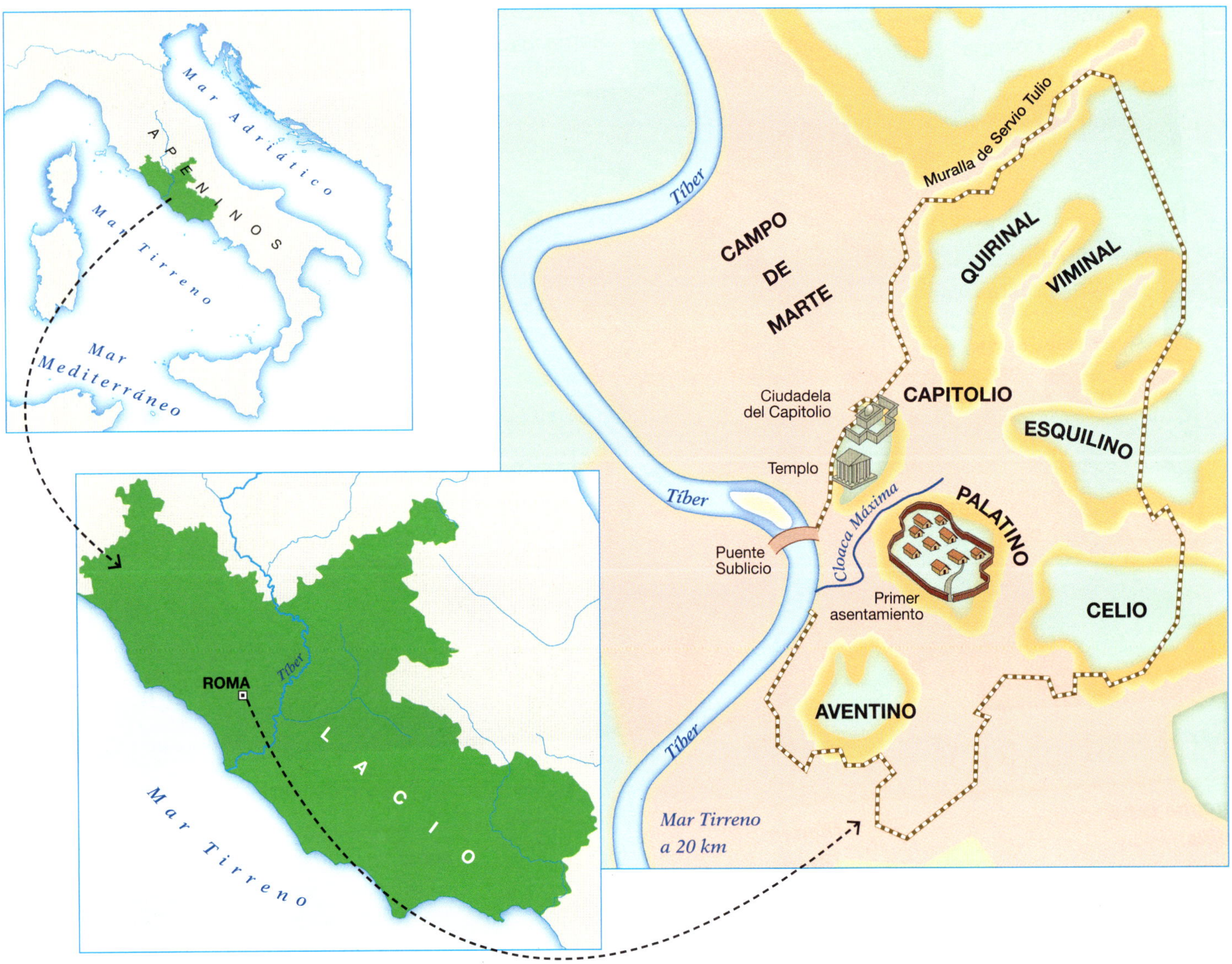

1.2 La ciudad eterna

Roma fue fundada, según la leyenda, por **Rómulo,** allá por el año **753 a. C.**

Muchos años de historia contemplan a esta ciudad. Roma fue creciendo poco a poco hasta convertirse en una ciudad de unas proporciones gigantescas para lo que era habitual en aquellos tiempos y creció llena de contrastes. Estaba expuesta a las inclemencias de los vientos y a las tormentas que agitan el Mediterráneo en primavera y en otoño, además de estar superpoblada de gente de todo tipo.

En esa Roma de contrastes, los monumentos lujosos y las obras faraónicas se alternaban con caminos polvorientos y edificaciones ruinosas.

La ciudad de Roma contaba con numerosos templos, arcos y columnas triunfales, teatros, anfiteatros y termas. Y en pleno centro de la ciudad se encontraba el **foro,** realmente el punto neurálgico, donde se daban la mano la política, el comercio y el ir y venir de cada día. Mucha gente, mucho ruido y mucha vida llenaban, y siguen llenando, la ciudad de Roma.

La vida en Roma no debía de resultar demasiado fácil. Por ello, los romanos que podían permitírselo se retiraban a sus «villas» (casas o mansiones, según su dimensión) en las afueras, lejos del bullicio.

En cualquier caso, todos, los que vivían mejor y los que lo hacían peor, se comunicaban en latín, una lengua que llegó a ser universal.

Foro de Roma visto desde el Palatino.

Actividades

Recuerda lo aprendido

1 ¿Qué tres mares bañan Italia? ¿Qué cordilleras tiene?

2 ¿En qué año se fundó Roma?

3 **Rompecabezas.** Indica el extraño de cada serie y explica por qué:

a) Teatro, anfiteatro, circo, estadio.

b) Tirreno, Adriático, Jónico, Alpes.

c) Palatino, Viminal, Tíber, Alpes.

d) Foro, Esquilino, Celio, Aventino.

Amplía la información

4 Busca en un diccionario la palabra «urbe» y explica por qué Roma era también conocida como *Urbs*.

5 **Rueda de atributos.** Averigua el significado del término «foro». Infórmate sobre el foro romano (historia, estructura, monumentos...) y elabora un breve trabajo ilustrado con imágenes.

6 Busca información sobre Rómulo y Remo, y redacta un resumen de su historia.

Comprende el texto y exprésate

7 Lee el texto y responde a las preguntas:

> [...] a mí, con la prisa que llevo, me cierra el paso una avalancha por delante, y el gentío que me sigue por detrás, formando una cola interminable, me oprime los riñones. Uno me larga un codazo, otro me da con una camilla, este me sacude la cabeza con una percha y aquel con una vasija. Voy con las piernas perdidas de barro, todo son pisotones [...].
>
> Juvenal, *Sátiras*, III, 236-248 (texto adaptado).

a) Según el texto, ¿era fácil y agradable pasear por las calles de Roma?

b) ¿Se viven situaciones semejantes en las grandes ciudades de nuestros días?

2 GRAMÁTICA

CLASES DE PALABRAS

2.1 Palabras variables e invariables

Las lenguas flexivas

Las **lenguas flexivas** son aquellas en las que determinadas palabras experimentan una variación para expresar número, género, persona, voz, etc.

El latín, como las demás lenguas indoeuropeas, es una lengua flexiva.

Palabras variables y palabras invariables

Si observas las palabras del castellano «fácilmente», «con», «cuando», «¡eh!», te darás cuenta de que son palabras invariables; es decir, que no experimentan cambios ni en género ni en número.

En cambio, si observas estos pares de palabras: «casa/casas», «blanco/blanca», «canto/canté»..., verás que, según su terminación, hay un cambio de número (singular o plural), de género (masculino o femenino), de tiempo (presente o pasado), etc.

El latín, como el castellano, tiene palabras **variables** e **invariables.**

- Las palabras invariables son el **adverbio,** la **preposición,** la **conjunción** y la **interjección.**
- Las palabras variables en latín son el **sustantivo,** el **adjetivo,** el **pronombre** y el **verbo.**

No mencionamos el **artículo,** porque no existe en latín.

Palabras invariables

Preposiciones	Conjunciones	Adverbios	Interjecciones
cast.: a, con, hacia, en	**cast.:** y, pero, aunque	**cast.:** siempre, más, después	**cast.:** ¡ay!, ¡ah!, ¡ojalá!

Palabras variables

Sustantivos	Adjetivos	Verbos	Pronombres
cast.: gato, caja, lápiz	**cast.:** bueno, lento, feliz	**cast.:** cantar, ver, sentir	**cast.:** nuestro, esa, usted

2.2 La estructura de las palabras variables

En las lenguas flexivas, las palabras variables se componen de **raíz** (o lexema) y **morfemas.**

- La raíz, o **lexema,** es la parte fija y común a todas las palabras de la misma familia y contiene su significado fundamental; por ejemplo: *mod-us*, *mod-eratio*, *mod-icus*, *in-mod-icus*, etc.
- El **morfema,** en cambio, es la parte variable de la palabra, que se añade a la raíz para formar nuevas palabras o para indicar género, número, etc. Los morfemas pueden ser de dos tipos:
  - **morfemas derivativos** (prefijos y sufijos);
  - **morfemas gramaticales,** o **desinencias,** que pueden expresar número, género, persona, voz y, en el caso del latín, función sintáctica.

El tema en latín

En latín, el **tema** es la suma de la **raíz** más los **morfemas derivativos.** El tema nos indicará si un sustantivo es de la 1.ª declinación, si un verbo es de la 2.ª conjugación, etc.

Para que lo entiendas mejor, observa este esquema:

	Tema		Morfemas gramaticales o desinencias
	Raíz	Morfemas derivativos	
bellos	bell-	Ø	-os
bellezas	bell-	-eza-	-s

Actividades

1 **El espejo.** ¿Qué es una lengua flexiva? ¿Es el castellano una lengua flexiva?

2 Define «palabra variable» y «palabra invariable».

3 ¿Es el artículo una palabra variable en latín?

4 ¿Cuáles son las palabras invariables en latín?

5 ¿Cuál es la estructura de las palabras variables en las lenguas flexivas?

6 ¿Qué es un morfema?

7 Indica los tipos de morfemas que hay en latín.

8 ¿Qué son los morfemas gramaticales? ¿Qué otro nombre reciben?

Amo y discípulo. Museo de Málaga.

9 **Asamblea de ideas.** Escribe en tu cuaderno la relación que existe entre las dos columnas:

1. Prefijo	a) Morfema gramatical
2. Adverbio	b) Palabra variable
3. Persona	c) Parte fija de la palabra
4. Sustantivo	d) Palabra invariable
5. Lexema	e) Palabra variable
6. Verbo	f) Morfema derivativo

10 Analiza morfológicamente las palabras de la primera oración de este texto y di si son variables o invariables (por ejemplo, entre: preposición → invariable; las: artículo femenino plural → variable):

> Entre las lenguas indoeuropeas, la latina se distingue por su claridad y precisión [...]. Idioma enérgico de un pueblo práctico y ordenador, el latín adquirió gracia y armonía al contacto con la literatura griega.
>
> R. Lapesa, *Historia de la lengua española.*

11 Indica en los verbos y los adjetivos del texto el tema (lexema + morfemas derivativos) y los morfemas gramaticales:

> Desde el momento en que la literatura fijó el tipo de la lengua escrita, se inició la separación entre latín culto, que era el enseñado en las escuelas y el que todos pretendían escribir, y el latín empleado en la conversación de [...] las masas populares.
>
> R. Lapesa, *Historia de la lengua española.*

3 GRAMÁTICA

CASO Y DECLINACIÓN

Número y género

- **Número:** singular y plural.
- **Género:** masculino, femenino y neutro.

Los sustantivos de género neutro son muy frecuentes en latín.

Clases de desinencias

- **Desinencia nominal:** morfema gramatical que se añade a un sustantivo, adjetivo o pronombre para indicar **caso, género** y **número.**
- **Desinencia verbal:** morfema gramatical que se añade a un verbo para indicar **persona, número, tiempo, modo** y **voz.**

Caso

Categoría gramatical que sirve para indicar la función de los sustantivos, los adjetivos y los pronombres en la oración.

En latín hay seis casos: nominativo, vocativo, acusativo, genitivo, dativo y ablativo.

En las **lenguas romances,** los morfemas gramaticales, o desinencias, indican el género (femenino y masculino) y el número (singular y plural) en los sustantivos, adjetivos y pronombres (por ejemplo: gata/gato; casa/casas); y tiempo, persona, número, modo y voz en los verbos (por ejemplo: cantaré/cantas).

En latín, en los sustantivos, los adjetivos y los pronombres, las desinencias indican:

- **género** (masculino, femenino y neutro);
- **número** (singular y plural); y
- **caso** (por ejemplo: *altus/alta/altum*; *rosam/rosas*).

El género neutro es algo nuevo para ti, al igual que el concepto de caso.

3.1 El caso

En **castellano,** la función sintáctica suele expresarse mediante preposiciones.

En **latín,** en cambio, la función sintáctica se marca mediante desinencias; así, en una palabra como *naturam,* la *-m* final indica el «caso acusativo», que suele desempeñar la función de complemento directo.

En **latín,** las **desinencias nominales,** además de expresar el **género** y el **número,** indican también la **función sintáctica** que un sustantivo, adjetivo o pronombre desempeña en una oración. A esas terminaciones se las llama **«casos».**

El conjunto de terminaciones o casos de una palabra constituye la **declinación** o **flexión nominal.**

3.2 El caso en latín

En latín hay **seis casos.** Para que entiendas mejor cuáles son los casos latinos y sus funciones fundamentales, observa este esquema:

Caso	Función	Ejemplo
Nominativo	Sujeto	**Roma** está en Italia.
	Atributo	Roma es **una bella ciudad.**
Vocativo	Función apelativa	Te pedimos una tregua, **César.**
Acusativo	Complemento directo	Su valentía salvó **la ciudad.**
Genitivo	Complemento del nombre	La capital **de Italia** es Roma.
Dativo	Complemento indirecto	Entregó el mensaje **a César.**
Ablativo	Complemento circunstancial	Venimos **de Roma.** Estuvimos **en Roma.** Vinieron **con César.**

Otro ejemplo: si tuviéramos que escribir en latín la frase «Los alumnos entregaron los libros de la biblioteca a la profesora en el aula», deberíamos utilizar estos casos:

	Función	Número	Caso
los alumnos	Sujeto	Plural	Nominativo plural
los libros	Complemento directo	Plural	Acusativo plural
de la biblioteca	Complemento del nombre	Singular	Genitivo singular
a la profesora	Complemento indirecto	Singular	Dativo singular
en el aula	Complemento circunstancial	Singular	Ablativo singular

3.3 La declinación

El conjunto de terminaciones (o casos) que puede adoptar una palabra para expresar el género, el número y la función sintáctica se denomina **declinación** o **flexión nominal,** mientras que el conjunto de terminaciones en un verbo se conoce como **conjugación** o **flexión verbal.**

En latín hay **cinco declinaciones.**

En latín, los sustantivos se reparten en cada declinación en función de su **tema** (= raíz + morfema derivativo).

Los sustantivos latinos **se enuncian** dando su forma en **nominativo singular** seguida de la terminación del **genitivo singular.** Así, por medio del enunciado, se puede saber a qué declinación pertenece un sustantivo.

Por ejemplo, el sustantivo *terra -ae*, 'tierra', al tener un nominativo singular en *-a* y un genitivo singular en *-ae*, pertenece a la 1.ª declinación; *templum -i*, 'templo', al tener un genitivo singular en *-i*, pertenece a la 2.ª declinación, etc.

Puente romano de Córdoba. Íntimamente ligados a las calzadas, los puentes romanos se reparten por todo el Imperio.

Declinación y conjugación

- **Declinación:** variación en las terminaciones de sustantivos, adjetivos y pronombres.
- **Conjugación:** variación en las terminaciones de los verbos.

Declinación	Tema	Nominativo singular	Genitivo singular	Enunciado
1.ª	*En* **a** *(natur-a-)*	**-a** *(natur-a)*	**-ae** *(natur-ae)*	*natura -ae*, 'naturaleza'
2.ª	*En* **o** *(de-o-)*	**-us** *(de-us)**	**-i** *(de-i)*	*deus -i*, 'dios'
3.ª	*En* **consonante** *(consul-)*	**consonante** *(consul)*	**-is** *(consul-is)*	*consul -is*, 'cónsul'
	En **i** *(civ-i-)*	**-i** *(civ-is)*	**-is** *(civ-is)*	*civis -is*, 'ciudadano'
4.ª	*En* **u** *(man-u-)*	**-us** *(man-us)*	**-us** *(man-us)*	*manus -us*, 'mano'
5.ª	*En* **e** *(di-e-)*	**-es** *(di-es)*	**-ei** *(di-ei)*	*dies -ei*, 'día'

* La *o* de la segunda declinación se cerró en *u*; de ahí el nominativo *deus*.

Actividades

Recuerda lo aprendido

1 ¿De qué manera se expresa la función sintáctica en latín?

2 ¿Qué es un caso en latín? ¿Cuántos casos hay en latín?

3 ¿Qué géneros tiene el latín?

4 ¿Qué expresan las desinencias nominales en latín?

5 ¿Qué entendemos por flexión nominal?

6 Escribe en un cuaderno la relación entre las dos columnas:

1. Nominativo	a) Complemento directo
2. Acusativo	b) Sujeto
3. Genitivo	c) Complemento circunstancial
4. Dativo	d) Complemento del nombre
5. Ablativo	e) Función apelativa
6. Vocativo	f) Complemento indirecto

7 ¿Qué es una declinación? ¿Y una conjugación?

8 ¿Cómo se enuncian los sustantivos en latín? Pon algunos ejemplos.

9 ¿Cuántas declinaciones hay en latín?

Practica lo aprendido

10 **El espejo.** Di en qué caso irían los sintagmas subrayados de las oraciones siguientes:

- Roma ha nacido en el corazón del Lacio.
- La península itálica ocupa el espacio central en la cuenca del Mediterráneo.
- Sicilia es una isla de grandes dimensiones, que exportó a Roma trigo durante mucho tiempo.
- Los Apeninos dividen la península en dos partes: oriental y occidental.
- En la parte norte de la península itálica se encontraba la Galia Cisalpina.
- Al sur del Lacio se extendía la Campania.
- Tres son los ríos principales que riegan el suelo italiano: el Po, al norte; el Arno, que riega la región de Etruria, y el Tíber, en el Lacio.
- Los romanos nos legaron su lengua, el derecho y sus monumentos.

Dupondio de bronce con las puertas de la ciudad de Emerita Augusta. Época de Tiberio. Museo Casa de la Moneda-FNMT, Madrid.

11 Indica la declinación a la que pertenecen estos temas (ej.: *lup-o-* → 2.ª declinación/tema en *o*):

pleb-	*fin-i-*	*fili-o*	*coll-i-*
voc-	*proeli-o-*	*sol-*	*vult-u-*
pugn-a-	*aci-e-*	*senat-u-*	*amico-*

12 **Sumamos.** Di si las siguientes afirmaciones son verdaderas o falsas, y por qué:

a) El dativo indica la función de complemento circunstancial.

b) En castellano, la función sintáctica se expresa siempre mediante preposiciones.

c) En la oración «Me gusta la poesía», «poesía» es el núcleo del sujeto y se construiría en latín en caso nominativo.

d) En las lenguas romances, los morfemas gramaticales o desinencias indican el género, el número y el caso.

e) En latín hay cinco casos, pues el vocativo no puede considerarse propiamente un caso.

f) En latín hay dos géneros: masculino y femenino.

g) En los verbos, el conjunto de terminaciones de sus diversas formas se denomina conjugación.

h) La palabra *dominus -i* pertenece a la cuarta declinación, pues su nominativo acaba en *-us*.

i) La voz es una categoría gramatical propia del verbo.

j) Las desinencias de los casos indican la función en latín.

k) Los sustantivos se enuncian dando la forma del nominativo singular y la terminación de nominativo plural.

l) Llamamos declinación al conjunto de terminaciones que puede adoptar un sustantivo, adjetivo o pronombre para expresar su función.

4 GRAMÁTICA

LA PRIMERA DECLINACIÓN

4.1 Características de la 1.ª declinación

A la primera declinación pertenecen los sustantivos de **tema en *-a*.**

Por ejemplo: *insula-*, *vita-*, *via-*, etc.

La primera declinación se caracteriza por tener un **nominativo singular en *-a*** y un **genitivo singular en *-ae*,** por lo que es fácil de identificar.

La declinación de un sustantivo como *terra -ae* (tema *terr-a-*) es:

	Singular	Plural
Nominativo	*terr-a*	*terr-ae*
Vocativo	*terr-a*	*terr-ae*
Acusativo	*terr-am*	*terr-as*
Genitivo	*terr-ae*	*terr-arum*
Dativo	*terr-ae*	*terr-is*
Ablativo	*terr-a*	*terr-is*

Dativo y ablativo plural

En la 1.ª declinación y en el resto de declinaciones que iremos viendo, el dativo y el ablativo plural tienen la misma terminación.

El género de los sustantivos de la 1.ª declinación

La inmensa mayoría de los sustantivos de la 1.ª declinación son de género femenino (aunque hay excepciones, como *agricola -ae*, 'agricultor', *incola -ae*, 'habitante', que son de género masculino, igual que ocurre en castellano, donde sustantivos acabados en *-a* pueden ser de género masculino, como «policía», «futbolista», «internauta», etc.).

Casa de los Pájaros, en la colonia romana de Itálica (actual Santiponce, en Sevilla). *Villa* construida en tiempos de Adriano, en el siglo II d. C.

4.2 Aprende vocabulario

Todos estos sustantivos pertenecen a la primera declinación. Apréndelos:

Sustantivos de la 1.ª declinación

Femeninos

- *aqua -ae*, 'agua'
- *colonia -ae*, 'colonia'
- *insula -ae*, 'isla'
- *natura -ae*, 'naturaleza'
- *paeninsula -ae*, 'península'
- *patria -ae*, 'patria'
- *provincia -ae*, 'provincia'
- *pugna -ae*, 'lucha'
- *via -ae*, 'camino, calzada'
- *victoria -ae*, 'victoria'
- *villa -ae*, 'villa, casa de campo'
- *vita -ae*, 'vida'

Masculinos

- *agricola -ae*, 'agricultor'
- *incola -ae*, 'habitante'
- *nauta -ae*, 'marinero'
- *poeta -ae*, 'poeta'

4.3 El origen de las palabras

Muchas lenguas europeas de origen latino siguen conservando en su vocabulario palabras creadas a partir del latín *terra -ae*, que significa 'tierra, territorio, región'.

Fíjate en estas palabras: «terracota», «subterráneo», «entierro», «terrateniente», «terrícola», «desterrar» o «aterrizar». Todas ellas contienen el término latino *terra*.

Observa que muchas lenguas europeas de origen latino conservan la palabra latina *terra -ae*:

terra -ae, 'tierra'

cast.: tierra	**fr.:** terre
cat.: terra	**it.:** terra
gall.: terra	**port.:** terra

Actividades

1 ¿A qué tema pertenecen los sustantivos de la primera declinación?

2 ¿Cómo se enuncia un sustantivo de la primera declinación?

3 ¿Qué género tienen los sustantivos de la primera declinación?

4 ¿Cómo es el dativo plural de *provincia -ae*?

5 Di el caso, el género y el número de los siguientes sustantivos de la 1.ª declinación y enúncialos (por ejemplo: *puellas* → acusativo femenino plural de *puella -ae*):

animam	*servarum*	*reginae*
insulas	*epistulis*	*incola*
formae	*horis*	*poetas*
victorias	*nauta*	*patriam*
vitarum	*pugnis*	*viae*

6 **Tabla.** Declina *puella -ae*.

7 **Asamblea de ideas.** Di si es verdadero o falso; si es falso, explica por qué:

a) El dativo singular de *poeta -ae* es *poetis*.

b) El enunciado de un sustantivo tema en *-a* siempre tendrá el nominativo singular en *-a* y el genitivo singular en *-ae*.

c) Los sustantivos femeninos de la primera declinación son temas en *-a*, y los masculinos, temas en *-o*.

d) Todos los sustantivos de la primera declinación son de género femenino.

8 En tu cuaderno, escribe la relación que existe entre las dos columnas:

1. Nominativo	a) *patrias*
2. Vocativo	b) *poeta*
3. Acusativo	c) *viarum*
4. Genitivo	d) *vitae*
5. Dativo	e) *nautis*
6. Ablativo	f) *aquae*

9 Completa en tu cuaderno la siguiente tabla:

Sust.	Ac. sg.	Dat. sg.	Ac. pl.	Dat. pl.
villa -ae				
poeta -ae				
aqua -ae				

10 Relaciona las siguientes palabras con los sustantivos latinos que has estudiado y defínelas:

villorrio	agricultura	vital
provinciano	colonial	victorioso
peninsular	connatural	acuático
isleño	viaducto	compatriota

Conoce mejor el inglés

11 Di qué significan las siguientes palabras inglesas. Por su forma, ¿crees que guardan relación con las palabras latinas que acabas de estudiar?

nature	*convoy*	*vitality*
province	*village*	*poetry*
colonize	*isolation*	*victory*

5 LÉXICO

LA FORMACIÓN DE PALABRAS

5.1 Del latín a las lenguas romances

Muchas de nuestras palabras provienen del latín. En ese paso del latín a las lenguas romances, las palabras siguieron unas normas, las «normas de evolución fonética», que aprenderás a lo largo de este curso.

Debes saber que los sustantivos y los adjetivos latinos han pasado al castellano a través del **acusativo singular latino,** un caso que, salvo en algunos sustantivos neutros, terminaba siempre en *-m*.

Estudia las dos primeras normas:

-*m* en final de palabra

Pérdida de *-m* en final de palabra.

Ej.: lat. *historiam* → cast.: historia, cat.: història, gall.: historia.

***e*- átona en sílaba final**

La *-e* no acentuada (o átona) en sílaba final desaparece en ciertos contextos.

Ej.: lat. *male* → cast.: mal, cat.: mal, gall.: mal.

Ten en cuenta que en una misma palabra se pueden haber dado **varios cambios** en su evolución a las lenguas romances.

-*m* en final de palabra | ***e*- átona en sílaba final**

Ej.: lat. *vocem* → cast.: voz, cat.: veu, gall.: voz.
lat. *rivalem* → cast.: rival, cat.: rival, gall.: rival.
lat. *mensem* → cast.: mes, cat.: mes, gall.: mes.

5.2 La creación de nuevos términos

Los prefijos y los sufijos provenientes del latín han originado nuevas palabras en las lenguas romances.

En esta y en las próximas unidades aprenderás los más importantes.

Prefijos de origen latino

Latín	Castellano	Significado	Ejemplo
ante-	ante	delante de, antes de	anteponer
circum-	circun-	alrededor	circunvalación
cum-	con/co-	con (compañía, unión)	constelación/ colaborar
e-/ex-	e-/ex-	de dentro afuera	emanar/extraer
in-	in-/en-	hacia dentro	inducir/encerrar
in-	in-/i-	negación	inhumano/ilegal

5.3 Latinismos

Es posible que alguna vez hayas leído o escuchado estos latinismos o expresiones latinas. Estudia su significado y aprende su uso:

A priori

Significa literalmente 'por lo que precede'. En la lengua general significa 'con anterioridad a un hecho o a una circunstancia determinados'. Por ejemplo: «No podemos descartarlo *a priori*». Se opone a *a posteriori*.

A posteriori

Significa literalmente 'por lo que viene después'. En la lengua general significa 'con posterioridad a un hecho o una circunstancia determinados'. Por ejemplo: «Cambió las reglas de juego *a posteriori*». Se opone a *a priori*.

Ante meridiem

Significa 'antes del mediodía'. Se usa normalmente en su forma abreviada a. m. Solo es pertinente cuando en la indicación de las horas se utilizan los números del 1 al 12. Por ejemplo: «La reunión se celebrará a las 10 a. m.». Se opone a *post meridiem*.

Post meridiem

Significa 'después del mediodía'. Se usa normalmente en su forma abreviada p. m. Solo es pertinente cuando en la indicación de las horas se utilizan los números del 1 al 12. Por ejemplo: «La actuación será el próximo sábado a las 5 p. m.». Se opone a *ante meridiem*.

Actividades

1 Aplica las reglas de evolución fonética y comprueba qué términos castellanos provienen de estas palabras latinas:

desidiam — *disciplinam* — *victoriam*
iram — *materiam* — *amare*
famam — *fabricam* — *tutorem*

2 Di un ejemplo más en castellano de cada prefijo latino que has estudiado en la tabla y defínelos.

3 Señala el prefijo y explica el significado de:

ilegible — antediluviano
compartir — circunnavegación
antevíspera — imparcial
extraer — interlocutor

4 **Piensa y comparte en pareja.** Distingue en estas palabras cada uno de los dos tipos de prefijo *in-* que has estudiado y explica su significado (por ejemplo: incapaz → negación: 'que no es capaz'):

incauto — impar — importar
incrustar — implicar — impoluto
inculpar — implorar — imponer
indiviso — imposible — investir
ilegal — imparcial — indeleble

5 Partiendo de estas palabras latinas, forma con cada una de ellas un derivado en castellano añadiéndole uno de los prefijos que has estudiado y defínelo (ej.: *mittere*: 'enviar' → emitir: 'enviar de dentro afuera'):

flexum, 'doblado'
fusionem, 'fusión'
ponere, 'poner'
liminarem, 'del umbral'
lucidum, 'brillante, manifiesto'
mensam, 'mesa'
sectionem, 'corte'
legalem, 'conforme a la ley'

6 **Comprobamos.** Relaciona en tu cuaderno cada cultismo con su doblete y su étimo latino:

Étimo	Cultismo	Patrimonial
absolutum	absoluto	llano
calidum	sexta	caldo
formam	cálido	habla
fabulam	plano	hebra
fibram	forma	absuelto
clamare	clamar	horma
planum	fibra	siesta
sextam	fábula	llamar

7 Escribe una oración en la que emplees los latinismos que habéis estudiado.

anayaeducacion.es. Consulta el «Diccionario de latinismos» disponible en el banco de recursos.

6 TRADUCCIÓN

APRENDE A TRADUCIR

6.1 Consideraciones previas

Para ir avanzando en tu conocimiento de la lengua latina, es importante que vayas familiarizándote con ciertas pautas para traducir.

Observa la traducción de estas oraciones:

- *Historia magistra vitae est.* → 'La historia es maestra de la vida'.
- *Fortuna vitam regit.* → 'La fortuna rige la vida'.

Como ya hemos estudiado, la función en latín se indica mediante el **caso** (*historia* → caso nominativo → función sujeto; *vitam* → caso acusativo → función de complemento directo).

Es muy importante que recuerdes que **no hay** ningún tipo de **artículo en latín;** el contexto nos indicará si debemos traducir sin artículo ('vida'), con artículo determinado ('la vida') o indeterminado ('una vida').

El **sujeto** encabeza la oración en ambos casos (*Historia* y *Fortuna*), al igual que en castellano.

En latín, el **verbo** normalmente se coloca al final (en este caso, *est* y *regit*), y los complementos, generalmente, van delante del verbo y no tras él.

6.2 Pautas para traducir

A continuación, te ofrecemos una serie de pautas que te ayudarán a realizar correctamente la traducción de una frase latina. Cuando estés frente a una frase en latín, conviene que sigas, uno a uno, los siguientes pasos:

→ **Identifica el verbo,** porque toda oración tiene un predicado cuyo núcleo es un verbo.

Los verbos que veremos en esta unidad estarán en 3.ª persona del presente de indicativo, que terminan en *-t* en singular y en *-nt* en plural. Por ejemplo:

- *est* → 'es, está' / *sunt* → 'son, están';
- *amat* → 'ama' / *amant* → 'aman';
- *habet* → 'tiene' / *habent* → 'tienen'; etc.

La traducción la encontrarás entre paréntesis (estudiaremos el verbo latino en la cuarta unidad).

→ **Analiza morfológicamente (caso, género y número) las palabras variables,** como los sustantivos o los adjetivos.

→ **Identifica las palabras invariables** (adverbios, preposiciones, conjunciones, etc.). En alguna oración de esta unidad verás algunas preposiciones, como *in* → 'en'; *ad* → 'a, hacia', y la negación *non* → 'no'.

→ **Identifica** el posible **sujeto** del verbo, que estará en nominativo y concordando en número con él.

→ **Identifica** las posibles **funciones del resto de palabras.**

→ Intenta ofrecer una **traducción coherente** que responda a las funciones identificadas.

Pautas

1. Identifica el verbo.
2. Analiza morfológicamente las palabras variables.
3. Identifica las palabras invariables.
4. Localiza el sujeto.
5. Analiza sintácticamente el resto de palabras.
6. Traduce.

6.3 Aplica las pautas y traduce

A continuación, aplicamos por orden los pasos que hemos visto para traducir la oración *Dea insularum incolis victoriam nuntiat* (anuncia):

Dea insularum incolis victoriam nuntiat.

1. Identifica el verbo.

El verbo es *nuntiat* ('anuncia'), que está en 3.ª persona del singular; así pues, su sujeto será un nominativo singular.

2. Analiza las palabras variables.

Dea puede ser nominativo o ablativo singular de *dea -ae* → 'diosa' (descartamos el vocativo, pues suele ir entre comas).

Insularum es genitivo plural de *insula -ae* → 'isla'.

Incolis puede ser dativo o ablativo plural de *incola -ae* → 'habitante'.

Victoriam es acusativo singular de *victoria -ae* → 'victoria'.

3. Identifica el sujeto.

El sujeto de *nuntiat* solo puede ser *dea*, pues el resto de palabras no son nominativo; luego *dea nuntiat* → 'la diosa anuncia'.

4. Identifica funciones de las demás palabras.

Victoriam funcionará como complemento directo: *dea nuntiat victoriam* → 'la diosa anuncia la victoria'.

De las dos opciones que nos brinda *incolis*, dativo y ablativo, la más lógica aquí es la de dativo y, por tanto, complemento indirecto: *dea nuntiat victoriam incolis* → 'la diosa anuncia la victoria a los habitantes'.

Finalmente, *insularum* debe funcionar como complemento del nombre de *incolis*.

5. Traduce la oración.

'La diosa anuncia la victoria a los habitantes de las islas'.

Actividades

1 Cabezas pensantes. Con ayuda del vocabulario latín-castellano que encontrarás al final del libro y del léxico de esta unidad, traduce y analiza las siguientes oraciones:

- *Agricolae terram laborant* (trabajan).
- *Natura scientiam non dat* (da).
- *Agricolae patriam amant* (aman).
- *Nautae navigant* (navegan).
- *Scientia famam dat* (da).
- *Puellae in villa sunt* (están).
- *Femina epistulam puellis mittit* (envía).
- *Stellae viam nautis monstrant* (muestran).
- *Aquarum abundantia agricolis laetitiam praebet* (procura).
- *Invidia miserias facit* (causa).
- *Poetae victorias laudant* (alaban).
- *Amicitia discordias non amat* (ama).
- *Nautae fortunam timent* (temen).
- *Poetae gloriam patriae narrant* (cuentan).
- *Amat* (ama) *victoria curam.*

2 El espejo. Con ayuda del vocabulario castellano-latín que encontrarás al final del libro, traduce al latín estas oraciones:

- La justicia da (*dat*) fama a la patria.
- Una península no es (*est*) una isla.
- Las estrellas iluminan (*illustrant*) la tierra.
- Los agricultores no viven (*habitant*) en los bosques.
- La amistad procura (*praebet*) alegrías.

anayaeducacion.es. Consulta la «Guía de traducción» disponible en el banco de recursos.

COMPRUEBA LO APRENDIDO

1 **Sumamos.** Di si las siguientes afirmaciones son verdaderas o falsas y por qué:

a) Italia se encuentra ubicada en el Mediterráneo oriental.

b) El mar Jónico baña Italia por el oeste.

c) El nombre del latín procede de su región de origen.

d) Roma fue fundada en el año 735 a.C.

e) Roma tenía monumentos como arcos, templos y columnas triunfales.

f) El lexema es la parte invariable de la palabra que contiene su significado fundamental.

g) El tema de los sustantivos latinos nos indica la declinación.

h) En latín, el tema es la suma del lexema y los morfemas derivativos.

i) La interjección es una palabra invariable en latín.

j) Las palabras variables en latín son el sustantivo, el adjetivo, el artículo y el verbo.

k) Prefijos y sufijos son morfemas gramaticales.

2 Busca información sobre estos lugares de la antigua Roma: el Tíber, el templo de Júpiter Capitolino, el Circo Máximo, las termas de Caracalla y la Vía Apia.

3 Indica la declinación a la que pertenecen estas palabras:

femina -ae	*templum -i*	*impetus -us*
dominus -i	*species -ei*	*fides -ei*
urbs urbis	*manus -us*	*lex legis*

4 Enuncia los siguientes temas pertenecientes a sustantivos de la primera declinación (ej.: *tog-a-* → *toga -ae*):

laetiti-a-	*fili-a-*	*person-a-*
tabul-a-	*hor-a-*	*agricol-a-*
scienti-a-	*iustiti-a-*	*pugn-a-*

5 **Tabla.** Declina el sustantivo *insula -ae*.

6 Señala los prefijos latinos y explica los significados de estas palabras:

incapaz	anteproyecto	imprudente
confluir	emitir	circunferencia

7 Con ayuda del vocabulario final y del léxico de esta unidad, analiza y traduce las siguientes oraciones:

- *Historia memoria vitae est* (es).
- *Incolae Romam amant* (aman).
- *Servae in villis laborant* (trabajan).
- *Nautae aquam insulae incolis portant* (llevan).
- *Pugna praedam dat* (da).
- *Dea Diana aras in silvis habet* (tiene).

8 Con ayuda del vocabulario castellano-latín, traduce al latín:

- Los habitantes de Roma viven (*habitant*) en casas de campo.
- Los habitantes de las islas no (*non*) tienen (*habent*) agua.
- Los poetas dan (*dant*) fama a Roma.
- La victoria da (*dat*) la gloria.
- La esclava entrega (*dat*) las cartas a la mujer.

Comprende el texto y exprésate

9 Lee este texto y responde a las preguntas:

¡Está todo urbanizado!

¿Cuándo existirá un lago en cuyas riberas no se proyecten las inmensas edificaciones de vuestras villas? ¿Cuándo veremos un río cuyas márgenes no estén festoneadas por vuestros edificios? En cualquier sitio donde manan aguas termales se levantan nuevos palacios para el placer. Donde el litoral marino se encorva formando una placentera cala, allí echáis vosotros los cimientos de vuestras construcciones [...]. Aunque vuestras construcciones resplandezcan por doquier [...], solo tenéis un único cuerpo, y pequeño. ¿En qué os aprovechan tantas habitaciones? Solo dormís en una. Y en realidad no tenéis lo que no usáis.

Séneca, *Cartas morales a Lucilio*, LXXXIX, 21.

a) Define la palabras «ribera», «proyectar», «manar», «termal», «encorvarse» y «placentera».

b) El afán constructivo de los ricos romanos parece no tener límites a los ojos de Séneca. ¿Dónde construían sus villas los romanos según el autor?

c) ¿Te parece que Séneca critica el afán constructor de los romanos por el daño que se hace al paisaje y a la naturaleza? ¿Qué deduces de sus últimas líneas?

d) ODS ¿Crees que puede establecerse un paralelismo entre el afán constructor que nos cuenta Séneca y el de la actualidad?

Consulta la información correspondiente a las **metas del objetivo 11** en el banco de recursos de anayaeducacion.es.

CONTEXTOS CLÁSICOS

EDICIÓN BILINGÜE

Un lugar privilegiado

Non sine causa di hominesque hunc urbi condendae locum elegerunt, saluberrimos colles, flumen opportunum, quo ex mediterraneis locis fruges devehantur, quo maritimi commeatus accipiantur, mari vicinum ad commoditates nec expositum nimia propinquitate ad pericula classium externarum, regionum Italiae medium, ad incrementum urbis natum unice locum.

Tito Livio, *Ab urbe condita*, V, 54, 4.

Traducción

No sin razón, los dioses y los hombres eligieron este sitio para fundar la ciudad, unas colinas tan sanas, un río accesible por el que transportar los productos desde las zonas del interior y recibir el tráfico marítimo, un mar cercano para nuestra comodidad y no expuesto por su excesiva proximidad al peligro de las flotas extranjeras; en el centro de Italia, en un enclave único hecho a propósito para el crecimiento de la ciudad.

ACTIVIDADES

Comprende el texto

1 **Efecto y alcance.** El texto describe la elección del lugar para la fundación de Roma. ¿Cuáles son las características idóneas que cita el texto para la construcción de una ciudad? ¿Estás de acuerdo con el autor?

2 **Asamblea de ideas.** En el texto traducido, di la función sintáctica de estas palabras y deduce en qué caso irían en latín: los dioses, sitio, la ciudad, desde las zonas, en el centro, de la ciudad.

Amplía la información

3 Busca información sobre Tito Livio y sobre su obra *Ab urbe condita* (o *Historia de Roma desde su fundación*) y elabora una ficha bajo el epígrafe «El autor y la obra».

4 Infórmate sobre estos monumentos de la antigua Roma: Coliseo, Columna de Trajano y Arco de Tito.

5 Repasa el mito fundacional de Roma. ¿Sabes si en él participaron los dioses?

6 **Rueda lógica.** Busca información sobre la fundación de tres grandes ciudades del mundo e indica las características principales de cada una de ellas. ¿Crees que al fundarse se pensó en su tamaño actual?

Exprésate

7 ¿Cómo debería ser el lugar idóneo para el emplazamiento de tu ciudad ideal? ¿Crees que las ciudades actuales son adecuadas para la convivencia y el medio ambiente? Razona tus respuestas.

VERSIÓN LATINA

Roma y sus provincias

Antiqua Roma parva est (es), *sed* (pero) *Albam delet* (destruye). *Deinde* (después) *multis pugnis Etruriam et Campaniam vincit* (vence). *Roma non divitiis, sed iustitia et prudentia paeninsulam subegit* (conquista) *atque Italiam coloniis complet* (llena).

Sicilia Romanarum provinciarum prima est (es) *atque* (y) *magnas divitias habet* (tiene). *Insula Sicilia multas colonias Graeciae habet* (tiene). *Siciliae incolae Aetnam timent* (temen), *nam* (pues) *Aetnae flammae Siciliae terras vastant* (destruyen). *Sed* (pero) *incolae Siciliam amant* (aman), *nam* (pues) *pulchra insula est* (es).

Graecia quoque (también) *Romae provincia est* (es). *Graeciae incolae paucas vias habent* (tienen), *sed* (pero) *per undas navigant* (navegan). *Nautae Graeciae oris Asiae atque Africae, Italiae, Siciliae, Galliae et Hispaniae multas colonias condunt* (fundan). *Syracusae atque Massilia clarae coloniae Graeciae sunt.*

Gallia provincia Romana est (es). *Gallia densas silvas atque* (y) *multas feras habet* (tiene). *Hispania quoque* (también) *provincia Romana est* (es). *Roma Hispaniae incolis bonas vias praebet* (proporciona) *atque* (y) *provinciae magnas divitias auget* (acrecienta).

ACTIVIDADES

Comprende el texto

1 **Tabla.** Analiza morfológicamente estas palabras del texto: *Etruriam, iustitia, provinciarum, Hispaniae, Aetnam, insula.*

2 Analiza sintácticamente: *Roma iustitia et prudentia Italiam coloniis complet.*

3 Define y relaciona con palabras del texto «invicto», «colonial», «incompleto», «magnánimo» e «insular».

4 **Comprobamos.** Con ayuda del vocabulario al final del libro y de las palabras que has aprendido, traduce el texto.

Amplía la información

5 Elabora un mapa de Europa con las provincias que se mencionan en el texto.

DE RUTA POR HISPANIA

Las villas

Las casas de campo de los romanos (*villae*) tuvieron una enorme importancia; unas por el lujo y el confort; otras, las *villae rusticae*, por su importancia en la economía agraria.

Catón, Varrón y Columela dan indicaciones relativas a la ubicación de dichas villas: buen terreno, aire sano, agua disponible y, a ser posible, buenas comunicaciones. Las que se han conservado son algunas de las villas señoriales pertenecientes a acaudalados de la última época imperial.

Ejemplos de villas romanas que podemos visitar son la de la Olmeda y la de Quintanilla de la Cueza, en Palencia, y la de villa Fortuna, en Fraga (Huesca).

Villa romana de la Olmeda, en Palencia.

La villa de la Olmeda

Situada en Pedrosa de la Vega, a orillas del río Carrión, esta villa data de la segunda mitad del siglo IV. Perteneció a un hombre acaudalado y fue también una finca agrícola.

En torno al peristilo se extienden las dependencias, que están flanqueadas por cuatro torres de planta cuadrada —norte— y octogonal —sur—. De esas dependencias destacan algunas habitaciones por la belleza de los mosaicos. Unas termas completan el conjunto residencial. Al sur se encontraba la necrópolis, que muestra ajuares funerarios de gran valor económico y artístico.

anayaeducacion.es. Consulta el «Mapa interactivo de la Hispania romana» disponible en el banco de recursos.

3

LA HISTORIA DE ROMA

Misión cumplida

Aquí termina nuestra historia. Como todos los grandes imperios, el romano no fue abatido por el enemigo exterior, sino roído por sus males internos.

Y su acta de defunción fue firmada no por la deposición de Rómulo Augústulo, sino por la adopción del cristianismo como religión oficial del Estado y por el traslado de la capital a Constantinopla. Con este doble acontecimiento comienza, para Roma, otro capítulo. [...]

Mirando las cosas desde arriba y tratando de darles una explicación, puede decirse que Roma nació con una misión, la cumplió y con ella acabó. Esa misión fue la de reunir las civilizaciones que la habían precedido, la griega, la oriental, la egipcia, la cartaginesa, fusionándolas y difundiéndolas en toda Europa y la cuenca del Mediterráneo. No inventó gran cosa en filosofía, ni en artes, ni en ciencias, pero señaló los caminos para su circulación, creó ejércitos para defenderlas, un formidable complejo de leyes para garantizar su desarrollo dentro de un orden, y una lengua para hacerlas universales. No inventó siquiera formas políticas; monarquía o república, aristocracia y democracia, liberalismo y despotismo habían sido ya experimentadas. Pero Roma hizo modelos de ellas, y en cada una brilló su genio práctico y organizador.

Indro Montanelli, *Historia de Roma.*

REFLEXIONA SOBRE EL TEMA

Lectura compartida

La misión de Roma

Según el autor, ¿cuál fue la misión que llevó a cabo Roma para la historia? ¿Cuál fue la gran virtud de Roma, que la hizo destacar sobre otras civilizaciones?

Roma civilizadora

Roma difundió la civilización por toda la cuenca del Mediterráneo. ¿Qué elementos del legado de Roma se recogen en el texto? ¿Cuál de ellos te parece más importante?

VILLA ET HORTUS

VOCABULARIO

sumus: somos ('estamos')
quid facis?: ¿qué haces?
pira percipio: recojo peras
cibo: doy de comer
porto: llevo
legumina sero: siembro legumbres
quid est?: ¿qué es?
faba -ae (f.): haba
panem facio: hago pan
caseus -i (m.): queso
atrium -ii (n.): sala, vestíbulo
impluvium -ii (n.): impluvio
cubiculum -i (n.): habitación
quoque: también
ubi: donde
dormiunt: duermen
fatigatus -a -um: cansado
dormito: me estoy durmiendo

Accede a la animación de este cómic disponible en el banco de recursos de anayaeducacion.es.

1 CULTURA

LA HISTORIA DE ROMA

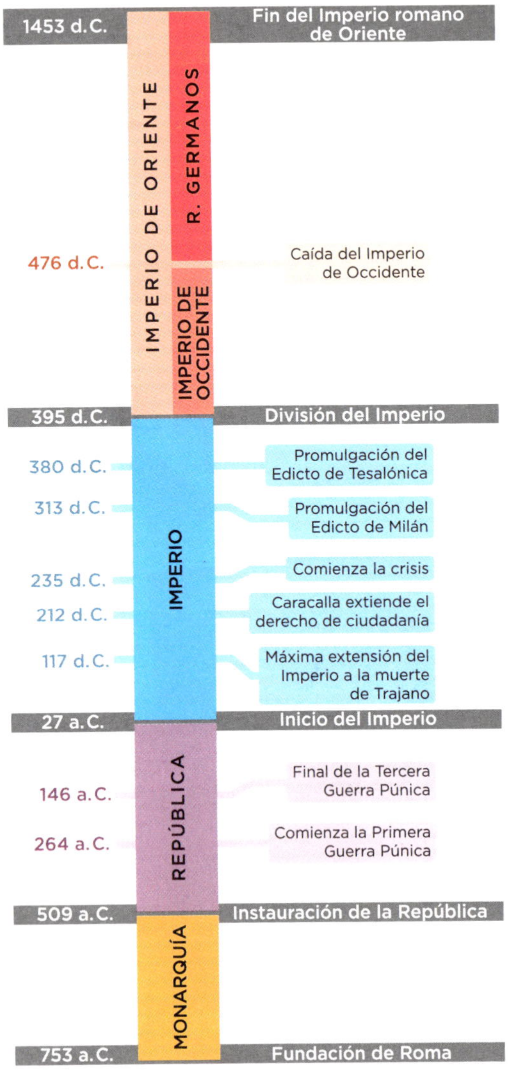

La **historia de Roma** abarca **desde el año 753 a. C.,** fecha de la fundación de la ciudad, **hasta el 476 d. C.,** fecha de su destrucción a manos de los bárbaros.

La historia de Roma se divide en tres períodos:

- **Monarquía** (753-509 a. C.).
- **República** (509-27 a. C.).
- **Imperio** (27 a. C.-476 d. C.).

1.1 La Monarquía

En la Monarquía romana se sucedieron siete reyes. **Rómulo** fue el primero, y **Tarquinio el Soberbio,** el último.

El rey reunía todos los poderes, con carácter vitalicio, y todos los habitantes le debían obediencia. Antes de morir, debía designar a un sucesor.

En esta época, Roma conquistó el Lacio; se fundó Ostia, el puerto o salida al mar de Roma, y se construyeron los primeros edificios públicos y las murallas de la ciudad.

1.2 La República

En esta etapa, el rey fue sustituido por dos cónsules; se crearon el Senado, las «magistraturas» —o cargos públicos de la administración— y las asambleas ciudadanas. También se fueron promulgando leyes para regular los derechos y los deberes de los ciudadanos.

Pero a pesar de estos avances de tipo político y social, la República fue una época marcada por las **guerras de expansión y conquista** y por las **rivalidades políticas.**

Un hecho crucial marcó esta época: las **guerras púnicas,** un enfrentamiento armado entre **romanos y cartagineses** (264-146 a. C.), cuyas figuras más destacadas fueron el cartaginés Aníbal y el romano Escipión. La victoria final de Roma le dio el control sobre el Mediterráneo.

Tras esta victoria, Roma amplió su radio de acción con nuevas conquistas —parte de la Galia, los Balcanes, el norte de África, Macedonia y Grecia—, y comenzó un tiempo de agitación política y de crisis socioeconómica, las guerras civiles que provocaron un cambio en el sistema de gobierno: los **triunviratos,** o gobierno formado por tres personas.

- **El primer triunvirato:** estaba formado por Julio César, Pompeyo y Craso. Desembocó en una guerra civil en la que se enfrentaron los bandos de César y de Pompeyo. La victoria de Julio César lo situó en el poder hasta que, el 15 de marzo del año 44 a. C., fue asesinado en una conjura.
- **El segundo triunvirato:** este triunvirato, compuesto por Lépido, Marco Antonio y Octavio Augusto, también acabó en enfrentamiento; esta vez con la victoria de Octavio Augusto. De su mano, Roma entró en otra etapa de su historia: el Imperio.

Los hermanos Graco

Durante la República, los hermanos Tiberio y Cayo Graco abanderaron importantes luchas populares que dieron como resultado el reparto de trigo entre la población y la distribución del *ager publicus* o suelo público entre los pobres. Sus logros acabaron por costarles la vida, pues, como tantos otros políticos de la historia de Roma, fueron asesinados, viendo así truncada la posibilidad de contemplar la eficacia de sus reformas.

1.3 El Imperio

El Imperio romano duró cinco siglos. En esta etapa, todo el poder recaía sobre un solo hombre, el **emperador** o **césar.** Durante estos siglos se sucedieron varias dinastías o familias en el mando (la Julio-Claudia, los Flavios, los Antoninos, los Severos, etc.).

El Alto Imperio

En esta fase, iniciada con **Octavio Augusto,** Roma conoció una expansión espectacular que alcanzó el punto culminante en el año 117 d. C., en época del emperador **Trajano,** originario de Hispania.

El Bajo Imperio

La excesiva extensión del Imperio dificultó su gobierno. Por ello, este período se caracterizó por las rebeliones en sus fronteras y por el inicio de la decadencia. Tras la muerte de **Constantino** (337), y al final del mandato de **Teodosio** (395), el Imperio se dividió en dos partes —el Imperio romano de Oriente y el de Occidente—. El gobierno que se creó entonces fue la **tetrarquía,** que estaba formada por cuatro personas, dos gobernantes por cada parte del Imperio.

- El **Imperio de Occidente** —con capital en Roma— murió en el año 476, con la invasión de los bárbaros.
- El **Imperio de Oriente** —con capital en Constantinopla (hoy Estambul)— permaneció hasta 1453, cuando la ciudad fue tomada por las tropas turcas.

Principales dinastías de emperadores romanos

Julio-Claudia (27 a. C.-68 d. C.)
Augusto
Tiberio
Calígula
Claudio
Nerón

Flavia (69-96 d. C.)
Vespasiano
Tito
Domiciano

Antoninos (96-193 d. C.)
Trajano
Adriano
Antonino Pío
Marco Aurelio
Cómodo

Severos (193-235 d. C.)
Septimio Severo
Caracalla
Heliogábalo

Trabaja con la imagen

Saco de dudas. Observa el mapa de la máxima expansión del Imperio romano. ¿Qué países actuales formaron parte del Imperio?

Actividades

Recuerda lo aprendido

1 ¿Cuántos siglos transcurrieron desde el inicio hasta el fin de la historia de Roma?

2 **Esquema.** Haz un esquema con los períodos de la historia de Roma y sus características más importantes.

3 ¿Por qué entró en decadencia el imperio romano?

4 ¿Cuándo sucumbió el imperio romano de Oriente? ¿Y el de Occidente?

5 **1-2-4.** Indica el extraño de cada serie y explica por qué:

a) Lépido, César, Pompeyo, Craso.

b) Monarquía, democracia, república, imperio.

c) Hispania, Galia, Britania, Germania.

d) Trajano, Constantino, Teodosio, César.

Trabaja con la imagen

6 Según el mapa de la división imperial del siglo III d. C., ¿en qué país o países de la actualidad se situó la frontera del Imperio de Oriente y la del Imperio de Occidente?

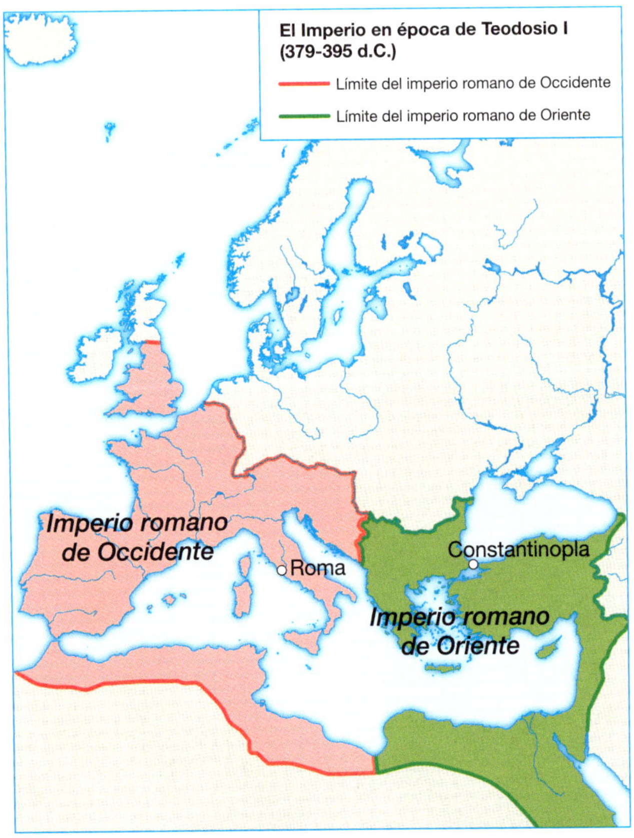

Amplía la información

7 Explica qué significa «césar» y deduce por qué es sinónimo de emperador.

8 Averigua qué significa *S. P. Q. R.* (*Senatus Populusque Romanus*).

9 **Línea del tiempo.** Indica qué acontecimientos de la historia de Roma ocurrieron bajo la Monarquía, bajo la República y bajo el Imperio:

- Guerras púnicas
- Caída de Numancia
- Conquista del Lacio
- Primer triunvirato
- Batalla de Zama
- Destrucción de Cartago
- Tetrarquía
- Fundación de Ostia
- Guerra de las Galias
- Asesinato de César
- Destrucción de Jerusalén
- Guerras cántabras

10 Por parejas, repartíos los siguientes personajes de la historia de Roma. Después, buscad información sobre ellos y haced un resumen de su biografía, en el que aparezcan también los principales hechos que llevaron a cabo y su importancia para la historia.

a) Nerón
b) Cleopatra
c) Aníbal
d) Pompeyo
e) Escipión el Africano
f) Augusto
g) Constantino
h) Julio César
i) Mario
j) Cicerón

11 Igual que en la actividad anterior, dividíos por parejas el listado de las siguientes batallas y buscad información sobre ellas, indicando en un resumen contra quiénes se enfrentaron los romanos, quién venció y qué consecuencias acarreó para la historia de Roma:

a) Accio
b) Puente Milvio
c) Alesia
d) Trasimeno
e) Munda
f) Islas Égadas
g) Farsalia
h) Cannas

2 GRAMÁTICA

LA SEGUNDA DECLINACIÓN

Sustantivos masculinos

Presentan un nominativo singular terminado generalmente en *-us*; por ejemplo *servus -i*, 'siervo'. No obstante, también hay unos pocos sustantivos acabados en *-er*, como *puer pueri*, 'niño'; *ager agri*, 'campo', o *magister magistri*, 'maestro'. E, incluso, existe un sustantivo masculino de la 2.ª declinación con nominativo en *-ir*: *vir viri*, 'varón'.

Sustantivos neutros

Presentan un nominativo singular terminado en *-um*; por ejemplo, *templum -i*, 'templo'.

2.1 Características generales

A la **2.ª declinación** pertenecen los sustantivos de **tema en -o** (aunque esta *-o* a veces se ha cerrado en *-u*, por lo que encontramos *populus, templum,* etc.).

La segunda declinación se caracteriza por tener un **nominativo singular en *-us*** o ***-um*** y un **genitivo singular en *-i*** (por ejemplo, *dominus -i*, *ager -i* o *templum -i*).

2.2 Sustantivos masculinos

El primer grupo de sustantivos de la 2.ª declinación está formado por **sustantivos masculinos** con un **nominativo singular en *-us*** (o en ***-er***), como *dominus -i*, 'señor, dueño', o *annus -i*, 'año'. Su declinación completa es la siguiente:

	Singular	Plural
Nominativo	*domin-us*	*domin-i*
Vocativo	*domin-e*	*domin-i*
Acusativo	*domin-um*	*domin-os*
Genitivo	*domin-i*	*domin-orum*
Dativo	*domin-o*	*domin-is*
Ablativo	*domin-o*	*domin-is*

2.3 Sustantivos neutros

El segundo grupo de sustantivos de la segunda declinación son de **género neutro** y tienen un **nominativo singular en *-um*.** Esta es su declinación:

	Singular	Plural
Nominativo	*oppid-um*	*oppid-a*
Vocativo	*oppid-um*	*oppid-a*
Acusativo	*oppid-um*	*oppid-a*
Genitivo	*oppid-i*	*oppid-orum*
Dativo	*oppid-o*	*oppid-is*
Ablativo	*oppid-o*	*oppid-is*

Observa que todas las palabras de género neutro tienen la **misma terminación** en **nominativo, vocativo y acusativo,** tanto en singular como en plural (en plural siempre *-a*).

2.4 Aprende vocabulario

Como has visto, *dominus -i*, 'señor, dueño', pertenece a la segunda declinación. Otros sustantivos de esta declinación son:

Sustantivos

Masculinos

amicus -i, 'amigo'	*legatus -i*, 'legado, embajador'
equus -i, 'caballo'	*ludus -i*, 'juego'
filius -ii, 'hijo'	*nuntius -ii*, ' mensajero'
gladius -ii, 'espada'	*populus -i*, 'pueblo'
hortus -i, 'huerto, jardín'	*servus -i*, 'siervo, esclavo'

Neutros

aurum -i, 'oro'	*proelium -ii*, 'batalla'
bellum -i, 'guerra'	*signum -i*, 'señal, bandera'
donum -i, 'regalo, ofrenda'	*studium -ii*, 'afán, estudio'
imperium -ii, 'mando, imperio'	*templum -i*, 'templo'
oppidum -i, 'fortaleza, ciudad'	*verbum -i*, 'palabra'

2.5 El origen de las palabras

Las palabras «antaño», «anualidad», «anuario», «quinquenio», «milenio» o «perenne» guardan relación con una palabra latina de la 2.ª declinación: *annus -i*, 'año'. Fíjate en que las lenguas romances siguen conservando la forma latina *annus -i*:

annus -i, 'año'

cast.: año	**port.:** an
cat.: any	**it.:** anno
gall.: ano	**fr.:** année

Actividades

Recuerda lo aprendido

1 ¿A qué tema pertenecen los sustantivos de la segunda declinación?

2 ¿En qué dos grandes grupos se dividen los sustantivos de la segunda declinación?

3 ¿Qué casos de los sustantivos neutros presentan terminación en *-a*?

4 ¿Qué género tienen los sustantivos *signum -i* y *verbum -i*?

5 ¿Cuál es la terminación del genitivo plural de la segunda declinación?

6 ¿Qué terminaciones puede presentar el nominativo singular de los sustantivos masculinos de la segunda declinación?

7 **Tabla.** Declina los sustantivos *servus -i* y *bellum -i*.

8 Analiza morfológicamente las siguientes palabras:

templa	*amicos*	*equo*
nuntii	*aurum*	*gladiis*
ludo	*filium*	*servorum*

9 Relaciona estas palabras con los sustantivos latinos que has estudiado y defínelas:

gladiador	impopular	verbal
populoso	legación	ecuestre
servil	adueñarse	designar
ahijado	templete	lúdico
belicoso	filial	donante

10 **Comprobamos.** Indica a qué declinación pertenecen estos sustantivos y busca su significado en el vocabulario final del libro:

passus -us	*piscis -is*	*regina -ae*
studium -ii	*civis -is*	*somnus -i*
cornu -us	*toga -ae*	*pax pacis*
rus ruris	*imperium -ii*	*scientia -ae*

Conoce mejor el inglés

11 Busca los significados de estas palabras inglesas. ¿Guardan relación con las palabras latinas que has estudiado?

populous	*temple*	*equestrian*
annually	*people*	*donation*
delegate	*ludic*	*verbalize*

3 GRAMÁTICA

LOS ADJETIVOS

3.1 Características generales

Los adjetivos no tienen género o número propio, sino que lo toman del sustantivo con el que concuerdan: una casa bonita, unos ríos caudalosos, etc.

Los **adjetivos en latín** presentan siempre los **tres géneros:** masculino, femenino y neutro, y los **dos números:** singular y plural, con el fin de poder concordar con cualquier sustantivo al que se refieran.

Además, un adjetivo concuerda con un sustantivo no solo en género y número, sino también en caso. Los adjetivos, pues, disponen de formas en cada género, número y caso para poder concordar con cualquier sustantivo.

En latín, los adjetivos **concuerdan** con el sustantivo al que acompañan en **caso, género y número.**

3.2 Los adjetivos 2-1-2

Los adjetivos se enuncian mediante el **nominativo singular de cada género** en este orden: masculino, femenino y neutro.

En latín hay dos tipos de adjetivos: los que se declinan por la 1.ª y 2.ª declinación (adjetivos 2-1-2, como *altus -a -um*, 'alto') y los que se declinan por la 3.ª declinación (como *fortis -e*, 'fuerte').

Así, en un adjetivo 2-1-2, el masculino y el neutro se declinan por la segunda declinación y el femenino se declina por la primera; por ejemplo: *bonus bona bonum*, 'bueno', o *magnus magna magnum*, 'grande'.

Esta es la declinación de un adjetivo 2-1-2:

Adjetivos en *-er*

En latín hay adjetivos 2-1-2 con la terminación *-er* en el nominativo masculino singular, pero en el resto de terminaciones no hay diferencias; por ejemplo: *miser -a -um*, 'desdichado', o *pulcher -chra -chrum*, 'hermoso'.

Los adjetivos 2-1-2

	Singular			Plural		
	Masculino	Femenino	Neutro	Masculino	Femenino	Neutro
Nominativo	*magn-us*	*magn-a*	*magn-um*	*magn-i*	*magn-ae*	*magn-a*
Vocativo	*magn-e*	*magn-a*	*magn-um*	*magn-i*	*magn-ae*	*magn-a*
Acusativo	*magn-um*	*magn-am*	*magn-um*	*magn-os*	*magn-as*	*magn-a*
Genitivo	*magn-i*	*magn-ae*	*magn-i*	*magn-orum*	*magn-arum*	*magn-orum*
Dativo	*magn-o*	*magn-ae*	*magn-o*	*magn-is*	*magn-is*	*magn-is*
Ablativo	*magn-o*	*magn-a*	*magn-o*	*magn-is*	*magn-is*	*magn-is*

Biga de Júpiter triunfal tirada por elefantes. Denario de plata del siglo II a. C. Museo Casa de la Moneda-FNMT, Madrid.

3.3 Aprende vocabulario

Ahora que ya conoces cómo se declinan los adjetivos del tipo 2-1-2, como *bonus -a -um*, es el momento de aprender algo de vocabulario. Aprende los siguientes adjetivos 2-1-2:

Adjetivos 2-1-2	
altus -a -um, 'alto, profundo' *doctus -a -um*, 'sabio, docto' *longus -a -um*, 'largo'	*malus -a -um*, 'malo' *multus -a -um*, 'mucho' *novus -a -um*, 'nuevo'

3.4 El origen de las palabras

Las lenguas romances, como puedes ver, siguen conservando el adjetivo *bonus -a -um*:

bonus -a -um, 'bueno'	
cast.: bueno	**fr.:** bon
cat.: bo(n)	**it.:** buono
gall.: bo	**rum.:** bun

Además, este adjetivo sigue teniendo una enorme presencia en las lenguas romances, como puedes comprobar por estos términos: «bondad», «beneficio», «benévolo», «bonachón», «bonanza» y «bonificar».

Actividades

Recuerda lo aprendido

1 ¿Cómo se enuncian los adjetivos latinos?

2 ¿Qué tipos de adjetivos hay en latín? ¿Cuáles son?

3 Además de en género y número, ¿en qué más concuerdan los adjetivos con los sustantivos en latín?

4 **Cabezas numeradas.** Relaciona en tu cuaderno cada adjetivo con su sustantivo y traduce el sintagma resultante:

1. *oppida*	a) *novo*
2. *nautae*	b) *longum*
3. *gladio*	c) *malos*
4. *bellum*	d) *malum*
5. *legatos*	e) *docto*
6. *incolam*	f) *multa*

5 **El espejo.** Di el caso, el género y el número de los siguientes sintagmas, tradúcelos y ponlos en nominativo singular (por ejemplo: *novum amicum* → Ac. m. sg., 'al nuevo amigo' → *novus amicus*):

multas feminas	*meum servum*
parva oppida	*pulchris villis*
magno proelio	*suum agrum*
populi Romani	*viae longae*
tuae servae	*primos incolas*
bonorum servorum	*altum fluvium*

6 **Comprobamos.** Con ayuda del vocabulario final del libro y del léxico de esta unidad, indica el caso, el género y el número de los siguientes adjetivos y enúncialos (por ejemplo: *altarum* → gen. f. pl. de *altus -a -um*):

caras	*certorum*	*veros*
meos	*primae*	*parvi*
tuam	*altarum*	*gratae*
doctum	*suis*	*plenus*
cupidorum	*multa*	*malis*

7 Relaciona las siguientes palabras con los adjetivos latinos que has estudiado y defínelas:

altímetro	maleza	multicolor
novato	magnate	longevo

Conoce mejor el inglés

8 Busca los significados de las palabras inglesas *malady*, *long* y *along*. ¿Guardan relación con las palabras latinas que has estudiado?

4 LÉXICO

LA FORMACIÓN DE PALABRAS

4.1 Del latín a las lenguas romances

Estudia estas dos normas de cambios fonéticos del latín al castellano y a otras lenguas romances:

***-u* final átona**

La *-u* final átona pasó a **-o**. El catalán pierde frecuentemente la -o.

Ej.: lat. *cruentum* → cast.: cruento, cat.: cruent, gall.: cruento.

***s-* inicial seguida consonante**

La *s-* inicial seguida de otra consonante desarrolló una vocal **e-** protética; esto es, antepuesta a la palabra.

Ej.: lat.: *studium* → cast.: estudio, cat.: estudi, gall.: estudio.

4.2 La creación de nuevos términos

Los siguientes prefijos, como verás, son muy fructíferos en nuestra lengua. Estúdialos:

Prefijos de origen latino

Latín	Castellano	Significado	Ejemplo
inter-	inter-/entre-	en medio	internacional
prae-	pre-	anterioridad	prever
re-	re-	retroceso, intensificación	revocar
sub-	sub-/so-/su-	debajo	socavar
super-	super-/sobre-	encima, exceso	sobrehumano
trans-	trans-/tras-	al otro lado, a través de	transformar

Trabaja con la imagen

En este detalle de uno de los relieves de la puerta frontal del Ara Pacis de Augusto aparecen Rómulo y Remo con el héroe troyano Eneas. Busca información sobre la fundación de Roma y explica el papel que desempeñó cada uno de ellos.

Ara Pacis de Augusto. Siglo I a. C.
Museo del Ara Pacis, en Roma.

4.3 Latinismos

Aprende los siguientes latinismos para reconocerlos y poder emplearlos correctamente:

Currículum vítae

Significa literalmente 'carrera de la vida'. Se usa como locución para designar la relación de los datos personales, formación académica, actividad laboral y méritos de una persona. Por ejemplo: «Me pidieron que mandara el currículum vítae».

Ítem

Significa literalmente 'del mismo modo, también, además'. Con el significado de 'además' pervive en textos de carácter jurídico o de nivel muy culto. En otras disciplinas se utiliza para indicar «cada parte o cuestión de una prueba». Su plural es ítems. Por ejemplo: «El test constaba de 15 ítems».

Posdata

Proviene de *post data*. Es aquello que se añade a una carta ya concluida y firmada. Se abrevia con la forma «P. D.».

Viceversa

Significa 'al contrario, por lo contrario'; 'cambiadas dos cosas recíprocamente'.

Ultimátum

Significa 'resolución terminante y definitiva, aviso último'. Está castellanizado como ultimátum.

Actividades

1 Aplica las normas de evolución fonética que has estudiado a las siguientes palabras:

exitum	*statutum*
futurum	*structuram*
odium	*publicum*
specialem	*animum*
sperare	*stadium*
tributum	*splendidum*
stare	*scribam*
gremium	*solum*

2 Señala el prefijo y explica el significado de estas palabras:

tránsfuga	sumergir	interlocutor
predecir	reeducar	sobrenombre

3 Di un ejemplo más en castellano de cada prefijo latino que has estudiado en la tabla y defínelos.

4 Tomando como base las siguientes palabras latinas, intenta formar un derivado en castellano añadiéndole uno de los prefijos que acabas de estudiar y defínelo (por ejemplo: *mittere*, 'enviar' → transmitir, 'enviar al otro lado'):

- *cedentem*, 'que marcha'
- *lucidum*, 'brillante'
- *sectionem*, 'corte'
- *delegare*, 'delegar'
- *fusionem*, 'difusión'
- *liminarem*, 'del umbral'
- *mensam*, 'mesa'
- *vocare*, 'llamar'

5 **Piensa y comparte en pareja.** En tu cuaderno, relaciona las dos columnas para formar dobletes. Indica las diferencias que observes entre la palabra patrimonial y el cultismo:

Cultismo	Patrimonial
operario	leal
vigilar	logro
nominar	injertar
legal	velar
primario	obrero
insertar	primero
lucro	nombrar

6 Relaciona los dobletes de la tabla anterior con su correspondiente étimo latino:

lucrum	*vigilare*	*legalem*	*insertare*
operarium	*primarium*	*nominare*	

7 **Juego de palabras y frases.** Escribe una oración en la que emplees cada uno de los latinismos que has estudiado.

anayaeducacion.es. Consulta el «Diccionario de latinismos» disponible en el banco de recursos.

5 TRADUCCIÓN

APRENDE A TRADUCIR

5.1 Pautas para traducir

- Debes tener en cuenta que en latín las palabras no siempre siguen el mismo **orden** que en castellano. Como dijimos en la unidad 2, el verbo suele ir al final de la frase y, en general, el complemento precede a la palabra complementada; así, el adjetivo suele preceder al sustantivo al que acompaña; por ejemplo: ***bonus*** *dominus*, 'buen amo'; ***pulchra*** *puella*, 'hermosa chica', etc.
- Para una correcta traducción del latín, es muy importante que detectes las **concordancias** que se establecen entre las diferentes partes de la oración.

5.2 Aplica las pautas y traduce

A continuación, analizamos las distintas concordancias que pueden darse en una oración y traducimos los ejemplos. Fíjate en el orden en el que se construyen los sintagmas.

Concordancia

Adjetivo-sustantivo

El adjetivo concuerda siempre con el sustantivo al que acompaña en **género, número y caso.** Por ejemplo:
- *Dominus* ***multos equos*** *habet.*
  → 'El amo tiene muchos caballos'.
- *Gallia* ***magna provincia*** *romana est.*
  → 'La Galia es una gran provincia romana'.

Verbo-sujeto

El verbo, igual que en castellano, concuerda con el sujeto en **persona y número.** Por ejemplo:
- ***Servus*** *in villa* ***est.***
  → 'El esclavo está en la casa de campo'.
- ***Servi*** *in villa* ***sunt.***
  → 'Los esclavos están en la casa de campo'.

Aposición-sustantivo

La aposición concuerda en **caso** con el sustantivo al que describe. Por ejemplo:
- *Lucius,* ***magister*** *ludi.*
  → 'Lucio, maestro de escuela'.
- *Quintus,* ***filius*** *Iulii.*
  → 'Quinto, el hijo de Julio'.

Atributo-sujeto

El atributo, si es un **adjetivo,** concuerda con el sujeto en **género, número y caso.** Por ejemplo:
- ***Servi boni*** *sunt.*
  → 'Los esclavos son buenos'.
- *Graeciae* ***fluvii parvi*** *sunt.*
  → 'Los ríos de Grecia son pequeños'.

Pero si el atributo es un **sustantivo,** concuerda con el sujeto en **caso.** Por ejemplo:
- ***Captivi praeda*** *sunt.*
  → 'Los prisioneros son el botín'.
- ***Lutetia oppidum*** *Parisiorum est.*
  → 'Lutecia es la ciudad de los parisinos'.

Concordancia

Relación formal que se establece entre las distintas partes de la oración. En latín se da entre:
- Adjetivo-sustantivo.
- Verbo-sujeto.
- Atributo-sujeto.
- Aposición-sustantivo.

Actividades

1 **Comprobamos.** Con ayuda del vocabulario latino del final del libro y del léxico de esta unidad, traduce y analiza estas oraciones:

- *Multi Romani in villis habitant* (viven).
- *Multa templa in Italia sunt* (hay).
- *Dominus servis operam dat* (encarga).
- *Dei bella regunt* (rigen).
- *Romani multa Hispaniae oppida expugnant* (asaltan).
- *Galli Romanos magno proelio vincunt* (vencen).
- *Graeci Troiae multas feminas interficiunt* (matan).
- *Servi multos filios habent* (tienen).
- *Tarentini legatis Romanorum iniuriam faciunt* (cometen).
- *Romani multa bella cum* (con, contra) *Germanis gerunt* (llevan a cabo).
- *Bellum multas miserias populo praebet* (proporciona).
- *Oculus domini equum saginat* (engorda).
- *Galli legatos ad populum Romanum mittunt* (envían).
- *Romani Sabinorum feminas rapiunt* (raptan).
- *Brundisium oppidum Romanum est* (es).
- *Boni viri multos amicos numerant* (tienen, cuentan con).
- *Dominus suis servis pulchra dona dat* (da, entrega).
- *Romani nuntios mittunt* (envían).
- *Verba volant* (vuelan).
- *Dei Romanis imperium dant* (dan, entregan).

2 **El espejo.** Con ayuda del vocabulario castellano-latín que encontrarás al final del libro, traduce al latín:

- Los romanos vencen (*vincunt*) en muchas batallas a los galos.
- Mercurio es (*est*) el mensajero de los dioses.
- Túsculo es (*est*) una pequeña ciudadela de Italia.
- Los esclavos procuran (*dant*) muchos beneficios al dueño.
- El Nilo y el Rin son (*sunt*) ríos profundos.
- Los legados de los galos piden (*petunt*) auxilio.
- Los esclavos matan (*occidunt*) al dueño con espadas.

Detalle de la Columna de Trajano, en Roma. Siglo II.

anayaeducacion.es. Consulta la «Guía de traducción» disponible en el banco de recursos.

COMPRUEBA LO APRENDIDO

1 **Sumamos.** Di si las siguientes afirmaciones son verdaderas o falsas y por qué:

a) El primer triunvirato estaba formado por Lépido, Pompeyo y Craso.

b) Las guerras púnicas enfrentaron a romanos y a persas.

c) Teodosio dividió el imperio romano en dos: norte y sur.

d) Roma inició su expansión con la conquista del Lacio en época republicana.

e) Julio César fue el primer emperador de Roma.

f) A la segunda declinación pertenecen los sustantivos temas en *-u*, como *annus -i*.

g) *Anno* es el genitivo singular de *annus -i*.

h) Los neutros plurales tienen desinencia *-a* en todos los casos del plural.

i) En el sintagma *agricolam avarum* hay un error de concordancia de género, pues debería ser *agricolam avaram*.

j) En latín, los adjetivos concuerdan con el sustantivo en número y en caso, como, por ejemplo, en *multos nautas*.

k) Los adjetivos no tienen género o número propio.

l) Los adjetivos 2-1-2 se enuncian con el nominativo y genitivo singular.

2 Un episodio muy conocido de la historia de Roma es el paso del río Rubicón por parte de Julio César. Averigua en qué consistió y qué palabras famosas pronunció César entonces.

3 Di el caso, el género y el número de los siguientes sintagmas, tradúcelos y ponlos en nominativo singular (ej. *primos pueros* → Ac. m. pl. 'a los primeros niños' → *primus puer*):

legatum inimicum	*prima templa*
meos servos	*servis bonis*
naturam pulchram	*viam longam*
tui domini	*meum agrum*
multi incolae	*primos incolas*
parvo filio	*alti fluvii*
sua oppida	*suis legatis*

4 En tu cuaderno, relaciona las dos columnas de la tabla y pon en nominativo singular el sintagma resultante (ej.: *annos* → *bonos* → *bonos annos* (*bonus annus*)):

1. *altis*	a) *ancillas*
2. *cara*	b) *fluviis*
3. *doctus*	c) *deos*
4. *alienas*	d) *dona*
5. *Romanum*	e) *magister*
6. *sacros*	f) *nautam*

5 Analiza y traduce las siguientes oraciones:

- *Claudius multos annos vivit* (vive).
- *Tusculum et Brundisium oppida Romana sunt* (son).

6 Con ayuda del vocabulario castellano-latín que está al final del libro, traduce al latín las siguientes oraciones:

- Los galos devastan (*vastant*) los bosques romanos.
- Los peligros de la guerra son (*sunt*) grandes.
- En (*in*) Germania hay (*sunt*) muchos ríos.

Comprende el texto y exprésate

7 Lee este texto y responde a las preguntas:

Diferencias entre César y Pompeyo

[Pompeyo y César] se distinguían, fundamentalmente, el uno del otro en que Pompeyo no quería quedar en segundo lugar y César ansiaba ser el primero. Pompeyo ansiaba obtener honores voluntariamente otorgados, ejercer una autoridad libremente aceptada y ser amado por quienes le obedecían.

Dión Casio, *Historia romana*, XLI, 54.

a) Di el significado de las siguientes palabras:

ansiar otorgar ejercer

b) Busca el significado de «monarquía», «diarquía», «triunvirato» y «tetrarquía». Pon ejemplos históricos de estos tipos de gobierno.

c) **Tablero de historias.** ¿Qué provocó el enfrentamiento de los bandos de César y de Pompeyo? ¿Quién salió victorioso?

d) ¿Hasta cuándo duró el mandato de César? ¿Por qué fue asesinado?

e) ¿Te parece comprensible la rivalidad entre César y Pompeyo? ¿Por qué? ¿Te parece imposible que varios dirigentes compartan el poder?

anayaeducacion.es. Realiza la autoevaluación de la unidad.

CONTEXTOS CLÁSICOS

EDICIÓN BILINGÜE

Las conquistas de Augusto

Domuit autem partim ductu partim auspiciis suis Cantabriam, Aquitaniam, Pannoniam, Dalmatiam cum Illyrico omni, item Raetiam et Vindelicos ac Salassos, gentes Inalpinas. [...] Alias item nationes male quietas ad obsequium redegit nec ulli genti sine iustis et necessariis causis bellum intulit tantumque afuit a cupiditate quoquo modo imperium vel bellicam gloriam augendi, ut quorundam barbarorum principes in aede Martis Ultoris iurare coegerit mansuros se in fide ac pace quam peterent.

Suetonio,
Vida de los doce césares, II, 21.

Augusto de Prima Porta, siglo I d. C. Museos Vaticanos.

Traducción

Sea bajo su mando personal o sea bajo sus auspicios, sometió Cantabria, Aquitania, Panonia, Dalmacia con toda Iliria, así como Recia y a los vindélicos y salasos, pueblos de los Alpes. [...] Asimismo, redujo a la obediencia a otros pueblos poco sumisos, pero no llevó la guerra a ninguna nación sin causas justas y necesarias, y estuvo tan lejos de la pasión por agrandar de cualquier modo el Imperio o su gloria militar que obligó a los jefes de algunos pueblos bárbaros a jurar en el templo de Marte Vengador que se mantendrían firmes en la palabra dada y en la paz que solicitaban.

ACTIVIDADES

Comprende el texto

1 Lee en voz alta el texto latino. Después, lee su traducción.

2 Identifica los países y los pueblos sometidos mencionados en el texto y sitúalos geográficamente en un mapa.

Amplía la información

3 Este texto pertenece a la obra de Suetonio titulada *Vida de los doce césares*. Busca información sobre este autor latino y redacta con los datos que obtengas una ficha bajo el epígrafe «El autor y la obra».

4 Selecciona tres guerras habidas en la historia y, después, explica sus causas.

Exprésate

5 Según el texto, Augusto promovió siempre guerras por «causas justas y necesarias». ¿Crees que sucedió así? ¿Te parece que las guerras se pueden promover por causas justas y necesarias? Razona tu respuesta.

6 ODS Infórmate sobre el concepto de «guerra justa», que es parte del Derecho Internacional actual y debátelo en clase.

Consulta la información correspondiente a las **metas del objetivo 16** en el banco de recursos de anayaeducacion.es.

VERSIÓN LATINA

El largo mandato de Augusto

Octavianus Augustus per[1] *XLIV annos solus gessit* (dirigió) *imperium. Romano imperio adiecit* (añadió) *Aegyptum, Cantabriam, Dalmatiam, Pannoniam, Aquitaniam, Ilyricum, Raetiam, Vindelicos et Salassos. Vicit* (venció) *multis proeliis Dacos. Germanos quoque* (también) *trans Albim*[2] *summovit* (alejó). *Scythae et Indi legatos miserunt* (enviaron). *Populus Romanus Augustum Divum appellavit* (llamó). *Imperium Tiberio reliquit* (dejó).

NOTAS: 1. *per:* prep. + Ac.: 'durante'. 2. *trans Albim:* 'al otro lado del río Elba'.

DE RUTA POR HISPANIA

Los arcos

Los arcos de triunfo son unas construcciones independientes y aisladas, propiamente romanas. Se erigían con intenciones conmemorativas o laudatorias; en ocasiones, incluso, servían para delimitar y marcar fronteras entre diversos territorios.

Estas construcciones consisten en un pórtico, de tipo arquitrabado, con un arco al que enmarcan dos pilones decorados con columnas. Sobre ellos se dispone una especie de cornisa en la que se fija la inscripción que explica la razón de ser del arco.

Son varios y muy hermosos los arcos romanos repartidos por toda nuestra geografía. Así, el de Bará (Tarragona), el de Medinaceli (Soria), el de Cáparra (Cáceres), el de Cabanes (Castellón) y, en Mérida, el llamado arco de Trajano.

El arco de Bará

Es un arco de un solo vano de finales del siglo II a.C. Conserva una inscripción de quien lo mandó construir.

Cercano a Tarragona, bordeando la *Via Augusta*, era, al parecer, la marca visible de la separación entre cesetanos e ilergetes, dos pueblos iberos.

Posiblemente, era también el punto de recaudación de tasas por el transporte de mercancías, algo semejante a las aduanas fronterizas contemporáneas.

anayaeducacion.es. Consulta el «Mapa interactivo de la Hispania romana» disponible en el banco de recursos.

Arco de Bará, en Tarragona.

ACTIVIDADES

Comprende el texto

1 Lee en voz alta el texto y, con ayuda del diccionario, tradúcelo.

2 Analiza morfológicamente estas palabras del texto: *annos, imperium, proeliis, legatos.*

3 Analiza sintácticamente:

Vicit multis proeliis Dacos. Germanos quoque trans Albim summovit.

4 Define y relaciona con palabras del texto «solitario», «imperial», «anual», «divino», «delegación» y «transeúnte».

Amplía la información

5 Augusto y Trajano fueron considerados los mejores emperadores de Roma. Investiga sobre la vida de ambos emperadores y sus hechos más relevantes.

6 ¿Durante cuántos años estuvo en el poder el emperador Augusto? Y si hubiera gobernado durante 37 años, ¿cómo lo escribirías en cifras romanas?

7 1-2-4. Escribe el año de tu nacimiento en cifras romanas. Después, haz un sencillo cálculo mental y responde: ¿en qué siglo habrías nacido si hubieses nacido antes de Cristo?

8 **Mapa conceptual de paisaje.** Accede a Internet y busca información e imágenes sobre el arco triunfal de Medinaceli, el de Cáparra, el de Cabanes y el de Trajano, en Mérida.

4

HISPANIA

Un pueblo difícil de organizar

Los romanos, que venían ya plenamente constituidos en nación organizada, se hallaron con que gran parte de Hispania vivía en un estado de cosas muy similar a la anarquía, algo que no dejó de extrañarles y que sin duda trataron de evitar, aunque con muy poco acierto. Para los romanos, los que así vivían eran «bandoleros y ladrones», aunque dentro del marco social, económico y consuetudinario del que muchos de esos hombres procedían, no tenían ni mucho menos tal carácter. Así, con ese punto de vista, la política que muchos de los gobernadores o generales siguieron en España, lejos de extirpar las bandas de salteadores, no hizo, en un principio, sino acrecentarlas en número y volumen. Así pues, se desorganizó aún más la sociedad, dando lugar a que creciese el desbarajuste a lo largo y ancho de la península ibérica. Así por ejemplo Escipión, tras haber derrotado a los cartagineses y haber sometido a su imperio las tierras de Cataluña, Valencia y Andalucía, comprendió muy pronto que no eran provincias seguras. En efecto, temerosas de caer de nuevo bajo el yugo cartaginés, se mostraron obedientes a sus nuevos señores pero cuando dejaron de temer aquel peligro, comprendieron que el cambio de dueño en nada las aliviaba y se lanzaron a la rebelión.

Antonio García y Bellido,
«Bandas y guerrillas en la lucha con Roma».
Conflictos y estructuras sociales en la Hispania Antigua.

REFLEXIONA SOBRE EL TEMA

Cadena de preguntas

Un pueblo anárquico

¿Por qué extrañaba a los romanos la organización anárquica de Hispania? ¿Era realmente así? ¿Fue acertada la política que siguieron en Hispania los primeros gobernadores romanos?

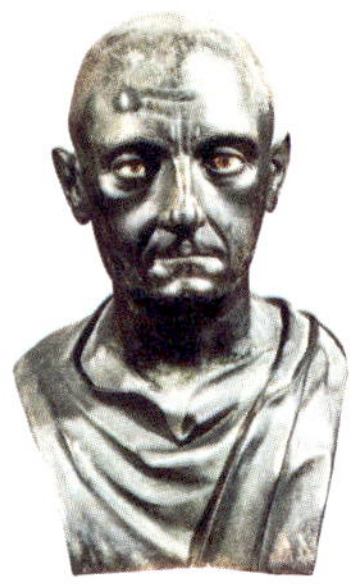

La romanización

La romanización de Hispania fue un proceso lento. ¿Crees que consiguieron los romanos organizar Hispania como pretendían? ¿Qué elementos crees que influyeron para la lenta romanización de Hispania?

anayaeducacion.es. En tu banco de recursos dispones de diversos talleres para gestionar tus emociones.

PUERORUM ROMANORUM DIES

VOCABULARIO

dies: día
per totam noctem: durante toda la noche
sed: pero
ex somno excitat: despierta del sueño
e lecto surgunt: se levantan de la cama
tunicam induunt: se ponen la túnica
Martis dies: día de Marte (Martes)
imus: vamospr
grammaticus -i (m.): profesor (de Secundaria)
in tabellis scribite: escribid en las tablillas
volant: vuelan
domum redeunt: regresan a casa
prandent: almuerzan
gratus -a -um: bueno, sabroso
post meridiem: después del mediodía
pilam expulsa!: ¡suelta la pelota!

Accede a la animación de este cómic disponible en el banco de recursos de anayaeducacion.es.

1 CULTURA

LA HISPANIA ROMANA

División provincial

1.ª división

En el año 197 a. C., los romanos dividieron la Península en dos provincias: la **Hispania Citerior** y la **Hispania Ulterior.**

2.ª división

Augusto, en el año 27 a. C., cambió el nombre de la Hispania Citerior por **Tarraconensis,** y dividió la Hispania Ulterior en otras dos provincias: la **Baetica** y la **Lusitania.**

3.ª división

En el siglo III d. C., el emperador Caracalla creó una nueva provincia en el seno de la Tarraconensis, la **Gallaecia.**

1.1 La conquista de Hispania

Desde muy pronto, Roma puso sus ojos en la Península. El pretexto para una primera intervención lo constituyó el asedio del cartaginés **Aníbal** a la ciudad de **Sagunto,** aliada de Roma. En el año **206 a. C., Publio Cornelio Escipión tomó Carthago Nova,** hoy Cartagena, y expulsó del territorio a los cartagineses. A partir de entonces y por espacio de unos doscientos años, la Península fue escenario de múltiples episodios que acabaron con la conquista definitiva en época de Augusto.

Los romanos encontraron dificultades para conquistar la Península, por factores geográficos y, sobre todo, humanos, porque sus habitantes eran belicosos y determinados. De entre ellos destacaron el **pueblo lusitano,** a cuyo frente estaba **Viriato,** un hombre con un carisma especial, y el **pueblo numantino,** que resistió sin víveres hasta la extenuación el sitio de los romanos. En cualquier caso, poco a poco fueron cayendo ciudades y regiones, y el suelo hispano se fue romanizando.

Bajo el mandato del emperador **Octavio Augusto,** Roma se adueñó de toda la península ibérica, que pasó a ser una provincia más del Imperio y que recibió el nombre de **Hispania.**

1.2 La división provincial

Los romanos dividieron el territorio peninsular en **provincias,** unas unidades administrativas que facilitaban el gobierno de las tierras conquistadas. Durante los primeros momentos de la conquista en el siglo II a. C., los romanos dividieron el territorio en dos provincias, **Citerior** (la de más acá) y **Ulterior** (la de más allá). Con el avance de la conquista y el proceso de romanización a partir del siglo I d. C., Hispania quedó dividida en cinco provincias.

La división definitiva de Hispania se produjo en los últimos tiempos del Imperio, a mediados del siglo IV d. C., cuando Hispania quedó dividida en siete provincias: **Tarraconensis, Baetica, Carthaginensis, Tingitania, Gallaecia, Balearica** y **Lusitania.**

4.ª división

Diocleciano, años más tarde, añadió la provincia **Mauretania Tingitana** para constituir la **Diocesis Hispaniarum.**

5.ª división

En el siglo IV d. C. Constantino II creó la **Carthaginensis,** recortando la extensión de la Tarraconensis, y dio rango de provincia a las islas Baleares, creando la **Balearica.**

1.3 La organización política y administrativa

Normalmente, en el gobierno de cada provincia había un **pretor** o un procónsul (excepto en época de Augusto, en que las provincias estaban gobernadas por los *legati Augusti*). **Diocleciano,** a fines del siglo III d. C., transformó las provincias en **diócesis,** y creó la figura del **vicario,** que fue una especie de delegado plenipotenciario del gobierno de Roma.

A su vez, las ciudades de las provincias estaban bajo el mando de los **duunviros,** parecidos en cierto modo a nuestros concejales.

Atendiendo a sus orígenes, las ciudades se dividían en dos grupos:

- **Municipios:** enclaves antiguos que se ajustaban al esquema romano, como *Calagurris* —Calahorra—.
- **Colonias:** ciudades fundadas por los romanos, como León, Mérida, Barcelona o Zaragoza.

Atendiendo al funcionamiento político, había tres tipos de ciudades:

- **Libres:** gozaban de autonomía en su funcionamiento interno, pero estaban sujetas a las directrices de Roma en la política exterior.
- **Federadas:** estaban unidas a Roma mediante un tratado (*foedus*); prestaban ayuda militar, pero quedaban exentas de pagarle tributo.
- **Estipendiarias:** pagaban a Roma un tributo (*stipendium*), a cambio del cual podían mantener cierta autonomía en su organización.

Fresco del corredor de la villa romana dels Munts, en Tarragona. Siglo I d. C.

1.4 La organización social

Los romanos favorecieron la integración y la convivencia entre conquistadores y conquistados; se mezclaron con los indígenas y formaron familias mestizas. Aunque los romanos introdujeron sus propias leyes y su organización política, también respetaron las creencias autóctonas, de modo que la sociedad, poco a poco, se fue estabilizando.

Vespasiano, a fines del siglo I d. C., concedió a las provincias el derecho latino, por el que los habitantes de las ciudades quedaban asimilados a los habitantes del Lacio. **Caracalla** dio el paso definitivo, al otorgar el **derecho de ciudadanía** a todos los súbditos del Imperio, que quedaron igualados a los de Roma. Se mantuvo siempre, eso sí, la gran división entre esclavos y libres, y entre las distintas clases sociales.

Actividades

Recuerda lo aprendido

1 **Esquema.** Realiza un esquema con las sucesivas divisiones administrativas que los romanos hicieron durante su presencia en Hispania.

2 **Mesa redonda.** ¿Cómo estaba organizada administrativamente Hispania? ¿Y políticamente? ¿Quién estaba al cargo de su gobierno?

3 ¿De qué forma consiguieron los romanos que la población autóctona los aceptara?

Amplía la información

4 Infórmate sobre el significado y la trascendencia de los siguientes nombres en la conquista de Hispania. Escribe una breve ficha sobre cada uno de ellos: Numancia, Aníbal, Sagunto, Escipión, Viriato.

5 ¿Cuáles fueron los últimos pueblos en ser conquistados por los romanos? Infórmate de cómo fue esta última conquista romana.

2 CULTURA

LA RIQUEZA Y LOS MONUMENTOS DE LA HISPANIA ROMANA

2.1 La organización económica

Los romanos supieron sacar el mayor rendimiento económico a la riqueza de la península ibérica. Por ejemplo, sacaron partido del excelente **aceite** de la Bética, que comercializaron por todo el Imperio.

También desarrollaron la **industria pesquera,** tanto en el Cantábrico como en el Mediterráneo, donde sobresalieron las **salazones.**

La **industria minera** fue también importante: había minas de plomo y plata, en Cartagena y en Andalucía; de cobre, en Huelva, y de estaño, en Galicia.

Estas riquezas se comercializaban por **vía marítima.** El puerto peninsular más importante fue el de Cádiz. En el interior de Hispania, los productos se transportaban a través de los puertos fluviales y de la **red de calzadas.** La Vía Lusitana, también llamada Vía de la Plata, unía por el oeste el norte con el sur de Hispania, al tiempo que la Vía Augusta lo hacía por el este.

Calzada romana de Benaocaz, Cádiz. Parque natural sierra de Grazalema.

Calzadas romanas de Hispania

2.2 Huellas de Roma en Hispania

Conservamos numerosas huellas romanas en nuestro país: obras de ingeniería, como puentes, murallas y acueductos; obras arquitectónicas, como templos, teatros, anfiteatros, villas o arcos de triunfo, y otros testimonios artísticos, como esculturas, pinturas y mosaicos.

- **Acueductos:** especialmente famoso el de Segovia; junto a él, entre otros, los de Mérida y Tarragona.
- **Arcos de triunfo:** tanto el de Bará en Tarragona —de una ojiva—, como el de Medinaceli (Soria) —de tres—, como el de Cáparra (Cáceres) —en forma de templete— son más que notables.

- **Teatros:** los de Mérida, Sagunto, Cartagena, Itálica, Clunia, Baelo-Claudia, Acinipo, Málaga y Segóbriga, entre otros, son los más importantes.
- **Circos y anfiteatros:** en los circos tenían lugar las carreras de carros; el de Toledo fue importante, el de Mérida es hoy día el mejor conservado. En los anfiteatros se desarrollaban los combates de gladiadores y las luchas de hombres contra fieras. Mérida, Tarragona, Itálica y Segóbriga albergan unos anfiteatros en un notable estado de conservación.

A estas huellas romanas deben unirse templos, monumentos funerarios, esculturas, pinturas, mosaicos, bajorrelieves, que completan esta breve lista de reliquias que testimonian la presencia definitiva de la civilización romana en la península ibérica.

Actividades

Recuerda lo aprendido

1 Cita las principales fuentes de riqueza económica de la Hispania romana.

2 **Sumamos.** Nombra al menos un ejemplo de cada uno de los tipos de construcciones que dejaron los romanos en España.

Comprende el texto y exprésate

3 Lee este texto y responde a las preguntas:

> No puede haber vida económica intensa sin una red de carreteras suficiente. [...] Antes de la conquista romana, [...] por la falta de buenos caminos, el tráfico por tierra se hacía difícil, lento y, por consiguiente, muy costoso. Esta red de vías de comunicación [...], va a dársela Roma, a la que mueve un propósito a la vez estratégico y económico.
>
> Leon Homo, *El imperio romano*.

a) ¿Crees que la romanización se habría podido llevar a cabo sin la red de calzadas?

b) ¿Opinas, como el autor del texto, que el desarrollo económico depende de las vías de comunicación?

c) En la actualidad, ¿existen otras vías de comunicación?

4 ¿Te parece importante o necesario reconstruir los vestigios de las ciudades antiguas? Debátelo en clase.

Trabaja con la imagen

Observa las imágenes y responde:

Teatro romano de Mérida.

Anfiteatro de Tarragona.

Arco de Cáparra, en Cáceres.

- **Interpretación compartida.** Describe cada uno de los edificios romanos aquí representados.
- Indica un monumento o construcción romana en cada uno de los siguientes lugares. Realiza una breve ficha con cada uno de ellos: Bará, Fabara, Itálica, Lugo, Medinaceli, Mérida, Olmeda, Sagunto, Vich.
- ¿Qué huellas romanas hay en tu comunidad? Describe alguna de ellas y, si es posible, añade fotos.

3 GRAMÁTICA

EL VERBO LATINO

Supino

El supino es una forma verbal que no existe en las lenguas romances. La única forma construida con el supino que estudiaremos en este curso será el participio de perfecto.

Formación del infinitivo

El infinitivo de presente se forma añadiendo la terminación *-re* al tema de presente: *ama-re, habe-re, duc-e-re, audi-re*.

¿A qué conjugación...?

Salvo en la 1.ª conjugación (*amo amare*, 'amar'), en que necesitamos saber el infinitivo de presente en *-are* para reconocer a qué conjugación pertenece el verbo, en el resto de las conjugaciones basta con separar la desinencia de primera persona del singular del presente de indicativo (*-o*) para conocer la conjugación; así: *habe-o*, 'tener' (2.ª conjugación); *duc-o*, 'conducir' (3.ª conjugación); *audi-o*, 'oír' (4.ª conjugación).

3.1 Los tres temas verbales

Para entender cómo funciona el verbo en latín, deberás asimilar el concepto de tema verbal. En latín sucede como en inglés, que el verbo tiene tres temas diferentes: uno para el presente, otro para el pasado y otro para el participio. Por ejemplo: en inglés *to drink, drank, drunk*, 'beber'; en latín *amo, amavi, amatum*, 'amar'.

En latín hay tres temas verbales: el de **presente,** el de **perfecto** y el de **supino.**

Los distintos tiempos verbales latinos se construyen sobre estos tres temas:

- Tema de **presente** (por ejemplo: *ama-*): sobre él se forman, en indicativo, el presente, el pretérito imperfecto y el futuro imperfecto, y, en subjuntivo, el presente y el pretérito imperfecto.
- Tema de **perfecto** (por ejemplo: *amav-*): sobre él se forman, tanto en indicativo como en subjuntivo, el pretérito perfecto y el pretérito pluscuamperfecto y, solo en indicativo, el futuro perfecto.
- Tema de **supino** (por ejemplo: *amat-*): sobre él se construyen el supino, el infinitivo de futuro, el participio de futuro y el participio de perfecto.

3.2 Las cuatro conjugaciones

La **flexión verbal** recibe el nombre de **conjugación.**

En **castellano** hay **tres conjugaciones,** que distinguimos por la terminación del infinitivo:

- 1.ª conjugación: en -a-r (p. ej.: cantar, saltar);
- 2.ª conjugación: en -e-r (p. ej.: correr, creer);
- 3.ª conjugación: en -i-r (p. ej.: partir, reír).

El **latín,** en cambio, tiene **cuatro conjugaciones,** que distinguimos, no ya solo por la terminación del infinitivo, sino también a través de la 1.ª persona del singular del presente de indicativo.

Por ejemplo:

- *habe-o* → 1.ª persona singular del presente de indicativo.
- *habe-re* → infinitivo presente.

Este es el esquema del tema de presente de las **cuatro conjugaciones** latinas:

	1.ª conjugación	2.ª conjugación	3.ª conjugación	4.ª conjugación
Tema de presente	*-a*	*-e*	(consonante)	*-i*
Ejemplo	*am-o*	*habe-o*	*duc-o*	*audi-o*
	ama-re	*habe-re*	*duc-e-re*	*audi-re*

3.3 Aprende vocabulario

Aprende más verbos latinos de las cuatro conjugaciones:

Verbos

1.ª conjugación (tema en -*a*)
do dare, 'dar'
narro narrare, 'contar, narrar'
nuntio nuntiare, 'anunciar'

2.ª conjugación (tema en -*e*)
deleo delere, 'destruir'
moveo movere, 'mover'
video videre, 'ver'

3.ª conjugación (tema en consonante)
dico dicere, 'decir'
mitto mittere, 'enviar'
rego regere, 'regir'
vinco vincere, 'vencer'

4.ª conjugación (tema en -*ī*)
audio audire, 'oír'
sentio sentire, 'sentir'
venio venire, 'venir, ir'

4.ª conjugación (tema en -*ĭ*)
capio capere, 'coger, tomar'
facio facere, 'hacer'
rapio rapere, 'arrebatar'

3.4 El origen de las palabras

Muchas palabras de nuestro vocabulario tienen origen latino. Por ejemplo: «regente», «dirigir», «régimen», «regional», «corregir», «dirigente», «rector», «dirección» y «corrector» son palabras que tienen en común su proveniencia del verbo latino *rego regere*, 'regir'.

Observa que muchas lenguas europeas siguen conservando esta misma forma proveniente del latín:

rego -ere, 'regir'

cast.: regir	**gall.:** rexer	**it.:** reggere
cat.: regir	**fr.:** régir	**port.:** reger

Actividades

Recuerda lo aprendido

1 ¿Qué es una conjugación? ¿Es lo mismo conjugación que declinación?

2 ¿Cuántas conjugaciones hay en latín?

3 ¿Mediante qué formas verbales identificamos las conjugaciones latinas?

4 ¿Cuál es la desinencia del infinitivo de presente en latín?

5 ¿Cómo podemos enunciar un verbo latino?

6 ¿A qué conjugación pertenecen los verbos cuyo infinitivo de presente finaliza en *-are*? ¿Y los que finalizan en *-ire*?

7 **Tabla.** Di a qué conjugación pertenecen estos verbos. Con ayuda del vocabulario busca su significado y di alguna palabra derivada en castellano:

laboro -are	*credo -ere*	*timeo -ere*
servio -ire	*orno -are*	*prohibeo -ere*
rego -ere	*audio -ire*	*muto -are*
pono -ere	*sileo -ere*	*migro -are*
placeo -ere	*ploro -are*	*nutrio -ire*

8 **Comprobamos.** Forma el infinitivo de presente activo de los temas de presente de estos verbos. Con ayuda del vocabulario, di su significado:

cred-	*dele-*	*scrib-*	*sede-*
duplica-	*custodi-*	*ser-*	*sci-*
solv-	*time-*	*comple-*	*narra-*

9 **Piensa y comparte en pareja.** Relaciona las siguientes palabras con los verbos que acabas de estudiar y defínelas:

retrovisor	dádiva	narración
captura	porvenir	rapiña
intromisión	indeleble	región
factible	invicto	movimiento
auditoría	denunciar	insensible

Conoce mejor el inglés

10 Busca los significados de las siguientes palabras inglesas. ¿Guardan relación con las palabras latinas que has estudiado?

regency	*venture*	*sentiment*	*factory*
victory	*narrative*	*view*	*date*

4 GRAMÁTICA

EL PRESENTE DE INDICATIVO

4.1 Desinencias personales de la voz activa

En castellano, «amamos» es la primera persona del plural del presente de indicativo activo del verbo «amar»; en latín es *amamus*. Pues bien, tanto «-mos» como *-mus* son desinencias personales.

Las desinencias personales de la voz activa en latín son las siguientes:

	Singular	Plural
1.ª persona	*-o/-m**	*-mus*
2.ª persona	*-s*	*-tis*
3.ª persona	*-t*	*-nt*

* Las desinencias de la 1.ª persona del singular *-o/-m* no son intercambiables, sino que unos tiempos llevan *-o*, y otros, *-m*.

4.2 El presente de indicativo activo

El presente de indicativo se forma añadiendo las desinencias de la voz activa al tema de presente: *ama-s*, *habe-t*, *audi-tis*, etc.

	1.ª (-*a*)	2.ª (-*e*)	3.ª (consonante)	4.ª (*ī*)	4.ª (*ĭ*)
1.ª sg.	*am-o*	*habe-o*	*duc-o*	*audi-o*	*capi-o*
2.ª sg.	*ama-s*	*habe-s*	*duc-i-s*	*audi-s*	*capi-s*
3.ª sg.	*ama-t*	*habe-t*	*duc-i-t*	*audi-t*	*capi-t*
1.ª pl.	*ama-mus*	*habe-mus*	*duc-i-mus*	*audi-mus*	*capi-mus*
2.ª pl.	*ama-tis*	*habe-tis*	*duc-i-tis*	*audi-tis*	*capi-tis*
3.ª pl.	*ama-nt*	*habe-nt*	*duc-u-nt*	*audi-u-nt*	*capi-u-nt*

Observa que:

- En la 1.ª persona del singular de la 1.ª conjugación no aparece la vocal a del tema de presente (**ama-o* → amo).
- En los verbos de la 3.ª conjugación (**duc-t*) aparece una vocal de unión (*duc-i-s, statu-i-t, duc-u-nt*), que también se ha extendido a la 3.ª persona del plural de la 4.ª conjugación (*audi-u-nt*).
- En la 4.ª conjugación hay verbos tema en *-i*, tanto en *ī* (p. ej.: *audio*) como en *ĭ* (p. ej.: *capio*). La conjugación del presente de indicativo de *capio* es igual que la de *audio*, pero no así su infinitivo, que es *capere* y no **capire*, como esperaríamos. Esto es porque la *ĭ* (*i* breve) ante *r* pasa a *e*, así **capĭ-re* → *capere*.

Asterisco

El asterisco delante de una palabra significa que ese es el resultado que se esperaría, pero, o bien no existe, o bien no se tiene constancia de que haya existido.

4.3 El presente del verbo *sum*

El verbo *sum*, al igual que en otras lenguas, es **irregular.** Su infinitivo es *esse*, y el presente de indicativo se construye de esta forma:

	Singular	Plural
1.ª persona	*sum*, 'soy'	*sumus*, 'somos'
2.ª persona	*es*, 'eres'	*estis*, 'sois'
3.ª persona	*est*, 'es'	*sunt*, 'son'

El **verbo *sum*** tiene **tres significados** fundamentales: '**ser**', '**estar**' y '**existir**'. Será el contexto el que te indique la traducción que corresponda en cada caso.

- El significado más frecuente es el de 'ser'; por ejemplo:
  - *Fluvius altus est.* → 'El río es profundo'.
- También puede indicar estado y lo traduciremos por 'estar'; así:
  - *Dominus in villa est.* → 'El dueño está en la casa de campo'.
- Por último, en 3.ª persona, también puede tener un valor impersonal, y lo traduciremos por 'hay'; por ejemplo:
  - *Multa oppida in Hispania sunt.* → 'Hay (existen) muchas ciudadelas en Hispania'.

Toro. As acuñado en la ciudad romana de Calagurris (Calahorra, La Rioja). Siglo I a.C. Museo Casa de la Moneda-FNMT, Madrid.

Tiberio. Dupondio acuñado en Caesaraugusta (Zaragoza). Siglo I d.C. Museo Casa de la Moneda-FNMT, Madrid.

Actividades

1 ¿Cómo se forma el presente de indicativo?

2 ¿Qué es una vocal de unión? ¿Dónde las encontramos?

3 ¿Qué peculiaridad presenta la forma *amo*?

4 ¿Qué temas hay en la cuarta conjugación?

5 ¿Qué peculiaridad presenta el infinitivo *capere* de la cuarta conjugación?

6 Sumamos. Di si estas afirmaciones son verdaderas o falsas:

a) Las desinencias personales indican persona y número.

b) *-nt* es la desinencia de tercera persona del plural en voz activa.

c) En la 1.ª persona del singular de las formas verbales en voz activa podemos encontrar indistintamente *-o* y *-m*.

d) El infinitivo de todos los verbos de la cuarta conjugación es *-ire*.

e) El infinitivo de presente de *facio* es *facire*.

f) El verbo en forma personal concuerda con el sujeto en persona y número.

g) *Estis* es la tercera persona del plural del presente de indicativo activo.

7 Indica la persona y el número de las siguientes formas de presente de indicativo y tradúcelas: *scimus, videtis, nuntiant, cupimus, placet, luditis, doces, pugno, movemus, iacit, nutriunt, ornas, persuadetis, occidimus, defendunt, facis.*

8 Tabla. Conjuga el presente de indicativo de *nego negare, doceo -ere, duco -ere* y *nescio -ire*.

9 Con ayuda del vocabulario, analiza y traduce estas oraciones:

- *Tarentum antiqua colonia Graeciae est.*
- *Servi beneficia dominis dant.*
- *Errare humanum est.*
- *Legati Gallorum magnam victoriam nuntiant.*
- *Poetae fabulas narrant.*
- *Romani Sabinas rapiunt.*
- *Sentio atque intellego.*

5 GRAMÁTICA

LAS PREPOSICIONES

5.1 El complemento circunstancial

Para expresar la **circunstancia,** el latín solía usar el **caso ablativo.** Pero, a veces, para precisar el significado de esa circunstancia, se utilizaban las **preposiciones.**

Te resultará fácil traducir un sintagma preposicional, porque su significado lo da la misma preposición; así *cum amico*, 'con un amigo', o *sub terra*, 'bajo la tierra', etc.

5.2 Complementos circunstanciales de lugar

No obstante, algunos sintagmas preposicionales requieren una aclaración. Se trata de preposiciones que indican lugar, como **dirección, situación** y **procedencia:**

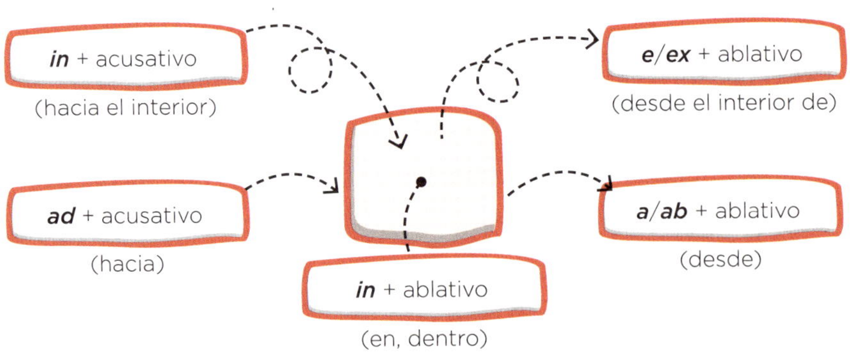

De este modo, los sintagmas preposicionales de lugar son:

- ***ad* + acusativo:** indica «dirección a»; por ejemplo: *ad Italiam*, 'hacia/en dirección a Italia'.
- ***in* + ablativo:** indica «lugar en donde»; por ejemplo: *in Italia*, 'en Italia'.
- ***in* + acusativo:** indica «al interior de»; por ejemplo: *in Italiam*, 'a/al interior de Italia'.
- ***ab* + ablativo** (*a* ante consonante / *ab* ante vocal o *h*): indica «procedencia de»; por ejemplo: *ab Italia*, '(procedente) de Italia'.
- ***ex* + ablativo** (*e* ante consonante / *ex* ante vocal o *h*): indica «del interior de»; por ejemplo: *ex Italia*, '(procedente del interior) de Italia'.

Actividades

Recuerda lo aprendido

1 ¿Qué es un sintagma preposicional?

2 ¿Para qué se utilizan las preposiciones en latín?

3 ¿Qué expresa *in* + ablativo?

4 ¿Cuándo se utilizan las formas *e/ex*?, ¿y *a/ab*?

5 ¿Qué expresa el sintagma *ad* + acusativo?

6 **Comprobamos.** Con ayuda del vocabulario, analiza y traduce las oraciones siguientes:

- *Multas legiones in Hispania sunt.*
- *Helvetii legatos ad Germanos mittunt.*
- *Metellus in Celtiberia multa oppida delet.*
- *Poeni ex Hispania in Italiam legatos mittunt.*
- *Veram amicitiam in adversa fortuna videmus.*

7 **El espejo.** Con ayuda del vocabulario, traduce al latín:

- Los romanos envían legados a Hispania.
- Los griegos hacen un caballo de madera.
- En Grecia hay muchas ciudadelas famosas.
- La avaricia destruye la verdadera amistad.
- Envían a la ciudadela un mensajero de la victoria.

6 LÉXICO

LA FORMACIÓN DE PALABRAS

6.1 Del latín a las lenguas romances

Estudia otras cuatro normas de los cambios fonéticos del latín a algunas lenguas romances:

Diptongo *au*

El diptongo *au* evolucionó a **o** en castellano y en catalán, mientras que en gallego se transformó en **ou**.

Ej.: lat.: *aurum* → cast.: cast. oro, cat.: or, gall.: ouro.

Diptongo *ae*

El diptongo *ae* evolucionó a **e**.

Ej.: lat. *aedificium* → cast.: edificio, cat.: edifici, gall.: edificio.

Diptongo *oe*

El diptongo *oe* evolucionó a **e**.

Ej.: lat. *amoenum* → cast.: ameno, cat.: amè, gall.: ameno.

Oclusivas sordas intervocálicas

Las oclusivas sordas latinas intervocálicas (o entre vocal y *l* o *r*) sonorizaron (*-p-* → **-b-**, *-t-* → **-d-**, *-c-* → **-g**).

Ej.: lat.: *vitam* → cast.: vida, cat.: vida, gall.: vida.
lat.: *lupum* → cast.: lobo, cat.: llop, gall.: lobo.
lat.: *aetatem* → cast.: edad, cat.: etat, gall.: idade.
lat.: *lacum* → cast.: lago, cat.: llac, gall.: lago.
Observa que en catalán, en cambio, la cuarta norma no se cumple cuando la oclusiva sorda queda en posición final.

Orfeo, tras la muerte de Eurídice, se retira con su canto al monte Ródope. Mosaico de la villa romana de El Pesquero. Siglo IV d. C. Museo Arqueológico de Badajoz.

6.2 La creación de nuevos términos

Los siguientes sufijos, como verás, son muy fructíferos en nuestra lengua. Estúdialos:

Sufijos de origen latino

Latín	Castellano	Significado	Ejemplo
-acem	-az	inclinado a	locuaz
-alem	-al	referido a	mortal
-arium₁	-ero, -ario	oficio, condición	lechero
-arium₂	-ario	lugar	herbolario
-mentum	-mento, -miento	acción, instrumento	armamento
-osum	-oso	exceso de, presencia de	mocoso

6.3 Latinismos

Sigamos aprendiendo latinismos. Aquí tienes dos más:

Grosso modo	Ídem
Significa literalmente 'a grandes rasgos, aproximadamente'. Por ejemplo: «El tipo de vida en España se corresponde, *grosso modo*, al de Italia».	Significa literalmente 'lo mismo'. Se emplea como pronombre o adverbio para evitar la repetición de alguna palabra o frase ya mencionada. En las citas bibliográficas significa 'el mismo' y se usa para evitar repetir el nombre de un autor ya citado. Está castellanizado como «ídem» y su abreviatura es «íd.».

Actividades

1 Aplica los cambios fonéticos que acabas de estudiar a las palabras que se proponen. Después, di un doblete resultante de las palabras subrayadas (ej.: *mutare* → mudar/mutar):

taurum	*sapere*
poenam	*capram*
paucum	*tempestatem*
comoediam	*aetatem*
taedium	*secare*
causam	*catenam*
aestivalem	*rotare*
tragoediam	*lacrimam*

2 **Comprobamos.** En tu cuaderno, relaciona las palabras de las dos columnas para formar dobletes. Después, indica si hay diferencia entre el significado del término patrimonial y el cultismo:

Cultismo	Patrimonial
rotar	cabra
secar	cadena
caprino	apuesto
catenaria	segar
apósito	bodeguero
boticario	rodar

3 Relaciona los dobletes de la actividad anterior con su étimo latino:

secare	*rotare*	*appositum*
catenam	*capram*	*boticarium*

4 Señala el sufijo y explica el significado de estas palabras:

juramento	rapaz	bibliotecario
oral	sudoroso	pescadero

Conjunto de baños meridional de la villa romana de Centcelles (Tarragona). Siglo II-I a. C.

5 Busca un ejemplo más en castellano con cada uno de los sufijos latinos estudiados en la tabla y defínelos.

6 **Piensa y comparte en pareja.** Distingue en las siguientes palabras cada uno de los dos tipos de sufijo *-arium* que habéis estudiado y explica su significado (por ejemplo: cartero → *-arium*$_1$: oficio → 'que entrega cartas'):

balneario	ingeniero
barbero	escenario
camarero	tabernero
osario	campanario
planetario	banquero
portero	secretario
confesonario	santuario

7 Escribe una oración con los dos latinismos estudiados.

anayaeducacion.es. Consulta el «Diccionario de latinismos» disponible en el banco de recursos.

COMPRUEBA LO APRENDIDO

1 **Sumamos.** Di si las siguientes afirmaciones son verdaderas o falsas, y por qué:

a) La capital de la provincia se denominaba *municipium*.

b) La Vía Augusta unía el norte y el sur de Hispania por el este de la Península.

c) Los romanos dividieron Hispania en unidades administrativas llamadas provincias.

d) Roma culminó la conquista de Hispania bajo el mandato del emperador Claudio.

e) *-mus* es la desinencia de segunda persona del plural en voz activa.

f) La vocal de unión aparece entre dos consonantes para facilitar la pronunciación.

g) La *ĭ* ante *r* pasa a *e*.

h) El verbo ser en latín es regular.

i) El infinitivo del verbo *sum* es *ese*.

j) Las preposiciones en latín sirven para precisar el significado de una circunstancia.

k) El significado de un sintagma preposicional lo aporta el caso del sustantivo.

l) *Ex* + acusativo indica «del interior de».

2 Di a qué conjugación pertenecen estos verbos:

habito -are	*rapio -ere*	*placeo -ere*
impero -are	*nutrio -ire*	*prohibeo -ere*
suscipio -ere	*laboro -are*	*fugio -ere*
cado -ere	*muto -are*	*sedeo -ere*

3 Cita el infinitivo de presente de estos temas verbales de presente y, ayudándote del diccionario, di su significado:

occid-	*finī-*	*instru-*
iacĭ-	*col-*	*fugĭ-*
defend-	*timē-*	*roga-*
docē-	*vestī-*	*cupĭ-*

4 Indica la persona y el número de estas formas de presente de indicativo y tradúcelas:

faciunt	*nuntiat*	*capio*
vincimus	*deleo*	*facis*
capis	*videtis*	*damus*
datis	*mittunt*	*vident*

5 **Tabla.** Conjuga el presente de indicativo de estos verbos:

nuntio	*deleo*	*mitto*	*facio*

anayaeducacion.es. Realiza la autoevaluación de la unidad.

6 Con ayuda del vocabulario, traduce estos sintagmas preposicionales: *in silvis, ad Graeciam, sub aqua, ex oppido, cum legatis, ab insula, ad villam, in oppidum, e populo, e silva*.

7 Con ayuda del vocabulario, analiza y traduce estas oraciones:

- *Romani ex oppido fugiunt.*
- *Romani Germanos multis proeliis vincunt.*
- *Stultum est pugnare sine causa.*
- *Alti fluvii in Graecia non sunt.*
- *Ad Hispaniam ex Italia venimus.*
- *Viriathus in Hispania bellum movet.*

8 Con ayuda del vocabulario, traduce al latín:

- Los cartagineses capturan muchas ciudadelas de los romanos.
- Augusto viene a Italia con gran gloria.
- En Galia hay muchos ríos profundos.
- Los galos unen sus ciudadelas bajo el imperio de los romanos.

Comprende el texto y exprésate

9 Lee este texto y responde a las preguntas:

Individualismo de los iberos

Este orgullo alcanzó su máxima expresión entre los iberos, a lo que se unía su carácter versátil y complejo. Llevaban una vida de continuas alarmas y asaltos, arriesgándose en pequeñas empresas, no acometiendo las importantes por no poder contar con grandes ejércitos ni confederaciones. Así, pues, si hubieran logrado juntar sus armas, no hubieran llegado a dominar la mayor parte de sus tierras ni los cartagineses, ni antes los tirios, ni los celtas, los mismos que ahora se llaman celtíberos y berones, ni Viriato, ni Sertorio tras él, ni cualesquiera otros deseosos de ensanchar su poder.

Estrabón, *Geografía*, III, 4, 5.

a) Infórmate sobre los pueblos y los personajes citados en el texto y su relación con Hispania: cartagineses, tirios, celtas, celtíberos, berones, Viriato, Sertorio.

b) **1-2-4.** ¿A qué atribuye Estrabón la desunión de los iberos? ¿Qué hubiera ocurrido, según él, de haberse unido los iberos?

c) ¿Crees que la unión hace la fuerza? ¿Qué suele impedir la unión de los pueblos?

CONTEXTOS CLÁSICOS

EDICIÓN BILINGÜE

Las provincias de Hispania

Puente romano de Mérida sobre el río Guadiana.

In eo prima Hispania terrarum est, ulterior appellata, eadem Baetica, mox a fine Murgitano citerior eademque Tarraconensis ad Pyrenaei iuga. Ulterior in duas per longitudinem provincias dividitur, si quidem Baeticae latere septentrionali praetenditur Lusitania, amne Ana discreta. Tarraconensis autem, adfixa Pyrenaeo totoque eius a latere decurrens et simul ad Gallicum oceanum Hiberico a mari transversa se pandens, Solorio monte et Oretanis iugis Carpetanisque et Asturum a Baetica atque Lusitania distinguitur.

Plinio, *Historia natural*, III, 6.

Traducción

En este espacio, la primera de las tierras es la Hispania llamada Ulterior o Bética; a continuación, desde el límite de Murgi a las cimas del Pirineo, se extiende la Citerior, también llamada Tarraconense. En sentido longitudinal, la Ulterior se divide en dos provincias, ya que por el costado septentrional de la Bética se extiende la Lusitania, separada de ella por el río Anas. La Tarraconense, por su parte, pegada al Pirineo y contigua a toda su vertiente, se extiende transversalmente desde el mar Ibérico hasta el océano Gálico, y está separada de la Bética y de la Lusitania por el monte Solorio, por las sierras Oretanas y Carpetanas y por la de los Astures.

ACTIVIDADES

Comprende el texto

1 Lee en voz alta el texto latino. Después, lee su traducción.

2 Recopila los topónimos citados en el texto de Plinio e intenta ubicarlos en un mapa.

Amplía la información

3 Este texto pertenece a la obra de Plinio titulada *Historia natural*. Busca información sobre este autor latino y sobre el contenido de esta obra y elabora una ficha bajo el epígrafe «El autor y la obra».

4 **Saco de dudas.** Plinio comienza la descripción geográfica del mundo por el occidente mediterráneo, concretamente por las columnas de Hércules, que es como se conocía el estrecho de Gibraltar. Busca información sobre estas «columnas».

5 **Línea del tiempo.** Compara los límites de la Bética romana con los de la actual Andalucía. Investiga también sobre los principales eventos históricos acaecidos en la Bética de época romana.

6 Muchos gentilicios actuales tienen un origen latino. Identifica los siguientes:

gaditano	palentino
complutense	malacitano
gerundense	lucense
emeritense	ilicitano
hispalense	oscense
onubense	ovetense

7 Entre las ciudades romanas mejor conservadas en la actualidad se encuentra Mérida. Busca información sobre su historia y sus principales monumentos.

anayaeducacion.es. En el banco de recursos dispones de fichas para mejorar tu ciudadanía digital.

VERSIÓN LATINA

Viriato

Viriatus Lusitanos contra Romanos erigit, multos Hispaniae populos ad bellum concitat, Romanos multis proeliis vincit atque[1] arva et oppida ultra Hiberum et Tagum delet. Postea, Romani amicos Viriati pecunia corrumpunt atque[1] insidiis Viriatum occidunt. Itaque, Romani victoriam emunt.

NOTA: 1. *atque:* 'y'.

Cornucopia en as hispanorromano del siglo II a. C. Museo Casa de la Moneda-FNMT, Madrid.

ACTIVIDADES

Comprende el texto

1 Lee en voz alta el texto y tradúcelo.

2 Analiza morfológicamente: *erigit, bellum, proeliis, arva, pecunia, insidiis, victoriam, emunt.*

3 **Comprobamos.** Analiza sintácticamente: *Romani amicos Viriati pecunia corrumpunt.*

4 Declina *populos, insidiis* y *proeliis.*

5 **Tabla.** Conjuga el presente de indicativo y di el infinitivo de presente de los verbos del texto.

6 Define y relaciona con palabras del texto «insidioso», «corrupto», «impopular», «belicoso», «ultramarino» e «indeleble».

Amplía la información

7 En el texto se citan *Hiberum* y *Tagum*. ¿Qué son? ¿A qué lugares geográficos de la España actual corresponden?

8 **Tablero de historias.** Realiza un trabajo sobre la resistencia de Viriato y de los lusitanos contra los romanos. Averigua cómo fue la traición a este héroe y explica el significado de la expresión «Roma no paga a traidores».

DE RUTA POR HISPANIA

Las murallas

Los pueblos prerromanos celtibéricos ya conocían las fortalezas amuralladas, pero fueron los romanos quienes perfeccionaron la construcción de las murallas, bien aprovechando las anteriores, bien edificando las suyas propias. En general, eran de planta rectangular, con ángulos redondeados y con cuatro puertas, coincidiendo cada una con un punto cardinal, más o menos a la altura de las arterias principales de la ciudad: *cardus* y *decumanus maximus*. Unas torres rematan la muralla, que solía estar precedida por un foro. La anchura suele oscilar entre 3 y 4 metros; y su altura, entre 10 y 12 metros.

En mejor o peor estado de conservación se encuentran en Hispania la murallas de Lugo, León, Astorga, Tarragona, Coria, Carmona, Zaragoza, Gerona, Ampurias, Termania, Cáceres, Osuna, Baelo-Claudia, Itálica, Munigua, Acinippo y Carteia.

La muralla de Lugo

Patrimonio de la Humanidad, la muralla de Lugo fue levantada en el siglo III d. C. Cubre una superficie de 28 hectáreas. Con forma de elipse irregular, tiene un perímetro de 2140 m, una altura que oscila entre los 10 y los 15 metros, y un espesor de 6 metros. A lo largo de toda la muralla se alinean, a modo de torretas, diversos cubos de tipo cilíndrico: 85 en sus orígenes, hoy son reconocibles 80; 72 en buen estado y 8 algo más deteriorados.

Se conservan también dos puertas antiguas, con arcos de medio punto, enmarcadas entre torres. La anchura de su perímetro ha permitido el paso público en torno a la ciudad.

anayaeducacion.es. Consulta el «Mapa interactivo de la Hispania romana» disponible en el banco de recursos.

5

LA ESTRUCTURA SOCIAL ROMANA

Desigualdades sociales

En la ciudad romana regía una desigualdad intrínseca. Si bien todos los ciudadanos en principio eran iguales en tanto que sujetos de derecho, sin embargo la ciudad vivía desigualdades de hecho entre los individuos y los grupos, ya fueran físicas, económicas o sociales. Lejos de pretender ignorarlas, se servía de ellas para efectuar un reparto lo más armonioso posible entre derechos y deberes, cargas y ventajas, pérdidas y beneficios de forma que incluso los menos favorecidos se sintieran solidarios de una colectividad que tendía a hacer aceptable su suerte. Tal es la justificación teórica que los romanos daban a su propia organización desde finales del siglo III a. C. [...]

Tal era el caso de los llamados clientes que tenían una relación de dependencia con el patrono que, en cierto modo, bien podría asemejarse al que pudiera tener el esclavo con el jefe de la casa. El cliente quedaba obligado a prestar al patrono tanto asistencia militar como auxilios pecuniarios si fuera preciso y, desde luego, siempre apoyo y soporte político con su voto incondicional.

Claude Nicolet, *Roma y la conquista del mundo mediterráneo.*

REFLEXIONA SOBRE EL TEMA

Mesa redonda

¿Iguales ante la ley?

¿Qué desigualdades se producían en Roma según el texto? ¿Cómo se organizaba la sociedad romana para afrontar esas desigualdades? ¿Consideras que la sociedad actual se asemeja a la romana?

Los clientes

¿Cómo se define en el texto a los clientes? ¿Hay situaciones semejantes en la sociedad actual? Busca en el diccionario la definición de «clientelismo». ¿Existe semejanza con la figura del cliente en Roma?

Consulta la información correspondiente a las **metas del objetivo 2** en el banco de recursos de anayaeducacion.es.

CIVIS ROMANUS

VOCABULARIO

civem: ciudadano
meus: mío
hodie: hoy
erit: será
iam: ya

convivium -ii (n.): banquete
Omnia parata sunt: todas las cosas están dispuestas
nunc: ahora
ad triclinium: al triclinio

ad Lares: junto a los Lares
bulla -ae: bula
circum collum: en el cuello
praetexta toga: toga praetexta

virilis toga: toga viril
vir viri (m.): varón, hombre
plaudunt: aplauden
appellant: llaman

Accede a la animación de este cómic disponible en el banco de recursos de anayaeducacion.es.

1 CULTURA

LAS CLASES SOCIALES ROMANAS

A lo largo de la historia de Roma, se fueron produciendo cambios notables en la sociedad. No obstante, la **desigualdad social** era el pilar básico sobre el que se asentó la compleja y variopinta sociedad romana.

Las primeras clases sociales que existieron en Roma fueron los **patricios,** que eran los miembros de las cien primeras familias que se instalaron en Roma, y los **plebeyos.**

Cuando los plebeyos consiguieron mejoras sociales y el derecho a la ciudadanía (*civitatis ius*), entonces las diferencias entre patricios y plebeyos se fueron difuminando, y la gran frontera de la división social se situó entre **personas libres,** los ciudadanos, y **personas no libres,** libertos y esclavos.

1.1 Los ciudadanos —*cives*—

A partir del año **149 a. C.** fue considerado **ciudadano todo hombre libre que viviese en Italia** desde los Alpes hasta las costas africanas bañadas por el Mediterráneo.

No obstante, se siguieron marcando diferencias, puesto que se distinguía entre:

- El **ciudadano de Roma,** que gozaba de todos sus derechos sin limitación alguna —*civis optimo iure*—, y
- El **ciudadano de Italia,** que tenía ciertas restricciones en sus derechos —*civis minuto iure*—.

Los ciudadanos se subdividían, a su vez, en tres clases sociales:

Los nobles —*nobiles*—

Eran la **aristocracia.** Se dedicaban fundamentalmente a la política y, en menor medida, a operaciones financieras y comerciales.

Los caballeros —*equites*—

En un primer momento, eran hombres adinerados que prestaban el servicio militar a caballo. Con el tiempo, otros les fueron sustituyendo en las obligaciones militares, mientras que ellos pasaron a dedicarse a los **negocios;** así que pasaron a ser la burguesía de Roma.

Los clientes —*clientes*—

Eran una clase media venida a menos. Arruinados, a veces por las guerras, otras por las deudas, buscaban a alguien de la clase alta que pudiera protegerles. Hacían cola a la puerta de la casa de su protector todas las mañanas para la ceremonia de la *salutatio*, o saludo matutino.

Los clientes eran como una especie de camarilla influyente que intentaban hacer medrar a su patrón o jefe, para lo que, incluso, ponían la zancadilla al rival en la política o en los negocios. Captaban votos, difamaban, propagaban calumnias e influían con frecuencia sobre el hombre de la calle. Aunque entre patrón y cliente no existía ningún vínculo jurídico, sí había entre ellos una serie de intereses creados, que hacían que esta relación fuese a veces muy conflictiva.

La mujer romana

La mujer romana carecía de derechos políticos y durante toda su vida estaba bajo la tutela de un varón: el padre, el marido o, incluso, un hermano.

No obstante, la mujer libre romana tenía algunos derechos: era igual a los hombres ante la herencia y poseía su dote. Además, tenía cierta autonomía, podía asistir a banquetes y espectáculos, salir de casa para hacer la compra o hacer visitas, etc.

Mujer. Fresco de Pompeya. Siglo I d. C. Museo Arqueológico Nacional de Nápoles.

1.2 Los no ciudadanos

Los **esclavos** y los **libertos** tenían la condición de **no libres,** por lo que carecían de derechos ciudadanos.

Los esclavos

Los esclavos fueron siempre muy numerosos y no desaparecieron jamás del paisaje social romano. Se era esclavo por tres circunstancias:

- por **nacimiento;**
- por resultar hecho prisionero en la **guerra;**
- por **sentencia judicial,** que podía convertir a un ciudadano libre en esclavo.

El trato dispensado a los esclavos variaba mucho en función de los distintos amos.

Con frecuencia, al esclavo se le permitía ahorrar una cierta cantidad de dinero con la que podía comprar su libertad (manumisión). Entonces pasaba a ser un **liberto.**

Un esclavo podía adquirir también la condición de liberto mediante **testamento** de su amo o por **decisión judicial.**

Los libertos

Los libertos eran antiguos esclavos que habían conseguido su **libertad.** Aun así, su libertad era muy limitada y carecían del **derecho de ciudadanía,** aunque su situación fue progresando con el paso del tiempo.

El liberto quedaba ligado a su antiguo dueño hasta el punto de tener su mismo *nomen* y *praenomen*. El liberto podía trabajar por su cuenta e incluso sus hijos podían llegar a ser personas completamente libres.

El nombre romano

El nombre de los romanos se componía de tres partes:

- El ***praenomen,*** que equivalía a nuestro nombre de pila, como *Marcus* o *Livia*.
- El ***nomen,*** que equivalía a nuestro apellido. Designaba a todos los descendientes de un antepasado común, de una *gens*, o clan; por ejemplo, *Iulius* o *Valerius*.
- El ***cognomen,*** que equivaldría a nuestro segundo apellido. Indicaba la familia directa a la que se pertenecía dentro de la *gens*. Era un apodo, que solía designar características psíquicas o físicas, a veces con sarcasmo; por ejemplo, Cato, 'astuto', o *Naso*, 'narigudo'.

Actividades

Recuerda lo aprendido

1 **Mapa conceptual.** Haz un esquema con las clases sociales romanas.

2 ¿Quiénes eran los patricios? ¿Y los plebeyos?

3 ¿Quiénes eran los ciudadanos romanos?

4 ¿Quiénes eran los clientes? ¿A qué se dedicaban?

5 ¿En qué consistía la *salutatio*?

6 ¿Quiénes eran los libertos y cuáles eran sus ocupaciones?

7 ¿Cómo llegaban los esclavos a ser libertos? ¿Qué derechos tenía un liberto?

8 ¿Cuándo obtuvieron la ciudadanía los habitantes de Italia?

9 ¿Qué origen tenían los esclavos en Roma?

10 **Comprobamos.** En tu cuaderno, escribe la relación entre las dos columnas:

1. Liberto	a) *Salutatio*
2. *Civitatis ius*	b) Negocios
3. Nobles	c) No ciudadano
4. Esclavo	d) Derecho de ciudadanía
5. Caballero	e) Político
6. Cliente	f) Manumisión

Amplía la información

11 **Mesa redonda.** Busca información y averigua cuáles eran los derechos de los ciudadanos romanos.

12 Durante la República, los hermanos Tiberio y Cayo Graco abanderaron importantes luchas populares que dieron como resultado el reparto de trigo entre la población, la distribución del suelo público entre los pobres y una reforma agraria. Averigua qué reformas llevaron a cabo los Gracos y por qué fueron tan importantes para la historia de Roma.

13 Intenta hacer una asociación de las distintas clases sociales de la antigua Roma con respecto a la actualidad.

2 GRAMÁTICA

LA TERCERA DECLINACIÓN: TEMAS EN CONSONANTE

Legionario de Guissona. Pequeña escultura que representa un soldado romano. Encontrado en Guissona (Segarra, Cataluña).

2.1 Características generales

La **tercera declinación** tiene palabras femeninas, masculinas y neutras, e incluye **temas en consonante** y **temas en *-i*.**

En esta unidad veremos los temas en consonante, cuya declinación es algo diferente de las dos primeras declinaciones, que ya hemos estudiado. En la próxima unidad estudiaremos los temas en *-i*.

2.2 Temas en consonante

En los temas en consonante, el **nominativo** presenta diferencias con el **genitivo,** por ejemplo:

- *dux ducis*
- *miles militis*
- *homo hominis*
- *mater matris*
- *flumen fluminis*
- *tempus temporis*

Esto se debe a una serie de **cambios fonéticos** que han ocultado, en la mayor parte de los casos, el tema de las palabras en el nominativo singular. Observa el siguiente esquema para comprender cómo se forma el nominativo singular de los temas en consonante:

Nominativo singular	Ejemplo
b + ***s*** del nominativo > ***bs***	*plebs plebis*, 'plebe'
p + ***s*** del nominativo > ***ps***	*princeps principis*, 'príncipe'
d + ***s*** del nominativo > ***s***	*pes pedis*, 'pie'
t + ***s*** del nominativo > ***s***	*miles militis*, 'soldado'
g + ***s*** del nominativo > ***x***	*lex legis*, 'ley'
c + ***s*** del nominativo > ***x***	*dux ducis*, 'general, jefe'
m + ***s*** del nominativo > ***ms***	*hiems hiemis*, 'invierno'
l, ***r***, ***n***, ***s*** no añaden ***s*** en el nominativo	*consul consulis*, 'cónsul' *labor laboris*, 'trabajo' *legio legionis*, 'legión' *mos moris*, 'costumbre'

Para **declinar** un sustantivo de la 3.ª declinación tema en consonante, tendrás que utilizar el tema resultante del **genitivo singular,** por ejemplo:

- *legis* → *leg-*
- *militis* → *milit-*
- *matris* → *matr-*
- *hominis* → *homin-*

La característica constante para reconocer una palabra de la **tercera declinación** es que la terminación del **genitivo singular** es ***-is*.**

También te será útil conocer la forma del **nominativo,** sobre todo para encontrar la palabra en el diccionario.

Sustantivos masculinos y femeninos

Veamos, ahora, la declinación de dos sustantivos:

	Singular	Plural
Nominativo	*dux*	*duc-es*
Vocativo	*dux*	*duc-es*
Acusativo	*duc-em*	*duc-es*
Genitivo	*duc-is*	*duc-um*
Dativo	*duc-i*	*duc-ibus*
Ablativo	*duc-e*	*duc-ibus*

	Singular	Plural
Nominativo	*civita-s*	*civitat-es*
Vocativo	*civita-s*	*civitat-es*
Acusativo	*civitat-em*	*civitat-es*
Genitivo	*civitat-is*	*civitat-um*
Dativo	*civitat-i*	*civitat-ibus*
Ablativo	*civitat-e*	*civitat-ibus*

Sustantivos neutros

Los sustantivos de género neutro, como ya sabes, tienen las mismas formas en el nominativo, el vocativo y el acusativo en el singular, y una desinencia *-a* para esos tres mismos casos, en el plural. Aquí tienes la declinación de dos sustantivos neutros tema en consonante:

	Singular	Plural
Nom./Voc./Ac.	*tempus*	*tempora*
Genitivo	*temporis*	*temporum*
Dativo	*tempori*	*temporibus*
Ablativo	*tempore*	*temporibus*

	Singular	Plural
Nom./Voc./Ac.	*flumen*	*flumina*
Genitivo	*fluminis*	*fluminum*
Dativo	*flumini*	*fluminibus*
Ablativo	*flumine*	*fluminibus*

2.3 Aprende vocabulario

Aprende ahora una serie de palabras que pertenecen a los temas en consonante de la tercera declinación:

Temas en consonante de la 3.ª declinación

Masculinos y femeninos

miles -itis (m.), 'soldado'
dux ducis (m.), 'jefe, general'
homo -inis (m.), 'hombre, persona'
consul -ulis (m.), 'cónsul'
sol solis (m.), 'sol'
pater -tris (m.), 'padre'

mater -tris (f.), 'madre'
virtus -utis (f.), 'valor, virtud'
lex legis (f.), 'ley, orden'
regio -onis (f.), 'legión'

Neutros

flumen -inis, 'río'
nomen -inis, 'nombre'
corpus -oris, 'cuerpo'
tempus -oris, 'tiempo'
os oris, 'boca'
ius iuris, 'derecho'

El género de los sustantivos

El castellano, por analogía con el latín, tendió a clasificar como femeninas las palabras que terminaban en *-a* (a partir de la 1.ª declinación, con tema en *-a* y normalmente de género femenino), y como masculinas aquellas otras que lo hacían en *-o* (a partir de la 2.ª declinación, con tema en *-o* y generalmente de género masculino).

Sin embargo, no es tan fácil reconocer el género de las palabras de la 3.ª declinación. Palabras como «luz», «virtud», «nombre» o «fin» son unas femeninas y otras masculinas. Solo el conocimiento de la lengua y su uso te llevan a aprender su género.

2.4 El origen de las palabras

En general, en castellano, la tercera declinación ha dado sustantivos terminados en consonante o en -*e*, como «ave», «can», «ciudad», «cónsul», «mar», «hueste» o «animal».

Por ejemplo, la palabra *civitas*, sigue vigente en las lenguas romances, como puedes ver en estos ejemplos:

civitas -atis, 'ciudad'	
cast.: ciudad	**fr.:** cité
cat.: ciutat	**it.:** città
gall.: cidade	**port.:** cidade

Además, las palabras «ciudadano», «ciudadela» y «ciudadanía» tienen en común que proceden de esta misma palabra de la tercera declinación: *civitas -atis*.

Actividades

Recuerda lo aprendido

1 ¿A qué géneros pertenecen los sustantivos de la tercera declinación?

2 ¿Cuál es la terminación del genitivo singular en la tercera declinación?

3 ¿Cómo se enuncian las palabras de la tercera declinación?

4 ¿A qué se debe que en los temas en consonante el nominativo suela tener una forma diferente de la del genitivo?

5 **Comprobamos.** Di a qué declinación pertenecen estos temas:

timor-	*re-*
pecunia-	*colli-*
acie-	*duc-*
luc-	*fratr-*
hiem-	*sensu-*
potestat-	*vitio-*

6 **Piensa y comparte en pareja.** Con ayuda del vocabulario, analiza morfológicamente (caso, género y número) estos sustantivos de la 3.ª declinación:

capita	*legem*
plebem	*vox*
hominum	*itineribus*
vulnera	*consules*
more	*uxori*
virtutis	*natione*

7 **Tabla.** Declina los siguientes sustantivos de la tercera declinación:

sol solis (m.), 'sol'
frater fratris (m.), 'hermano'
cupido cupidinis (f.), 'deseo'
hiems hiemis (f.), 'invierno'
carmen carminis (n.), 'canción'
corpus corporis (n.), 'cuerpo'

8 **Cabezas numeradas.** Busca en tu lengua un adjetivo relacionado con cada una de los sustantivos latinos del vocabulario que acabas de estudiar.

9 Relaciona estas palabras con los sustantivos de la 3.ª declinación que has estudiado y defínelas:

duque	homicida
legionario	matriz
patriarca	milicia
desvirtuar	leguleyo
fluido	oral
jurisdicción	insolación
contemporáneo	incorpóreo

Conoce mejor el inglés

10 Busca los significados de estas palabras inglesas. ¿Crees que guardan relación con las palabras latinas que has estudiado?

city	*jury*	*legal*
legion	*duke*	*consulate*
temporize	*virtually*	*corps*

3 GRAMÁTICA

EL IMPERFECTO DE INDICATIVO

Mujer leyendo. Museo Arqueológico Nacional de Nápoles.

3.1 La formación del imperfecto de indicativo

En la forma latina *amabamus*, 'amábamos', podemos distinguir:

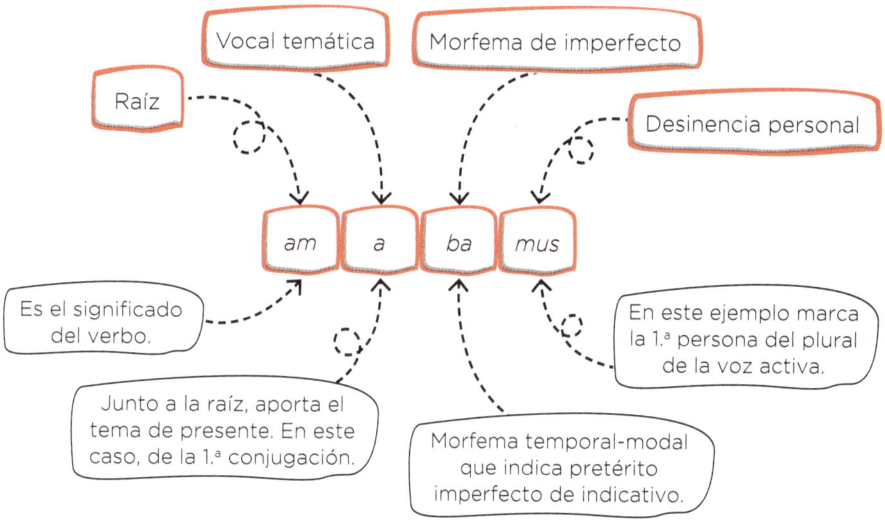

En latín, pues, el imperfecto de indicativo se caracteriza por el morfema temporal-modal ***-ba-*** al que se antepone, en la 3.ª y 4.ª conjugaciones, una vocal de unión ***-e-*** → ***-e-ba-***; por ejemplo *cap-i-e-ba-mus*.

El esquema de la formación del imperfecto de indicativo es este:

Tema de presente + ***[e]*** + ***ba*** + desinencia personal.

Así:

Tema		Morfema		Desinencia
ama-		***-ba-***		*-m*
habe-				*-s*
duc-	+		+	*-t*
capi-		***-eba-***		*-mus*
audi-				*-tis*
				-nt

3.2 Imperfecto de indicativo del verbo sum

Recuerda que el verbo *sum*, al igual que en otras lenguas, es **irregular.** El pretérito imperfecto de indicativo del verbo *sum* es el siguiente:

	Singular	Plural
1.ª persona	*era-m*	*era-mus*
2.ª persona	*era-s*	*era-tis*
3.ª persona	*era-t*	*era-nt*

Actividades

1 ¿Con qué morfema temporal-modal se caracteriza en latín el imperfecto de indicativo?

2 ¿Cuál es el tema de presente en *legebam*?

3 ¿Qué conjugaciones anteponen la vocal de unión -*e*- al morfema temporal-modal de imperfecto de indicativo?

4 ¿Qué es la vocal -*a*- en *nunti-a-bamus*?

5 ¿Qué forma es *erant*?

6 ¿Qué partes podemos distinguir en una forma verbal latina en imperfecto de indicativo?

7 Indica los elementos que componen las formas verbales *faciebatis* y *delebat*.

8 **Sumamos.** Di si las siguientes afirmaciones son verdaderas o falsas, y explica por qué:

a) El imperfecto de indicativo se forma sobre el tema de presente.

b) En la forma *vincebam*, la -*e*- es una vocal de unión.

c) En la forma *habebam*, la -*e*- es la vocal temática de la 2.ª conjugación.

d) La 2.ª y la 3.ª conjugación anteponen una vocal de unión -*e*- ante el morfema de imperfecto de indicativo -*ba*-.

e) La forma *capiebant* se traduce por 'cogíamos'.

f) El imperfecto del verbo *sum* se forma sobre el tema de presente más el morfema -*ba*-.

9 **Piensa y comparte en pareja.** Analiza morfológicamente (persona, número, tiempo y voz) y traduce estas formas verbales:

nuntiabatis	*ducis*	*valebam*
fugiunt	*placet*	*agebamus*
sileo	*errabas*	*delent*
rapiebat	*fugiebamus*	*muto*
sedebat	*sciebamus*	*ornabant*

10 Cambia estas formas verbales de presente a imperfecto y tradúcelas:

scimus	*videtis*	*nuntiant*
cupimus	*placet*	*luditis*
doces	*pugno*	*movemus*
iacit	*nutriunt*	*ornas*
facis	*occidimus*	*defendunt*

11 **Tabla.** Conjuga el presente y el imperfecto de indicativo activo de: *orno ornare*, *video videre*, *rego regere*, *sentio sentire*, *cupio cupere*.

The Favorites of the Emperor Honorius (1883), de John William Waterhouse.

4 GRAMÁTICA

LA ORACIÓN COMPUESTA

Clases de oraciones

- Oración **simple** (un solo verbo).
- Oración **compuesta** (más de un verbo):
  - **Coordinada:**
    - por **yuxtaposición.**
    - mediante **conjunción.**
  - **Subordinada.**

Coordinadas copulativas

Relación de **suma** o **adición.**
Conjunciones:

- ***et***, ***atque***, ***-que*** → 'y (e)'.
- ***neque***, ***nec*** → 'ni, no'.

4.1 Oración simple y oración compuesta

Es sencillo distinguir una oración simple de una oración compuesta:

- La **oración simple** es aquella que consta de un solo verbo; por ejemplo: «Los miembros de la familia **constituyen** la *gens*».
- La **oración compuesta** es todo enunciado con más de un verbo; por ejemplo: «Una familia **participa** en las mismas ceremonias religiosas y **lleva** el *nomen gentilicium*».

La oración compuesta puede ser **coordinada** o **subordinada.**

4.2 Las oraciones coordinadas

La coordinación puede realizarse por **yuxtaposición,** es decir, por ausencia de partículas de unión, o bien por medio de **conjunciones.**

Por ejemplo:

- «Llegué, vi, vencí» es una oración **coordinada yuxtapuesta,** carece de partículas de unión; pero
- «Los romanos dieron a los sabinos tierras **y** los hicieron ciudadanos», y «Yugurta era quien más hacía, **pero** quien menos hablaba de sí mismo» son oraciones **coordinadas unidas por conjunciones.**

En latín existen varios tipos de oraciones coordinadas, pero las más frecuentes son las **copulativas** y las **adversativas.**

Las oraciones coordinadas copulativas

Las oraciones **coordinadas copulativas** expresan una relación de **suma** o **adición** (ya sea positiva o negativa).

Las **conjunciones copulativas** más frecuentes en latín son:

- ***et***, ***atque***, ***-que***, 'y (e)'.
- ***neque***, ***nec***, 'ni, no'.

Por ejemplo:

– *Italia* ***et*** *Graecia paeninsulae sunt.* → 'Italia y Grecia son penínsulas'.

– *Equites* ***atque*** *pedites milites sunt.* → 'Los caballeros y los infantes son soldados'.

– ***Nec*** *pater* ***neque*** *mater veniunt.* → 'Ni su padre ni su madre vienen'.

La conjunción **enclítica** (pospuesta) ***-que*** se debe traducir delante de la palabra a la que va unida. Por ejemplo:

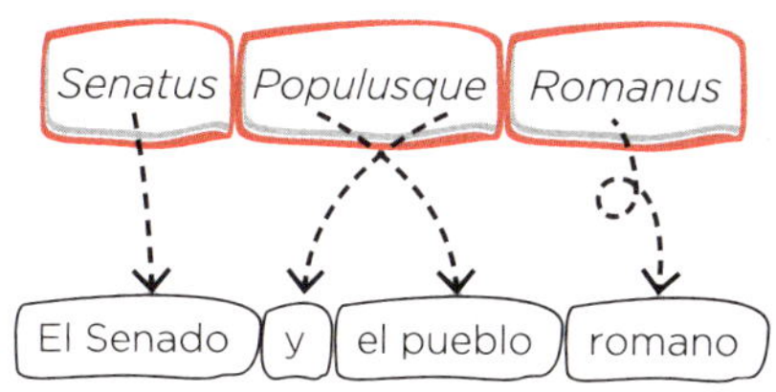

Coordinadas adversativas

Expresan una **contraposición.**

Conjunciones:

- ***sed***, ***autem***, ***at*** → 'pero, sino, sino que'.
- ***tamen*** → 'no obstante, sin embargo'.

Las oraciones coordinadas adversativas

Las oraciones **coordinadas adversativas** expresan una **contraposición** de las dos oraciones coordinadas.

Las conjunciones adversativas más frecuentes en latín son:

- ***sed***, ***autem***, ***at***, 'pero, sino, sino que'. Por ejemplo:
  - *Non probus,* ***sed*** *superbus est.* → 'No es honrado, **sino** soberbio'.
  - *Hostes exspectabant; nostri* ***autem*** *parati in armis erant.* → 'Los enemigos esperaban; **en cambio,** los nuestros estaban preparados con las armas'.
- ***tamen***, 'no obstante, sin embargo'. Suele tener un matiz concesivo. Por ejemplo:
  - *Parvus est tamen intellegit omnia.* → 'Aunque es pequeño, lo entiende todo'.

Actividades

1 ¿Qué es una oración simple?

2 ¿Qué es una oración compuesta?

3 ¿Qué tipos de oración compuesta existen?

4 ¿Qué clases de oraciones coordinadas con conjunción son las más frecuentes?

5 ¿Qué expresan las oraciones coordinadas copulativas? ¿Y las adversativas?

6 ¿Cómo definirías una conjunción enclítica?

7 ¿Qué es una oración coordinada yuxtapuesta?

8 **Comprobamos.** Con ayuda del vocabulario, analiza y traduce estas oraciones:

- *Verba non remanent, sed volant.*
- *Rex Macedoniae severis legibus milites et duces obstringebat.*
- *Nec vita, nec fortuna hominibus perpetua est.*
- *Ovidius auream aetatem celebrabat: homines leges non habebant; timor non erat et semper bonum rectumque faciebant.*
- *Germani magnum numerum militum interficiunt.*
- *Saepe vitia vicina virtutibus sunt.*
- *Caesar auctoritate sua Germanos deterrebat.*

Teseo luchando con el minotauro. Mosaico romano de Pompeya. Museo Arqueológico Nacional de Nápoles.

9 **El espejo.** Con ayuda del vocabulario, traduce al latín:

- La justicia es la reina de las virtudes.
- Grecia tenía ríos pequeños, pero famosos.
- El minotauro tenía una cabeza de toro en un cuerpo humano.
- El hombre es un lobo para el hombre.
- Los hombres creen con los ojos, no con los oídos.
- El rey Numa establecía leyes y costumbres para los romanos.
- Aníbal jura odio perpetuo contra los romanos.
- El padre de Aníbal llevaba la guerra contra los hispanos.

anayaeducacion.es. Consulta la «Guía de traducción» disponible en el banco de recursos.

5 LÉXICO

LA FORMACIÓN DE PALABRAS

5.1 Del latín a las lenguas romances

Estudia estas normas de los cambios del latín a las lenguas romances:

Consonante geminada *-rr-*

La consonante geminada (es decir, doble) *-rr-* se mantuvo.

Ej.: lat. *narrare* → cast.: narrar, cat.: narrar, gall.: narrar.

Consonante geminada *-ll-*

En castellano y en catalán, *-ll-* se mantuvo, aunque con otra pronunciación, mientras que en gallego se simplificó en **-l**.

Ej.: lat.: *bellam* → cast.: bella, cat.: bella, gall.: bela.

Consonante geminada *-nn-*

En castellano, *-nn-* evolucionó a **-ñ-**; en catalán, a **-ny-**, y en gallego se simplificó a **-n-**.

Ej.: lat.: *cabannam* → cast.: cabaña, cat.: cabanya, gall.: cabana.

Otras consonantes geminadas

El resto de consonantes geminadas (distintas de *-rr-*, *-ll-*, *-nn-*) se simplificaron.

Ej.: lat. *attentum* → cast.: atento, cat.: atent, gall.: atento.

Thermopolium, en Herculano. Taberna popular romana donde se ofrecían alimentos calientes y bebidas.

5.2 La creación de nuevos términos

Seguimos estudiando sufijos latinos que han sido muy fructíferos en nuestra lengua:

Sufijos de origen latino

Latín	Castellano	Significado	Ejemplo
-bilem	-ble	posibilidad	risible, increíble
-ilem	-il	relación	pueril, viril
-orium	-orio, -ero	lugar	ambulatorio, embarcadero
-orem	-or	agente (masculino)	rector, actor
-tricem	-triz	agente (femenino)	generatriz, actriz
-tudinem	-tud/-dumbre	estado, cualidad	decrepitud, pesadumbre

5.3 Latinismos

Seguro que has tenido ocasión de leer o escuchar estos latinismos alguna vez. Apréndelos:

In fraganti

Locución originada por deformación de la expresión jurídica *in flagranti (delicto)*, que significa 'en el mismo momento en que se comete un delito o, por extensión, cualquier acción censurable'. Por ejemplo: «Llegó sin avisar con la intención de sorprenderle in fraganti».

In situ

Significa 'en el sitio, sobre el terreno'. Por ejemplo: «Esta actividad sobre el parque de la ciudad debe ser realizada in situ».

Actividades

1 Aplica las reglas de evolución fonética estudiadas hasta ahora a las palabras siguientes para comprobar qué términos castellanos provienen de estas palabras latinas:

aggregare	*decollare*	*occurrere*
flaccum	*vallem*	*annum*
apportare	*querellam*	*cannam*
turrem	*occasum*	*pannum*
capillum	*grammaticam*	*castellum*

2 **Sumamos.** Relaciona en tu cuaderno cada cultismo con su doblete y su étimo latino original e indica si encuentras diferencias entre el significado del término patrimonial y el cultismo:

Étimo	Cultismo	Patrimonial
vetare	radio	lacio
vacuum	tremolar	vedar
radium	vacuo	vago
tremulare	vetar	rayo
flaccidum	flácido	temblar

3 Di un ejemplo más en castellano con cada sufijo latino estudiado y defínelo.

4 **Piensa y comparte en pareja.** Tomando como base las siguientes palabras latinas, formad un derivado en castellano añadiéndole el sufijo que aparece entre paréntesis y definidlo en función de sus formantes (ej.: *puerum*: 'niño, muchacho' + (*-ilem*) → pueril: 'relativo a la niñez':

- *lax-um*, 'amplio' + *tudinem*
- *audit-um*, 'oír' + *or*
- *audit-um*, 'oír' + *orium*
- *mer-e-re*, 'ganar, cobrar' + *tricem*
- *mov-ere*, 'mover' + *ilem*
- *defens-um*, 'alejar' + *or*
- *navig-a-re*, 'navegar' + *bilem*
- *quiet-em*, 'descanso' + *tudinem*
- *host-em*, 'enemigo' + *ilem*
- *labor-a-re*, 'trabajar' + *bilem*
- *sanat-um*, 'sanar' + *orium*

5 Escribe una oración con cada uno de los latinismos que has estudiado.

Escena nilótica. Mosaico de la Casa del Fauno, en Pompeya. Museo Arqueológico Nacional de Nápoles.

anayaeducacion.es. Consulta el «Diccionario de latinismos» disponible en el banco de recursos.

COMPRUEBA LO APRENDIDO

1 **Sumamos.** Di si las siguientes afirmaciones son verdaderas o falsas, y por qué:

a) El ciudadano romano gozaba de todos los derechos (*civis optimo iure*).

b) La lucha por la igualdad social caracterizó siempre a la sociedad romana.

c) Un esclavo podía adquirir su libertad exclusivamente por una decisión judicial.

d) El genitivo singular de los temas en consonante se forma añadiendo la terminación *-is* al nominativo singular.

e) En la tercera declinación no hay sustantivos de género neutro.

f) En la tercera declinación, todos los sustantivos son temas en consonante.

g) La terminación de acusativo plural de todos los sustantivos de la tercera declinación tema en consonante es *-es*.

h) Podemos conocer el tema de un sustantivo de la tercera declinación quitando la terminación *-is* del genitivo singular.

i) La oración compuesta debe tener más de una forma verbal.

j) Las conjunciones enclíticas van antepuestas al elemento que unen.

k) *Sed* es una conjunción copulativa que expresa adición negativa.

2 Con ayuda del diccionario del libro, analiza morfológicamente (caso, género, número y enunciado) estos sustantivos de la 3.ª declinación:

arborem	*voce*	*pedis*
mores	*mulieri*	*leonum*
flumina	*consules*	*temporibus*

3 **Comprobamos.** Con ayuda del vocabulario del libro, analiza morfológicamente (persona, número, tiempo, voz y enunciado) estas formas verbales:

habitabant	*rapiunt*	*placebat*
imperare	*nutriebatis*	*prohibetis*
suscipiebat	*laboramus*	*fugiebas*
cadere	*mutas*	*sedent*

4 **Tabla.** Conjuga el presente y el imperfecto de indicativo de los verbos:

nuntio -are *fugio -ere*

Consulta la información correspondiente a las **metas del objetivo 8** en el banco de recursos de anayaeducacion.es.

5 Con ayuda del vocabulario final y del léxico de esta unidad, analiza y traduce las oraciones siguientes:

- *Tempus hominum stirpem delet, sed nomina hominum clarorum non delet.*
- *Ariovistus homo iracundus atque temerarius erat.*
- *Parthi Armeniam occupabant legionesque Romanas vincebant.*
- *Silent leges inter arma.*
- *Legatorum nomen nationibus sanctum inviolatumque semper erat.*
- *Tyrus claritate et magnitudine Phoeniciae civitates superabat.*
- *Duces pacem faciebant et civitates iungebant sub imperio Romanorum.*
- *Hannibal civitates inimicas oppugnabat.*

6 **El espejo.** Traduce al latín:

- El general da la paz a las ciudadelas de los griegos con unas duras leyes.
- No gobierna la vida la justicia, sino la fortuna.
- Los cartagineses, por envidia, no enviaban soldados a Italia para Aníbal.
- La naturaleza hace bueno al hombre.
- La verdad es hija del tiempo.

Comprende el texto y exprésate

7 Lee el texto y responde a las preguntas:

Los trabajadores del campo

Todos los campos se cultivan por hombres, o esclavos o libres, o por ambos; por libres cuando o los cultivan ellos mismos o con personal a sueldo, cuando llevan a cabo con asalariados libres los trabajos importantes, como la vendimia y la henificación [...] Sobre cómo conviene que ellos sean, [...] hay que procurar tener obreros que puedan soportar la labor, que no sean menores de 22 años y capaces para aprender a cultivar el campo. [...] Es conveniente que los esclavos no sean ni temerosos ni atrevidos.

Varrón, *Sobre la agricultura*, I, 17.

a) **Rueda lógica.** ¿Quiénes cultivaban los campos? ¿Qué cualidades debían tener los trabajadores del campo?

b) **ODS** ¿Por qué crees que era mejor que los esclavos no fuesen ni temerosos ni atrevidos?

CONTEXTOS CLÁSICOS

EDICIÓN BILINGÜE

Esclavos, pero seres humanos

Cognovi familiariter te cum servis tuis vivere: hoc prudentiam tuam, hoc eruditionem decet. «Servi sunt». Immo homines. «Servi sunt». Immo contubernales. «Servi sunt». Immo humiles amici. «Servi sunt». Immo conservi, si cogitaveris tantundem in utrosque licere fortunae. Itaque rideo istos qui turpe existimant cum servo suo cenare: quare, nisi quia superbissima consuetudo cenanti domino stantium servorum turbam circumdedit? Est ille plus quam capit, et ingenti aviditate onerat distentum ventrem [...]. At infelicibus servis movere labra ne in hoc quidem, ut loquantur, licet; virga murmur omne compescitur, et ne fortuita quidem verberibus excepta sunt, tussis, sternumenta, singultus.

Séneca, *Cartas morales a Lucilio*, V, XLVII.

Traducción

He sabido que vives familiarmente con tus esclavos: así corresponde a tu prudencia y cultura. «Son esclavos», pero también seres humanos. «Son esclavos», pero también compañeros. «Son esclavos», pero también amigos de modesta condición. «Son esclavos», pero compañeros de esclavitud si piensas que frente a unos y otros la Fortuna tiene igual poder. Así pues, me río de esos que desdeñan cenar con un esclavo suyo, y no lo hacen por otra razón que por la orgullosísima costumbre que hace que una multitud de siervos rodee en pie al amo mientras cena. El amo come más de lo que puede engullir y llena con insaciable avidez su estómago hinchado [...]. A los desdichados esclavos, entre tanto, no se les permite ni siquiera mover los labios para hablar. Todo murmullo es reprimido con la vara, y ni siquiera los ruidos involuntarios, como la tos, los estornudos y el hipo quedan libres de azotes.

Lucius Annaeus Seneca (1894), por Mateo Inurria. Museo de Bellas Artes de Córdoba.

ACTIVIDADES

Comprende el texto

1 **Lectura compartida.** Lee en voz alta el texto latino y su traducción.

2 ¿Qué quiere decir Séneca con «Son esclavos, pero compañeros de esclavitud si piensas que frente a unos y otros la Fortuna tiene igual poder»?

Amplía la información

3 Este texto pertenece a la obra de Séneca titulada *Cartas morales a Lucilio*. Busca información sobre este autor latino y sobre esta obra y elabora con los datos que obtengas una ficha bajo el epígrafe «El autor y la obra».

4 **Mapa conceptual.** Infórmate sobre la esclavitud en Roma (tipos de esclavos, manumisión, etc.) y realiza un trabajo sobre el tema.

Exprésate

5 Séneca pone de manifiesto la dignidad de los esclavos y censura la conducta de algunos romanos para con sus esclavos. ¿Está abogando Séneca por suprimir la esclavitud? Razona tu respuesta.

6 En el texto, el autor menciona a una persona de elevada escala social que vive «familiarmente» con sus esclavos. ¿Cómo te imaginas esa relación? Intenta describirla.

VERSIÓN LATINA

Patricios y plebeyos

Antiquis temporibus duo genera hominum erant: patricii et plebeii. Romani tunc leges scriptas non habebant, et patricii multas iniurias plebeiis imponebant atque iura plebeiis negabant: numquam plebeii consules erant. Itaque plebeii ex oppido cum filiis uxoribusque procedunt et ad montem Sacrum[1] *migrant. Pavor patricios capit: plebeii neque in agris laborant neque militiam tolerant. Tum patricii tribuniciam potestatem constituunt et tribunos plebeiis dant. Tum discordia inter patres plebemque remittit.*

NOTA: 1. *ad montem Sacrum:* 'al monte Sagrado', cercano a Roma donde se retiró el pueblo.

DE RUTA POR HISPANIA

El anfiteatro

El anfiteatro era una edificación dedicada a espectáculos públicos: combates de gladiadores, luchas con animales salvajes y batallas navales. De forma elíptica, constaba de la *arena*, el espacio en el que se desarrollaban los espectáculos, y la *fossa bestiaria*, que solía excavarse debajo como galería para el transporte y encierro de animales, e incluso como depósito de cadáveres de gladiadores.

A la arena se accedía por dos puertas situadas en cada extremo del eje principal. El graderío, o *cavea*, tenía tres alturas (*ima*, *media* y *summa*), como en el teatro, debidamente separadas por pasillos, o *praecinctones*. A él se accedía por los llamados *vomitoria*.

anayaeducacion.es. Consulta el «Mapa interactivo de la Hispania romana» disponible en el banco de recursos.

ACTIVIDADES

Comprende el texto

1 Lee el texto y tradúcelo.

2 Analiza morfológicamente:

temporibus	*iura*
genera	*oppido*
hominum	*capit*
habebant	*patres*

3 **Comprobamos.** Analiza sintácticamente la oración *Tum patricii tribuniciam potestatem constituunt et tribunos plebeiis dant.*

4 **Tabla.** Declina:

hominum	*patres*
iura	*plebem*

5 Localiza los presentes de indicativo del texto y, después, cámbialos al imperfecto de indicativo.

Amplía la información

6 Hay una anécdota relacionada con los hechos que narra este texto; su protagonista es Menenio Agripa. Busca información en Internet para conocerla. También puedes leerla en la obra de Tito Livio, *Ab Urbe condita*, II, 32.

El anfiteatro de Itálica

El anfiteatro de Itálica es uno de los mayores del mundo romano, con capacidad para 25 000 espectadores.

Fue construido en época de Adriano con intención de albergar los juegos y de enriquecer la ciudad. Tiene unas dimensiones de 160 por 137 metros. De él se conservan casi toda la *cavea*, los *praecinctones*, los *vomitoria* y la *arena*, con sótanos de servicio.

Otras ciudades como Tarragona, Mérida, Segóbriga, Carmona y Ampurias contaron también con un anfiteatro.

6

LA ORGANIZACIÓN POLÍTICA EN ROMA

Cuestión de clase

La clase senatorial constituía el grupo social más elevado, preeminencia que se extiende también a los aspectos político y económico. La clase senatorial fue siempre un grupo muy reducido y exclusivista. La condición de senador imponía ya un cierto estilo de vida además de diversos privilegios y honores pero también restricciones de carácter civil, como la prohibición de contraer matrimonio con libertos, y económico, pues debían dirigir sus recursos fundamentales hacia la agricultura; de ahí que fuesen, sobre todo, grandes propietarios de tierras. Tenían derecho al título de *vir clarissimus* y gozaban de ciertas prerrogativas jurídicas.

[...] Los descendientes de las primitivas familias más acomodadas no escatimaron nunca medios con tal de formar parte de la selecta familia de los senadores [...]. En ciertos momentos de la historia de Roma ser senador era sinónimo de tener la vida resuelta en todos los aspectos.

Santiago Montero Díaz, Gonzalo Bravo, Jorge Martínez-Pinna, *El Imperio Romano: evolución institucional e ideológica.*

REFLEXIONA SOBRE EL TEMA

Asamblea de ideas

SPQR

¿Sabes qué significan las siglas *SPQR*? Infórmate sobre la composición del senado romano. ¿Qué funciones tenía? ¿Qué privilegios? ¿Con qué institución actual consideras que guarda semejanza?

Vir clarissimus

¿Cómo crees que se accedía al cargo de senador en Roma? Busca información e indica semejanzas y diferencias entre senadores romanos y diputados y senadores en la actualidad.

ODS Consulta la información correspondiente a las **metas del objetivo 17** en el banco de recursos de **anayaeducacion.es**.

IN FORO SUMUS

VOCABULARIO

sub montibus: al pie de las colinas
aedificium -ii (n.): edificio
ornare: adornar, embellecer
soror -is (f.): hermana
sedent: se sientan
de re publica deliberant: deciden sobre los asuntos del Estado
frumentum -i (n.): trigo
consentio: estoy de acuerdo

hic (adv.): aquí
magistratus: los magistrados
rei publicae aerarium custodiunt: custodian el erario de la república
basilica -ae (f.): basílica
taberna -ae (f.): tienda, taberna
mercator -oris (m.): mercader
Quanti?: ¿Cuánto cuesta?
tibi vendo: te lo vendo

rostra: tribuna de los oradores
eloquentia movebant: con la elocuencia conmovían
deorum inmortalium: de los dioses inmortales
aut (conj.): o
in memoriam praeclarorum virorum: para el recuerdo de los hombres ilustres

Accede a la animación de este cómic disponible en el banco de recursos de anayaeducacion.es.

1 CULTURA

LAS INSTITUCIONES POLÍTICAS

El gobierno de Roma se asentaba en tres instituciones políticas: **las magistraturas, el Senado** y **las asambleas populares.**

Esta organización compleja garantizó una cierta estabilidad y permitió la gobernabilidad de Roma.

1.1 Las magistraturas

Los **magistrados** eran los máximos exponentes del **poder ejecutivo,** que en Roma no era solo el poder político, sino también el religioso.

La carrera política estaba perfectamente regulada. Duraba alrededor de diez años, entre los 31 y 43; esto es, en plena madurez del individuo, cuya esperanza de vida en Roma era inferior a la de nuestros días.

Esta **carrera política** —o ***cursus honorum***— tenía cuatro peldaños (cuestor, edil, pretor y cónsul). No se podía ascender al grado superior sin haber desempeñado antes el cargo inmediatamente inferior.

Las **magistraturas ordinarias** se ejercían y se renovaban cada año. De menor a mayor eran:

- **Cuestor (*quaestor*):** eran cuatro miembros y estaban al cargo de las finanzas de Roma y de las provincias, y los encargados de pagar al ejército.
- **Edil (*aedilis*):** eran cuatro miembros, dos plebeyos y dos curules. Los ediles eran los responsables de la administración municipal; es decir, estaban encargados del orden público y de la organización y el control de los espectáculos.
- **Pretor (*praetor*):** eran dos miembros, el *praetor urbanus* y el *praetor peregrinus*. Se encargaban de la administración de justicia. El pretor peregrino se encargaba de los problemas jurídicos de los extranjeros que residían en Roma, mientras que el urbano gestionaba las causas legales de los ciudadanos romanos.
- **Cónsul (*consul*):** eran dos miembros. Este cargo era el más alto del escalafón. Los cónsules tenían el máximo poder ejecutivo, daban nombre al año, eran responsables de las decisiones sobre los ejércitos y convocaban al Senado.

A estas cuatro **magistraturas** se añadían otras dos **«especiales»:**

- **Censor (*censor*):** eran dos miembros. Debían ser excónsules. Censaban a los ciudadanos y elaboraban la lista de los miembros del Senado. Los censores se elegían cada cinco años.
- **Tribuno de la plebe (*tribunus plebis*):** eran diez miembros. Defendían al pueblo frente a los abusos de los poderosos y convocaban los distintos comicios o asambleas. Tenían derecho a veto frente a las decisiones de los magistrados más altos del escalafón y gozaban de inviolabilidad; no obstante, tenían una limitación, porque solo podían ejercer sus funciones dentro de la ciudad de Roma.

Cursus honorum

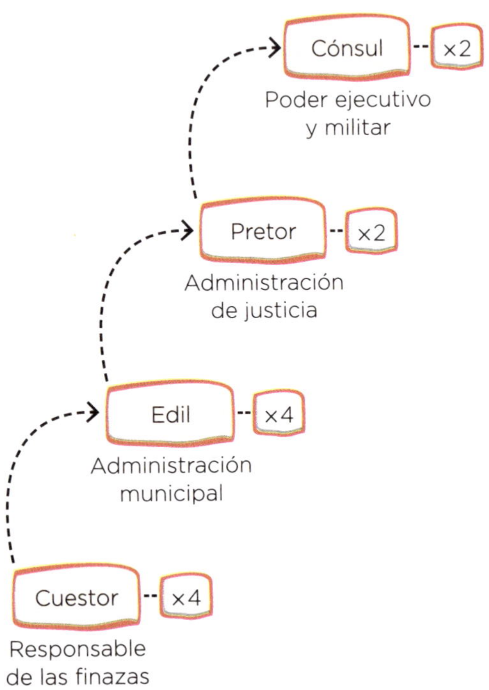

1.2 El Senado (*Senatus*)

Fue el órgano institucional más importante de la Roma republicana, porque durante el Imperio perdió sus funciones.

> El **Senado** era el **órgano consultivo.**
> Estaba formado por 600 hombres que ya habían pasado por las distintas magistraturas.

El Senado vigilaba la **religión** nacional, controlaba las **finanzas públicas,** dirigía la **política exterior,** designaba y recibía a embajadores y controlaba **operaciones militares.** Además, podía decretar medidas excepcionales de cara a garantizar la **seguridad nacional.**

En las sesiones, los senadores iban interviniendo y, tras escuchar las distintas opiniones, debatían, votaban y levantaban acta.

Los senadores gozaban del prestigio social; vestían la toga praetexta en las ceremonias públicas y se les reservaban los puestos preferentes en los espectáculos públicos.

1.3 Las asambleas (*Comitia*)

Hubo **tres clases** de asambleas o comicios:

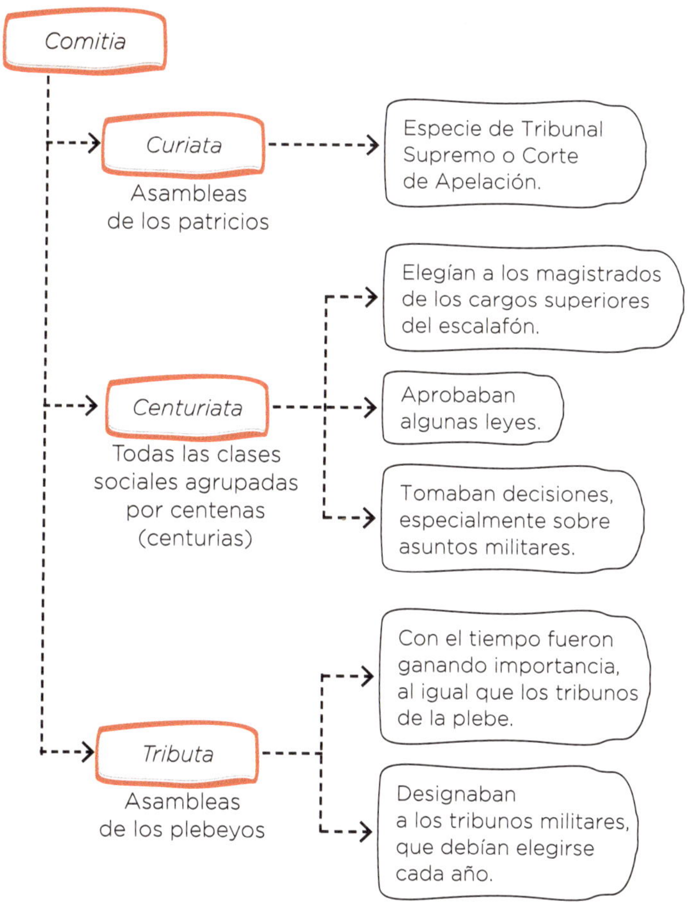

Actividades

Recuerda lo aprendido

1 ¿Qué tres instituciones políticas dirigían el estado romano?

2 **Mapa conceptual.** Haz un esquema de las distintas magistraturas romanas, en el que figuren las funciones que desempeñaba cada una de ellas.

3 ¿Cuáles eran las magistraturas extraordinarias?

4 ¿Qué funciones tenía el cónsul? ¿Y el censor?

5 **Comprobamos.** Escribe en tu cuaderno la relación entre las dos columnas:

1. *Comitia curiata*	a) Municipio
2. Senado	b) Plebeyos
3. *Comitia tributa*	c) Justicia
4. Ediles	d) Derecho de veto
5. Tribunos de la plebe	e) Órgano consultivo
6. Pretores	f) Patricios

6 **Antes pensaba... Ahora pienso...** Explica qué era el Senado e indica qué funciones tenía en la antigua Roma.

7 Menciona los tres tipos de asambleas que había en Roma.

8 ¿Quiénes participaban en los *comitia centuriata*? ¿Qué funciones tenían?

Amplía la información

9 Los ediles eran cuatro miembros, dos plebeyos y dos curules. Investiga por qué recibían el nombre de curul.

10 Averigua el significado preciso de las tres características propias de los tribunos de la plebe: el derecho a veto, la inviolabilidad y la jurisdicción.

Vuelve a la actualidad

11 **VET.** Averigua si los «comicios» que se celebran actualmente tienen algo que ver con los antiguos *comitia* romanos.

12 **El espejo.** ¿Qué es el poder ejecutivo? ¿Quién representa el poder ejecutivo hoy día en nuestro país?

2 GRAMÁTICA

LA TERCERA DECLINACIÓN: TEMAS EN *-I*

Parisílabos e imparisílabos

- **Parisílabos:** mismo número de sílabas en el nominativo y en el genitivo singular; por ejemplo, los temas en *-i*, como *civis civis* (nom. y gen. *ci-vis*).
- **Imparisílabos:** una sílaba menos en el nominativo singular; como, los temas en consonante (nom. *plebs*, gen. *plebis*).
- **Falsos imparisílabos:** no presentan la vocal *-i* en el nominativo singular porque la perdieron; por ejemplo, *urbs urbis*.

2.1 Sustantivos masculinos y femeninos

Los **temas en *-i*** presentan algunas diferencias en su declinación con los temas en consonante; la principal es que el **genitivo plural** presenta una terminación ***-ium*.**

Observa cómo se declina el sustantivo *civis civis*, 'ciudadano':

	Tema *civi-*, 'ciudadano'	
	Singular	Plural
Nom./Voc.	*civ-is*	*civ-es*
Acusativo	*civ-em*	*civ-es*
Genitivo	*civ-is*	*civ-ium*
Dativo	*civ-i*	*civ-ibus*
Ablativo	*civ-e*	*civ-ibus*

No todos los sustantivos de la 3.ª declinación tema en *-i* tienen un enunciado como *civis civis*. Hay sustantivos con un enunciado algo diferente; por ejemplo, *urbs urbis*, 'ciudad', o *mors mortis*, 'muerte'; no obstante, también se declinan igual que *civis civis*.

Distinguirás los temas en *-i* porque son **parisílabos;** es decir, tienen el mismo número de sílabas en el nominativo y en el genitivo singular; por ejemplo, *civis civis*. En cambio, los temas en consonante son **imparisílabos,** porque el nominativo singular tiene una sílaba menos que el genitivo singular, como *plebs plebis*. No obstante, hay excepciones, son los llamados **falsos imparisílabos,** que son temas en *-i* que perdieron la *-i* en el nominativo singular, como *urbs urbis*. Reconocerás esos falsos imparisílabos de los temas en consonante, porque, en el enunciado, la desinencia de genitivo va precedida de dos consonantes.

2.2 Sustantivos neutros

La declinación de los neutros de los temas en *-i* es igual que la de los masculinos y femeninos, excepto en dos puntos:

- Los neutros tema en *-i* tienen un **ablativo singular** en ***-i*** (y no en *-e*, como los masculinos y femeninos).
- Además, la terminación del **nominativo,** del **vocativo** y del **acusativo plural** es ***-ia*.**

	Tema *mari-*, 'mar'	
	Singular	Plural
Nom./Voc./Ac.	*mar-e*	*mar-ia*
Genitivo	*mar-is*	*mar-ium*
Dat./Abl.	*mar-i*	*mar-ibus*

2.3 Adjetivos de la tercera declinación (3-3)

Ya sabemos que en latín hay dos grupos de adjetivos; hemos visto el primer grupo (2-1-2), cuyo femenino se declina por la 1.ª declinación, y el masculino y el neutro lo hacen por la 2.ª.

El segundo grupo de adjetivos declina los **tres géneros** por la **tercera declinación.**

En este segundo grupo podemos distinguir tres modelos: adjetivos de una terminación (3), de dos terminaciones (3-3) o de tres terminaciones (3-3-3). La mayor parte de los adjetivos de la tercera declinación son de dos terminaciones y se declinan como *omnis -e*, 'todo':

	Singular		Plural	
	M./F.	Neutro	M./F.	Neutro
Nom./Voc.	*omn-is*	*omn-e*	*omn-es*	*omn-ia*
Acusativo	*omn-em*	*omn-e*	*omn-es*	*omn-ia*
Genitivo	*omn-is*		*omn-ium*	
Dat./Abl.	*omn-i*		*omn-ibus*	

Los adjetivos de la 3.ª declinación, como *omnis -e*, tienen un ablativo singular en *-i* y no en *-e*, como puedes observar.

El adjetivo en latín

Los adjetivos se dividen en dos grupos según su declinación:

- **2-1-2:** *bonus -a -um*, 'bueno' (masculinos y neutros por la 2.ª declinación, y femeninos por la 1.ª declinación).
- Adjetivos de la 3.ª declinación:
  - **3:** *pauper -eris*, 'pobre' (una única terminación para los tres géneros en el nominativo singular).
  - **3-3:** *omnis -e*, 'todo' (el nominativo masculino y femenino tienen una forma; el neutro, otra).
  - **3-3-3:** *acer acris acre*, 'agudo' (una terminación en el nominativo singular para cada género).

2.4 El origen de las palabras

Palabras como «finar», «confín», «sinfín», «infinito» o «finalidad» provienen de una misma palabra latina: el sustantivo *finis finis*, 'fin, límite'.

Esta misma forma proveniente del latín se sigue conservando en muchas otras lenguas. Por ejemplo:

finis finis, 'fin, límite'

cast.: fin	**gall.:** fin	**it.:** fine
cat.: fi	**fr.:** fin	**port.:** fim

Y ¿qué tienen en común las palabras «fortín», «forzado», «forcejeo», «esfuerzo», «reforzar», «fortificar» y «fortaleza»? Si te fijas bien, te darás cuenta de que todas ellas comparten la misma raíz, porque todas ellas provienen del adjetivo latino de la 3.ª declinación *fortis forte*, 'fuerte'.

Observa que esta misma palabra se conserva también en muchas otras lenguas:

fortis -e, 'fuerte'

cast.: fuerte	**gall.:** forte	**it.:** forte
cat.: forte	**fr.:** fort	**port.:** forte

Díptico del cónsul Manlio Boecio. Museo Civico dell'Eta' Cristiana, en Brescia.

2.5 Aprende vocabulario

Ahora que ya conoces cómo se declinan los sustantivos temas en *-i* y los adjetivos de la tercera declinación, aprende algunos más:

Sustantivos

Neutros
- *animal -is*, 'animal'
- *mare -is*, 'mar'
- *rete -is*, 'red'

Masculinos
- *civis -is*, 'ciudadano'
- *hostis -is*, 'enemigo'
- *mensis -is*, 'mes'
- *mons -ntis*, 'monte'

Femeninos
- *gens -ntis*, 'gente, pueblo'
- *mors mortis*, 'muerte'
- *nox noctis*, 'noche'
- *navis -is*, 'nave'
- *urbs urbis*, 'ciudad'

Adjetivos
- *brevis -e*, 'breve'
- *crudelis -e*, 'cruel'
- *facilis -e*, 'fácil'
- *fidelis -e*, 'fiel'
- *gravis -e*, 'pesado'
- *levis -e*, 'ligero'
- *mortalis -e*, 'mortal'
- *omnis -e*, 'todo'
- *utilis -e*, 'útil'

Actividades

Recuerda lo aprendido

1 ¿De cuántos temas consta la 3.ª declinación? ¿Cuáles son?

2 ¿Qué género pueden tener los sustantivos de la 3.ª declinación?

3 ¿En qué se diferencian las terminaciones de los temas en consonante de las de los temas en *-i*?

4 ¿Qué desinencia tiene el ablativo singular de los temas en *-i*?

5 ¿Qué terminación presentan los neutros temas en *-i* en nominativo plural?

6 ¿Qué es un falso imparisílabo?

7 ¿Cuántos grupos de adjetivos hay en latín? ¿Cómo se enuncian?

8 ¿Por qué declinación se declinan los adjetivos del segundo grupo?

9 ¿Cómo forman el ablativo singular los adjetivos como *omnis -e*?

10 **Comprobamos.** Con ayuda del vocabulario, analiza morfológicamente (caso, género, número y enunciado) los siguientes sustantivos de la tercera declinación, y tradúcelos:

arboribus	*monti*	*animalia*
hostium	*mores*	*noctium*
fontes	*auribus*	*collis*
voluntati	*nave*	*mare*

11 **Tabla.** Declina los sustantivos *hostis -is* y *animal animalis*.

12 Declina los sintagmas *omne ius* y *mater fidelis*.

13 **Piensa y comparte en pareja.** Concuerda los adjetivos entre paréntesis con cada sustantivo y traduce el sintagma resultante:

templum (inlustris -e)	*vulnera (magnus -a -um)*
militibus (mortalis -e)	*fluminis (altus -a -um)*
verba (crudelis -e)	*navem (utilis -e)*
proelium (navalis -e)	*homines (novus -a -um)*
viri (fortis -e)	*mense (longus -a -um)*
annum (brevis -e)	*vitas (brevis -e)*

14 Relaciona estas palabras con los sustantivos y los adjetivos que has estudiado y defínelas:

abreviatura	náufrago	ingrávido
hostil	inútil	infidelidad
animalada	omnívoro	suburbio
mortandad	maremoto	facilitar

Conoce mejor el inglés

15 Busca los significados de estas palabras inglesas. ¿Guardan relación con las palabras latinas que has estudiado anteriormente?

fidelity	*animal*	*final*
civic	*urban*	*night*
mortality	*utility*	*facilities*
navy	*hostile*	*fortress*

3 GRAMÁTICA

EL FUTURO IMPERFECTO DE INDICATIVO

El futuro imperfecto de indicativo (en castellano se traducirá por «yo amaré», «tú amarás», etc.) se caracteriza en latín por tener una formación para la 1.ª y la 2.ª conjugación, y otra distinta para la 3.ª y la 4.ª.

3.1 Primera y segunda conjugación

El futuro imperfecto de indicativo de estas dos conjugaciones se construye de esta forma:

Tema de presente + ***b*** + [vocal de unión] + desinencias personales.

Tema de presente		Morfema		Desinencia personal
1.ª conjugación: *ama-*	+	***-b-***	+	*-o*
2.ª conjugación: *habe-*		***-b-i-***		*-s* *-t* *-mus* *-tis*
		-b-u-		*-nt*

Por ejemplo: *amabo, amabis, amabit, amabimus, amabitis, amabunt* ('amaré', 'amarás', etc.) y *habebo, habebis, habebit, habebimus, habebitis, habebunt* ('tendré, tendrás', etc.).

3.2 Tercera y cuarta conjugación

El futuro imperfecto de indicativo de la tercera y cuarta conjugación se construye así:

Tema de presente + ***a*** (en la 1.ª persona singular)/***e*** (en el resto) + + desinencias personales.

Tema de presente		Morfema		Desinencia personal
3.ª conjugación: *duc-*	+	***-a-***	+	*-m*
4.ª conjugación: *capĭ-*		***-e-***		*-s* *-t* *-mus* *-tis* *-nt*
4.ª conjugación: *audī-*				

Por ejemplo: *ducam, duces, ducet, ducemus, ducetis, ducent* ('conduciré', 'conducirás', etc.).

3.3 Futuro imperfecto del verbo *sum*

	Singular	Plural
1.ª persona	*ero*, 'seré'	*erimus*, 'seremos'
2.ª persona	*eris*, 'serás'	*eritis*, 'seréis'
3.ª persona	*erit*, 'será'	*erunt*, 'serán'

Áureo dorado del emperador Aureliano. Museo Nacional de Arte Romano de Mérida.

3.4 El futuro imperfecto en las lenguas romances

El futuro imperfecto latino no se conservó en las lenguas romances, sino que se sustituyó por una **perífrasis** formada por el **infinitivo + el verbo haber** (por ejemplo: *cantar he, cantar has, cantar ha,* etc.). Esta perífrasis es lo que generó nuestras formas actuales: cast. cantaremos, cat.: cantarem, gall.: cantarémos, etc.

En castellano, el uso de esta perífrasis se conservó hasta el siglo XVII; así, encontramos expresiones como «dar le has» (le darás), o «traer nos lo ha» (nos lo traerá); pero lo que se acabó imponiendo luego fueron nuestras formas sintéticas: diré, hablarás, correremos, etc.

Actividades

1 ¿Con qué morfema se construye el futuro imperfecto de indicativo en la 1.ª y la 2.ª declinaciones?

2 ¿Cómo se forma la primera persona del singular del futuro imperfecto de indicativo? ¿Y la segunda persona del singular?

3 Con ayuda del vocabulario, analiza morfológicamente las siguientes formas verbales:

nuntiabat	*reget*
silebimus	*vales*
sedebant	*terrebatis*
ducam	*aperient*
errabunt	*venient*

4 1-2-4. Indica la persona y el número de las siguientes formas de presente de indicativo activo y ponlas en pretérito imperfecto y futuro imperfecto (p. ej.: *laudas* → 2.ª persona del singular → *laudabas* y *laudabis*):

nescimus	*migro*
fugimus	*venit*
studes	*errant*
valetis	*geritis*
iubet	*cavemus*

5 Tabla. Conjuga el presente, el pretérito imperfecto y el futuro imperfecto de indicativo de:

muto mutare	*nutrio -ire*
deleo delere	*cupio -ere*
vinco -ere	*sum esse*

6 Con ayuda del vocabulario, analiza y traduce las oraciones siguientes:

- *Audaces fortuna iuvat.*
- *Impia venena sub dulci melle latent.*

Lictores o ministros de justicia que acompañaban en Roma a los cónsules y otros magistrados. Bronce de época romana. Museo del Louvre, París.

- *Numquam est fidelis cum potente societas.*
- *Veritas odium parit.*
- *Appius Claudius in Macedonia levia proelia contra varias gentes habet.*
- *Omnia animalia aut rationalia sunt, aut inrationalia.*
- *Ex ore parvulorum veritas.*
- *Aurelianus urbem Romam muris firmis cingebat.*

7 El espejo. Traduce al latín:

- Nerón incendia Roma.
- El cónsul Marcelo envía a Roma un ingente botín.
- Tras la batalla, los vencedores apresarán a los generales y matarán a los soldados.
- Aníbal devastará todas las ciudades.
- Muchos montes rodeaban la ciudad.
- La ira es un furor breve.
- Nerón era enemigo de todos los hombres.

anayaeducacion.es. Consulta la «Guía de traducción» disponible en el banco de recursos.

4 LÉXICO

LA FORMACIÓN DE PALABRAS

4.1 Del latín a las lenguas romances

Aprende estas normas de evolución fonética:

Oclusivas sonoras intervocálicas

Las oclusivas sonoras (*b, d, g*) intervocálicas (o entre vocal y *l* o *r*) suelen desaparecer.

Ej.: lat.: *traditorem* → cast.: traidor, cat.: traïdor, gall.: traidor.
Pero: lat.: *probare* → cast.: probar; cat.: provar; gall.: probar.

Grupo *-ns-*

El grupo *-ns-* se simplificó en **-s-**; así *-ns-* → *-s-*.

Ej.: lat. *constare* → cast.: costar, cat.: costar, gall.: costar.

Grupo *-gn-*

En castellano y en gallego, el grupo *-gn-* pasó a **ñ** (*-gn-* → *-ñ-*); en catalán (*-gn-*→ *-ny-*).

Ej.: lat.: *ligna* → cast.: leña, cat.: llenya, gall.: leña.

5.2 La creación de nuevos términos

Estudia estos lexemas de origen latino:

Lexemas de origen latino

Lexema	Verbo latino	Ejemplo
-audi-o-	*audire*, 'oír'	audímetro
-cida/-cidio	*caedere*, 'matar'	matricidio
-cultor/-cultura	*colere*, 'cultivar, cuidar'	agricultor
-fero	*ferre*, 'llevar, producir'	acuífero
-fico/-ficar	*facere*, 'hacer'	certificar
-voro	*vorare*, 'comer, devorar'	omnívoro

5.3 Latinismos

¿Nunca has visto en un libro la abreviatura «cfr.»?¿Alguna vez has tenido un «lapsus»? Estudia ahora los significados de estos latinismos:

Confer

Forma imperativa del verbo latino *confero conferre*, que significa literalmente 'compara'. Remite a la consulta de un determinado texto o pasaje y se utiliza siempre en sus formas abreviadas «cf.» o «cfr.». Por ejemplo: «Sobre la interpretación de este texto, cfr. el conocido y discutido libro del profesor Domínguez».

Lapsus

Falta o equivocación que se comete por descuido. No confundir con «lapso», 'intervalo de tiempo'. Por ejemplo: «Consideré aquellas palabras como un simple lapsus y no dichas con intención».

Exlibris

La locución latina *ex libris* significa literalmente 'de (entre) los libros', palabras que se escribían en un libro seguidas del nombre del propietario. En castellano ha dado lugar al término «exlibris», que significa sello que se estampa en un libro, el cual hace constar el nombre de su propietario. Por ejemplo: «Hasta se encargó un bonito exlibris para dejar constancia de la posesión de sus libros».

Actividades

1 **El espejo.** Aplica los cambios fonéticos a estas palabras:

sapidum	*mensem*	*sponsam*
alligatum	*crudelem*	*praegnatam*
stagnum	*cadere*	*regalem*
monstrare	*pensare*	*legalem*
rancidum	*pugnum*	*ansam*

2 Di un doblete resultante de estas palabras (ej.: *constare* → costar/constar): *mensem*, *sponsam*, *regalem*, *legalem*.

3 **Comprobamos.** Relaciona en tu cuaderno las dos columnas para formar dobletes. Indica si hay diferencia entre el significado del término patrimonial y el cultismo:

Cultismo	Patrimonial
parábola	caudal
arbitrio	pecho
pulsar	palabra
apertura	albedrío
peto	monedero
capital	obra
monetario	abertura
ópera	pujar

4 Relaciona los dobletes de la actividad anterior con su respectivo étimo latino: *aperturam*, *arbitrium*, *capitalem*, *parabolam*, *pulsare*, *pectum*, *monetarium*, *operam*.

5 Busca un ejemplo más en castellano con cada lexema de origen latino estudiado y defínelo.

6 **Piensa y comparte en pareja.** Indica los lexemas y explica los significados:

magnífico	apicultor
insectívoro	audiencia
audífono	herbívoro
fratricidio	purificar
amplificar	mamífero
mortífero	suicidio
soporífero	falsificar
genocida	puericultura

7 **1-2-4.** Expresa con una palabra compuesta por uno de los formantes que has estudiado las siguientes definiciones (ej.: que come de todo → omnívoro):

a) Cultivo de la vid.

b) Volver o hacer dulce una cosa.

c) Muerte violenta de una persona importante.

d) Que se alimenta de carne.

e) Que causa la muerte a insectos.

f) Que causa sueño.

g) Persona que cuida abejas.

h) Aparato para percibir mejor los sonidos.

8 Escribe una oración con cada uno de los tres latinismos que acabas de estudiar.

Interior de la Curia Julia, restaurada en 2006, en el Foro de Roma.

anayaeducacion.es. Consulta el «Diccionario de latinismos» disponible en el banco de recursos.

COMPRUEBA LO APRENDIDO

1 **Sumamos.** Di si las siguientes afirmaciones son verdaderas o falsas, y por qué:

a) El máximo poder ejecutivo lo tenían los cónsules.

b) El Senado era el órgano ejecutivo de Roma.

c) Los *comitia curiata* eran las asambleas de los plebeyos.

d) Los cónsules eran dos cada año y eran elegidos por los *comitia centuriata*.

e) Los ediles eran seis y eran responsables de la administración municipal.

f) La terminación del genitivo plural de un tema en *-i* es *-ium*.

g) En los temas en *-i* de la tercera declinación no hay sustantivos de género femenino.

h) El ablativo singular de todos los temas de la tercera declinación presenta la desinencia *-e*.

i) *-bu-nt* es la terminación de 3.ª persona del plural en voz activa del futuro imperfecto de la segunda conjugación.

j) Todas las conjugaciones forman el futuro imperfecto de indicativo con el morfema *-b-*.

k) El verbo *sum* carece de futuro imperfecto.

2 Con ayuda del vocabulario, analiza morfológicamente (caso, género y número) estos sustantivos de la 3.ª declinación y tradúcelos:

arboribus	*voluntati*	*auribus*
noctium	*rura*	*rationum*
nave	*collis*	*fontes*

3 **Comprobamos.** Concuerda los adjetivos entre paréntesis con cada sustantivo y traduce el sintagma resultante:

vulnus (magnus -a -um)

templa (magnus -a -um)

vitam (brevis -e)

homini (mortalis -e)

4 Declina el sustantivo *finis -is* y los sintagmas *omnis terra* y *mare novum*.

5 Con ayuda del vocabulario, analiza morfológicamente las siguientes formas verbales:

delebimus	*vincebat*	*duces*
videbimus	*leget*	*veniunt*
iacere	*appellabo*	*faciebant*

6 **Tabla.** Conjuga el futuro imperfecto de indicativo de los verbos *nuntio -are* y *fugio -ere*.

anayaeducacion.es. Realiza la autoevaluación de la unidad.

7 Con ayuda del vocabulario, analiza y traduce las oraciones siguientes:

- *Vita brevis, ars longa, iudicium difficile est.*
- *Servi Aurelianum fraude occidunt.*
- *In Hispania Scipio dux Hasdrubalis exercitum vincet.*
- *Consul Marcellus magnam partem Siciliae et nobilem urbem Syracusanam capiet.*
- *Numquam in mari tantis copiis pugnabimus.*
- *Rex Macedoniae ducem Romanorum gravi proelio vincit.*
- *Natura loci oppidum defendet.*
- *In Gallia Caesar bellum gerebat.*

8 **El espejo.** Con ayuda del vocabulario, traduce al latín:

- La avaricia es la fuente de todos los engaños.
- El mar contiene muchos animales.
- Siempre será útil tener amigos.
- Hombres, mujeres y niños defenderán la ciudad.
- Los cartagineses tenían en la ciudad todo el oro y la plata.

Comprende el texto y exprésate

9 Lee este texto y responde a las preguntas:

Un liberto se jacta de su condición

Pues yo soy hijo de un rey: «Entonces, ¿por qué has padecido la esclavitud?» me replicarás. Porque yo mismo me he entregado como esclavo, prefiriendo ser ciudadano romano que rey tributario. Y ahora [...] ando con la cabeza bien alta; no debo dinero a nadie; nunca he sido demandado [...]. He comprado unos palmos de terreno, he hecho algún dinerillo; doy de comer a veinte bocas, sin contar la del perro; he redimido a mi mujer [...]; pagué mil denarios por mi libertad.

Petronio, *Satiricón*, 57, 4-6.

a) Di el significado de las siguientes palabras y expresiones: «replicar», «rey tributario», «andar con la cabeza bien alta», «comprar unos palmos de terreno», «dar de comer a veinte bocas», «redimir».

b) ¿Qué derechos tenía este liberto según el texto?

c) ¿A qué crees que da importancia el protagonista de este fragmento?

CONTEXTOS CLÁSICOS

EDICIÓN BILINGÜE

Una campaña electoral

Ciudadanos romanos votando. Denario emitido por Licinio Nerva. Siglo II a. C. Museo Casa de la Moneda-FNMT, Madrid.

Postremo tota petitio cura ut pompae plena sit, ut inlustris, ut splendida, ut popularis sit, ut habeat summam speciem ac dignitatem, ut etiam, si qua possit ratione, competitoribus tuis exsistat aut sceleris aut libidinis aut largitionis accommodata ad eorum mores infamia. Atque etiam in hac petitione maxime videndum est ut spes rei publicae bona de te sit et honesta opinio; nec tamen in petendo res publica capessenda est neque in senatu neque in contione. Sed haec tibi sunt retinenda: ut senatus te existimet ex eo quod ita vixeris defensorem auctoritatis suae fore, equites romani et viri boni ac locupletes ex vita acta te studiosum oti ac rerum tranquillarum, multitudo ex eo quod dumtaxat oratione in contionibus ac iudicio popularis fuisti te a suis commodis non alienum futurum.

Q. T. Cicerón, *Breviario de campaña electoral*, 13.

Traducción

Finalmente, debes procurar que estas elecciones resulten un gran espectáculo popular, con la mayor brillantez, esplendor y despliegue de medios que esté a tu alcance y que, de ser posible, se hable de todo lo infamante, ilegal, deshonesto o corrupto que pueda haber en la personalidad y en las costumbres de tus oponentes. Todo el esfuerzo durante la campaña debe dirigirse a mostrar que eres la esperanza del Estado, pero evitando al máximo hablar de política, sea en el Senado o en los mítines: basándose en tu carrera política, los senadores estarán convencidos de que eres el adalid de sus privilegios y de su autoridad; tu vida pasada confirmará las esperanzas de los caballeros romanos y de la gente adinerada en un futuro tranquilo y próspero; y el pueblo, juzgando por el tono popular de tus intervenciones políticas y judiciales, debe creer que serás el mejor abogado de su causa.

ACTIVIDADES

Comprende el texto

1 **Lectura compartida.** Lee en voz alta el texto latino y su traducción.

2 Según el texto, ¿qué es lo que debe hacer un candidato para ganar unas elecciones?

Amplía la información y exprésate

3 **Las 6 W.** El texto pertenece a la obra *Breviario de campaña electoral*. Su autor sería Quinto Tulio Cicerón, hermano de Marco Tulio Cicerón, el famoso orador y político. Busca información sobre este M. T. Cicerón y elabora una ficha con sus datos.

4 Realiza un breve trabajo en el que recojas lo que, conforme al texto, deberían ser las líneas principales de una buena campaña electoral. ¿Crees que el texto está de actualidad? ¿Son las campañas electorales actuales tal como se describen en el texto? Razona tu respuesta.

5 Debate en clase: «Las promesas en las campañas electorales».

VERSIÓN LATINA

Dos censores: Apio Claudio y Catón

Ampli Romani censoriam potestatem magnopere desiderabant. Duo censores erant. Censores pecuniam publicam administrabant, vias et aedificia publica curabant.

Appius Claudius censor erat atque aquam in urbem deducit, et ibi per fontes civibus distribuit, sed multi cives contra leges fistulas sub terra ducebant et aquam in suam domum non e fontibus publicis trahebant. Post multos annos M.[1] *Porcius Cato potestatem censoriam gerebat et de*[2] *aqua leges magna severitate administrat: cives aquam iam non per fistulas, sed e fontibus publicis portant.*

NOTAS: 1. *M.*: abreviación de *Marcus*: 'Marco'. 2. *de*: preposición de ablativo, aquí la traduciremos por 'sobre, en relación con...'.

DE RUTA POR HISPANIA

El teatro

El teatro romano solía construirse al abrigo de una loma, lo que facilitaba el asentamiento de la *cavea* o graderío, aunque no todos siguen esa norma, tomada de los griegos. Constaba de *cavea* para el público, dividida en dos sectores —*ima* y *summa*—, *orchestra*, semicircular (posiblemente, para los músicos que acompañaban la representación), y *proscaenium* o *pulpitum*, que con el tiempo evolucionó hacia una plataforma cada vez más amplia entre la *orchestra* y la *scaenae*. Esta se convirtió en un edificio sólido y espectacular, cuyo cuerpo central, *frons scaenae*, aparece decorado profusamente, constituyendo una obra de arte; en él se abren generalmente tres puertas, una central y dos laterales. Las primeras gradas se reservaban a los senadores y demás personalidades.

Teatros en Hispania

Se conocen unos veinte teatros repartidos por la Península, casi todos ellos construidos entre los siglos I a.C y I d.C., y, en consecuencia, relativamente homogéneos. Entre otros, los de Itálica, Sagunto, Mérida, Acinipo, Segóbriga, Clunia, Tarragona, Bilbilis, Pollentia y Cartagena

anayaeducacion.es. Consulta el «Mapa interactivo de la Hispania romana» disponible en el banco de recursos.

ACTIVIDADES

Comprende el texto

1 Lee y traduce el texto.

2 Analiza morfológicamente estas palabras del texto:

ampli	*civibus*
potestatem	*urbem*
censores	*fontes*
aedificia	*leges*

3 **Comprobamos.** Analiza morfológicamente las formas verbales del texto y pásalas a futuro de indicativo.

4 Analiza sintácticamente: *multi cives contra leges fistulas sub terra ducebant et aquam in suam domum non e fontibus publicis trahebant.*

5 Declina los sustantivos *fontes* y *civibus*.

Amplía la información

6 **Pienso, me interesa, investigo...** El texto se refiere a una de las magistraturas más importantes de la República. Infórmate sobre ella: orígenes, acceso, funciones, etc.

7 Se habla en el texto de la severidad con que ejerció sus competencias Catón; infórmate sobre su figura y sobre su fama.

Teatro romano de Cartagena. Siglo I a.C.

7

EL EJÉRCITO ROMANO

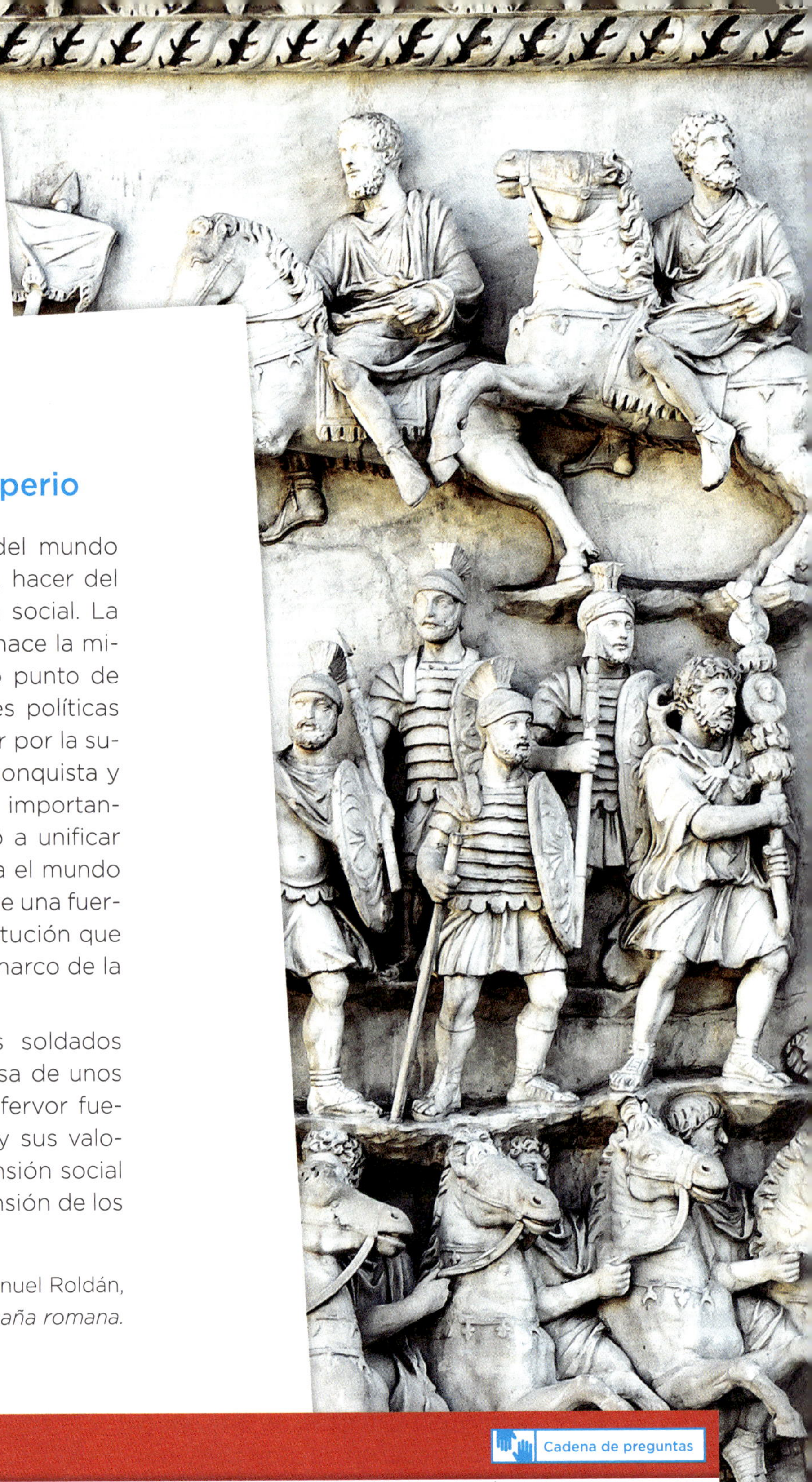

Una institución esencial para el Imperio

Roma ha sabido, como ningún otro pueblo del mundo antiguo, integrar ejército y sociedad; más aún, hacer del ejército un medio fundamental de integración social. La identidad de ciudadano y soldado con la que nace la milicia romana ha representado, ya en el mismo punto de partida, una ventaja frente a otras formaciones políticas contemporáneas contra las que tuvo que luchar por la supremacía. El ejército romano, instrumento de conquista y de dominación, es así también uno de los más importantes métodos de romanización, que contribuyó a unificar y extender los fundamentos en los que se basa el mundo occidental. El ejército romano no fue únicamente una fuerza armada ofensiva o disuasoria, sino una institución que realizó una labor cotidiana constructora en el marco de la *Pax Romana*.

[...] Con frecuencia olvidamos que aquellos soldados que combatían hasta la extenuación en defensa de unos ideales en los que no todos creían con igual fervor fueron capaces a su vez de poner su disciplina y sus valores castrenses al servicio actividades de dimensión social que contribuyeron de forma decisiva a la expansión de los ideales romanos.

José Manuel Roldán,
Ejército y sociedad en la España romana.

REFLEXIONA SOBRE EL TEMA

Cadena de preguntas

Ejército y sociedad

Roma no se entendería sin el ejército romano. ¿Qué significaba el ejército para la sociedad romana? ¿Crees que era una ventaja la identidad de ciudadano y soldado que tenía la milicia romana?

Pax Romana

El ejército romano fue también un instrumento de conquistas y de romanización. ¿Consideras que fueron conquistas sin resistencia? ¿Te parece que los pueblos conquistados deseaban la *Pax Romana*?

LEGIONES ET MILITES ROMANI

VOCABULARIO

avunculus: mi tío materno

ad triumphum: para asistir a un desfile triunfal

gladiis et hastis pugnant: luchan con espadas y lanzas

ad exercitium tecum ire possum?: ¿puedo ir contigo al entrenamiento?

castra -orum (n.): campamento

vitam agunt: hacen la vida, viven

vallum -i (n.): empalizada

fossa -ae: foso

ligneus -a -um: de madera

testudo -inis (f.): formación en tortuga

ars artis (f.): arte, técnica

sagittis inimicis: de las flechas enemigas

defenduntur: se protegen

Heu! Me calcas!: ¡Ay, me estás pisando!

Accede a la animación de este cómic disponible en el banco de recursos de anayaeducacion.es.

1 CULTURA

LA ORGANIZACIÓN MILITAR

El pueblo romano, por su afán de expansión y conquista, mantuvo casi siempre conflictos bélicos, tanto internos como externos. Para poder sobrellevar esta actividad y ser casi invencibles, los romanos supieron prepararse para las guerras y organizar muy bien sus ejércitos.

1.1 La composición del ejército romano

En el siglo II a. C., el ejército romano ya era de carácter **permanente** y se podría decir que **profesional.**

Esta era la composición de sus tropas:

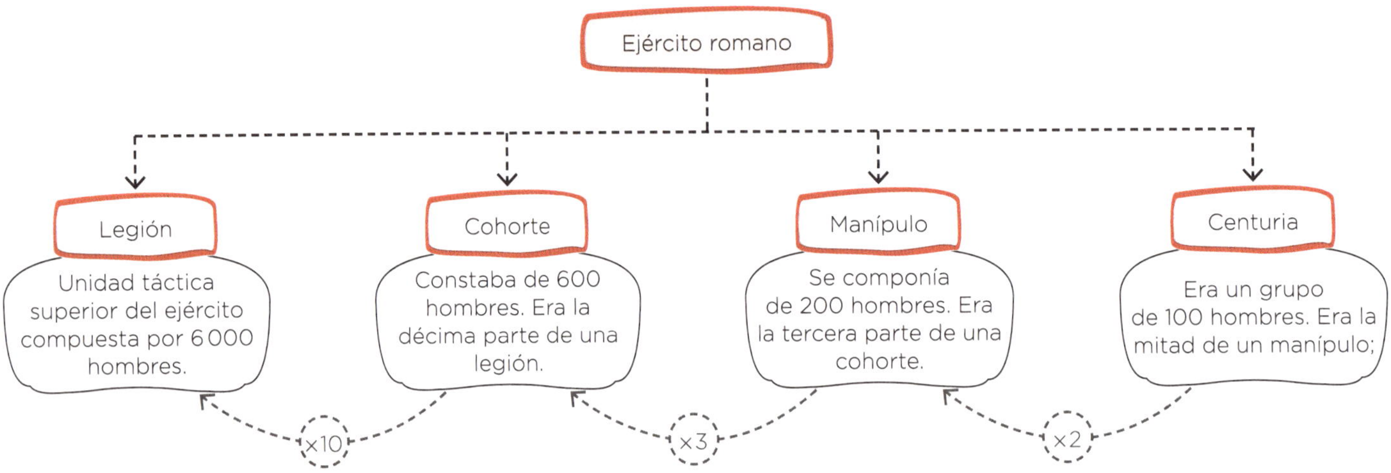

1.2 La graduación de los mandos

De mayor a menor grado, los cargos del ejército romano eran estos:

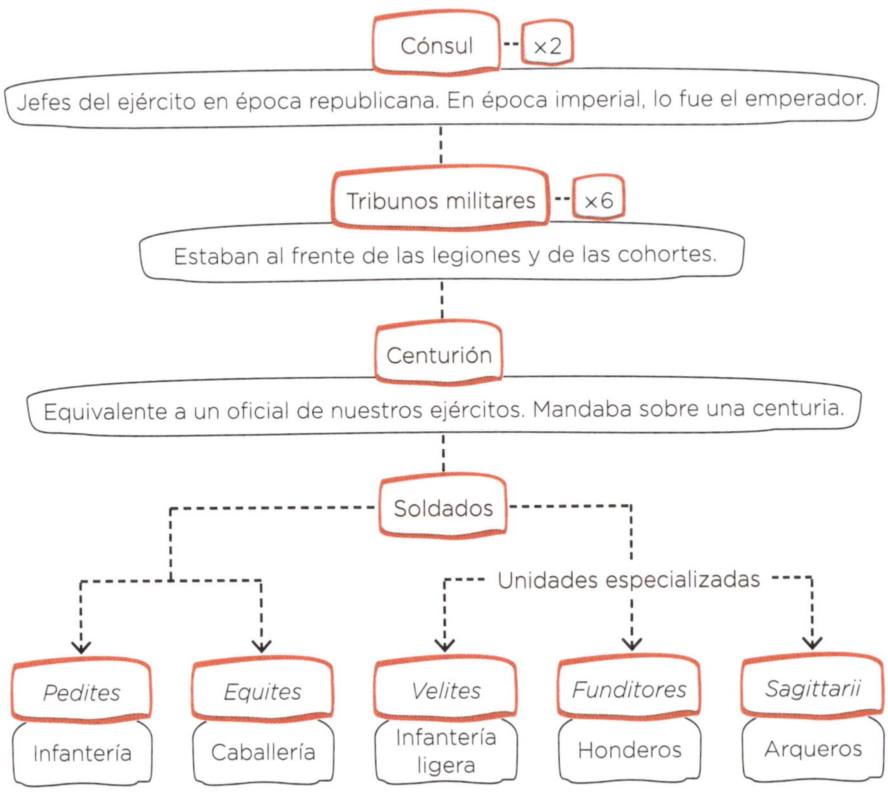

1.3 El armamento

Cada grupo del ejército tenía su propio armamento:

- El soldado de **infantería** llevaba una **lanza** (*hasta*), una **lanza arrojadiza** (*pilum*), una **espada** (*gladius*) y un **escudo** (*scutum*). Llevaba también una **coraza** y un **casco** con los que se protegía de los ataques enemigos.
- El soldado de **caballería** se servía de una **jabalina** (*contus*) y de un **escudo redondo** (*parma*).
- Las **unidades especializadas** llevaban su arma específica. Por ejemplo, los honderos, la **honda** (*funda*); los arqueros, el **arco** (*arcus*) y las **flechas** (*sagittae*), y la infantería ligera, un casco de cuero (*galea*).

1.4 La vida en el ejército romano

La vida del soldado era dura, y la disciplina, rigurosa.

- Los **oficiales y soldados** del ejército recibían una paga fija (*stipendium*). Además, y de acuerdo con su graduación correspondiente, los militares participaban del botín de guerra cuando derrotaban a algún enemigo.
- Los **soldados aliados,** en cambio, ni cobraban un sueldo ni participaban en el botín; solo recibían la manutención básica mientras estuvieran en campaña.
- El soldado que no cumpliera las normas podía ser **castigado** con la privación del sueldo, la degradación, la flagelación y, en algún caso, incluso con la decapitación.
- Por otra parte, un comportamiento destacado se **premiaba** con menciones honoríficas, medallas, coronas, brazaletes, y si se trataba de un alto cargo, con la recepción y la entrada triunfal en Roma (*ovatio*).

Trabaja con la imagen

Escribe en tu cuaderno los nombres del armamento que lleva el soldado romano de la imagen.

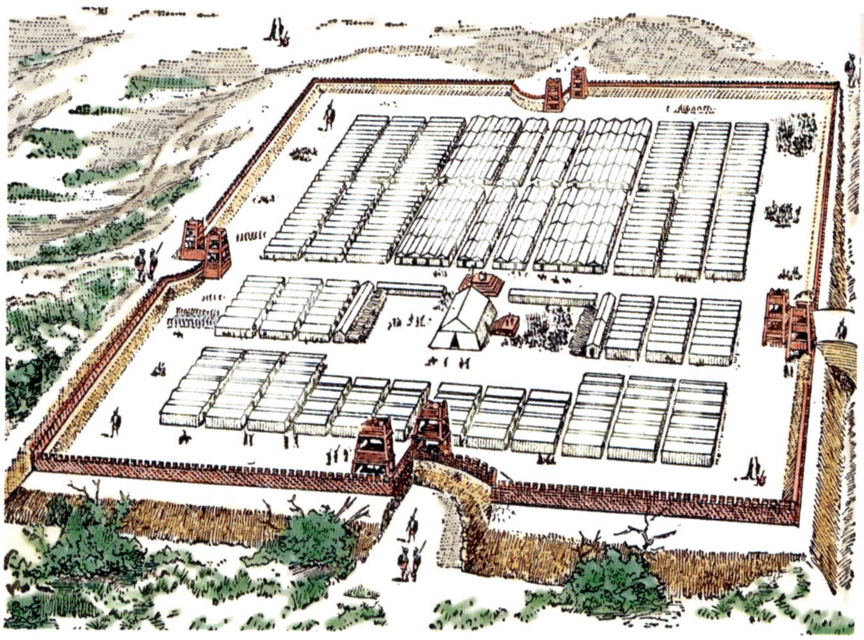

Trabaja con la imagen

Este grabado reproduce la estructura genérica de un campamento romano.

- Busca información sobre su estructura y reconoce cada una de sus partes en la imagen.
- Muchas ciudades surgieron de un campamento romano, ¿por qué? ¿Conoces alguna ciudad española cuyo origen sea un campamento romano? Investiga y responde a estas preguntas. Puedes consultar la web: http://www.tarraconensis.com/campamentosromanos02.html

1.5 La estrategia militar

Los ejércitos romanos asombraron al mundo por la fuerza, la pericia y la excelente preparación física y táctica de sus hombres. Los soldados marchaban en etapas de 25 km, aproximadamente, llevando cada uno los víveres necesarios para dos semanas. Al final de cada etapa de marcha levantaban un campamento perfectamente organizado.

El ejército solía combatir desplegando la infantería en varios grupos de tres filas, mientras que en los flancos luchaban la caballería, las unidades ligeras y las tropas aliadas.

Además de las armas, los romanos usaban máquinas o artefactos para asediar las ciudades.

Actividades

Recuerda lo aprendido

1 ¿Cuántos hombres componían una legión romana?

2 ¿Cómo se llamaba, en el ejército romano, al conjunto de 200 soldados? ¿Y al de 100?

3 ¿Quién era la máxima autoridad del ejército romano?

4 Cita cinco armas usadas por los soldados romanos.

5 ¿Cómo se denominaba al jefe de una centuria?

6 ¿Cuáles eran las armas ofensivas de un soldado romano?

7 ¿Cuántas cohortes conformaban una legión?

8 ¿Qué distancia solían recorrer las legiones en una jornada de marcha?

9 ¿Qué era el *stipendium*?

10 **Piensa y comparte en pareja.** Escribe en tu cuaderno la relación entre las dos columnas:

1. Legión	a) Escudo
2. Centurión	b) Jabalina
3. *Equites*	c) Espada
4. *Contus*	d) Casco
5. Cohorte	e) Oficial
6. *Gladius*	f) Caballería
7. *Galea*	g) Manípulos
8. *Parma*	h) Cohortes

Amplía la información

11 **Rueda de atributos.** Infórmate sobre los distintos artefactos o máquinas de guerra usados por los soldados romanos y en qué consistía la formación en *triplex acies*, en 'triple línea'.

12 **Comprobamos.** Busca información sobre las siguientes conquistas de Roma: Galia, Grecia, Dacia y Egipto.

13 **VET.** Infórmate sobre países europeos donde el servicio militar es obligatorio. ¿Cómo se conforma el ejército en nuestro país?

Comprende el texto y exprésate

14 Lee este texto y, después, responde a las preguntas:

> En el siglo II d. C. el ejército se formaba por alistamiento voluntario y el estatuto suponía un contrato formal, la *conditio militiae*, que estipulaba una serie de obligaciones concretas y de ventajas correlativas. La obligación fundamental era el servicio a largo plazo, duración que variaba según los distintos cuerpos, y que era más larga cuanto menos categoría tenían los cuerpos a que el soldado iba destinado: dieciséis años en las cohortes pretorianas; veinte años en las cohortes urbanas y en las legiones; veinticinco en los cuerpos auxiliares; veintiséis años o más en la Marina [...].
>
> Leon Homo, *Nueva historia de Roma*.

a) ¿Firmaban los soldados un contrato al entrar en el ejército? ¿Cómo se llamaba?

b) Según el texto, ¿cuál era la principal obligación de un soldado romano?

c) ¿Qué cuerpos militares se mencionan en el texto?

2 GRAMÁTICA

LA CUARTA DECLINACIÓN

2.1 Características de la 4.ª declinación

A la **cuarta declinación** pertenecen las palabras de **tema en *-u*,** como *exercit-u-* o *corn-u-*. La terminación del genitivo singular es ***-us*.**

Los sustantivos que se declinan por la 4.ª declinación son, mayoritariamente, masculinos (*exercitus -us*, 'ejército'), aunque hay unos pocos femeninos (*manus -us*, 'mano') y también algunos neutros (*cornu -us*, 'cuerno'). Veamos su declinación:

Sustantivos masculinos y femeninos

	Tema *exercit-u-* 'ejército'	
	Singular	Plural
Nom./Voc.	*exercit-us*	*exercit-us*
Acusativo	*exercit-um*	*exercit-us*
Genitivo	*exercit-us*	*exercit-uum*
Dativo	*exercit-ui*	*exercit-ibus*
Ablativo	*exercit-u*	*exercit-ibus*

Sustantivos neutros

	Tema *corn-u-* 'cuerno, ala del ejército'	
	Singular	Plural
Nom./Voc./Ac.	*corn-u*	*corn-ua*
Genitivo	*corn-us*	*corn-uum*
Dativo	*corn-ui*	*corn-ibus*
Ablativo	*corn-u*	*corn-ibus*

Las cinco declinaciones

En latín hay cinco declinaciones:

- La **1.ª declinación** (temas en *-a*).
- La **2.ª declinación** (temas en *-o*).
- La **3.ª declinación** (temas en consonante y temas en *-i*).
- La **4.ª declinación** (temas en *-u*).
- La **5.ª declinación** (temas en *-e*).

Trabaja con la imagen

En este detalle de la Columna de Trajano puedes observar al ejército romano en formación en testudo luchando contra los dacios. Busca información sobre el origen de esta formación y explica en qué consistía.

Reproducción de la Columna de Trajano en el Foro de Roma, monumento concluido en 113 d. C.

2.2 Aprende vocabulario

La cuarta declinación fue poco productiva. Los sustantivos de la cuarta declinación (temas en *-u*) pasaron, en general, a la segunda declinación, y en castellano dieron sustantivos en *-o*, como «ejército», «mano», «aspecto», «consulado» o «cuerno».

Aprende los siguientes sustantivos de la 4.ª declinación:

Sustantivos de la 4.ª declinación

Masculinos
adventus -us, 'llegada'
equitatus -us, 'caballería'
impetus -us, 'ataque, embestida'
metus -us, 'miedo'
senatus -us, 'senado'

Neutros
cornu -us, 'cuerno, ala del ejército'
genu -us, 'rodilla'

Femeninos
domus -us, 'casa'
manus -us, 'mano'

2.3 El origen de las palabras

Las palabras «traspasar», «antepasado», «pasadizo», «pasaje», «pasante» y «repaso» derivan de una misma raíz: «paso», que proviene del sustantivo latino de la cuarta declinación *passus -us*, 'paso'. Las lenguas romances la siguen conservando; por ejemplo:

passus -us, 'paso'		
cast.: paso	**gall.:** paso	**it.:** passo
cat.: pas	**fr.:** pas	**port.:** passo

Actividades

Recuerda lo aprendido

1 ¿Qué géneros pueden tener los sustantivos de la cuarta declinación?

2 ¿Cuáles son las terminaciones del genitivo singular y plural en la 4.ª declinación?

3 ¿Se diferencia la declinación de los sustantivos masculinos de la de los femeninos en la 4.ª declinación?

4 ¿Cuál es la desinencia de ablativo singular en la cuarta declinación?

5 **Comprobamos.** Analiza estos sustantivos e indica la declinación y el tema a los que pertenecen. Con ayuda del vocabulario, di su significado:

agricolis	*virtuti*	*impetibus*
legum	*mensium*	*mare*
cornua	*viri*	*praedam*
reges	*impetu*	*vestes*
genuum	*ventos*	*litora*

6 **Tabla.** Declina los sintagmas *fructus dulcis* y *cornu magnum*.

7 Con ayuda del vocabulario, analiza morfológicamente (caso, género, número y enunciado) estos sustantivos, y tradúcelos:

occasu	*impetu*
cantibus	*gradum*
vultus	*cornua*
cornuum	*genibus*
fructui	*domus*

8 **Piensa y comparte en parejas.** Relaciona las siguientes palabras con los sustantivos de la cuarta declinación que has estudiado y defínelas:

genuflexión	unicornio
senatorial	manuscrito
manufactura	impetuoso
equitación	adviento

Conoce mejor el inglés

9 Busca los significados de estas palabras inglesas: *senator, passenger, manufacture, equestrian, impetuously*. Indica si guardan relación con las palabras latinas que has estudiado.

3 GRAMÁTICA

LA QUINTA DECLINACIÓN

Una excepción

Aunque todos los sustantivos de la 5.ª declinación son de género femenino, la palabra *dies -ei* es masculina cuando significa «fecha».

Cenotafio de Marco Celio, oficial de la XVIII Legión Romana. Rheinisches Landesmuseum de Bonn (Alemania).

3.1 Características de la quinta declinación

A la **5.ª declinación** pertenecen los sustantivos de **tema en *-e***. Se caracteriza por tener un **nominativo singular** en ***-es*** y un **genitivo singular** en ***-ei***; por ejemplo, *dies -ei*, 'día'.

A esta declinación pertenecen tan solo unos pocos sustantivos, que son, además, de género femenino. Por otra parte, únicamente dos sustantivos: *res rei*, 'cosa', y *dies diei*, 'día', tienen una declinación completa, que es la siguiente:

	Tema *di-e-* 'día'	
	Singular	Plural
Nom./Voc.	*di-es*	*di-es*
Acusativo	*di-em*	*di-es*
Genitivo	*di-ei*	*di-erum*
Dativo	*di-ei*	*di-ebus*
Ablativo	*di-e*	*di-ebus*

3.2 Aprende vocabulario

Los sustantivos de la quinta declinación (tema en *-e*) son muy escasos y acabaron desapareciendo o pasando a la primera declinación. Estudia las palabras más representativas de esta declinación:

Sustantivos de la 5.ª declinación

Femeninos
acies -ei, 'línea de batalla'
dies -ei, 'día' (y [m.] 'fecha')
facies -ei, 'cara, rostro'
fides -ei, 'fe, lealtad'

3.3 El origen de las palabras

Al igual que sucedía con los derivados del apartado anterior (pasaje, pasadizo, etc.), también todas estas palabras: «realidad», «república», «realizar», «reivindicación» e «irreal» tienen en común que provienen de un mismo sustantivo latino; en este caso, *res rei*, 'cosa', de la quinta declinación.

Observa que esta palabra está presente en las lenguas romances:

res rei, 'cosa'	
cast.: real	**fr.:** réel
cat.: real	**it.:** reale
gall.: real	**port.:** real

Actividades

Recuerda lo aprendido

1 ¿Qué género tienen los sustantivos de la quinta declinación?

2 ¿A qué tema pertenecen los sustantivos de la quinta declinación?

3 ¿Qué dos sustantivos de la 5.ª declinación tienen la declinación completa?

4 ¿Cuáles son las terminaciones del genitivo singular y plural en la quinta declinación?

5 ¿Cuál es la desinencia de ablativo singular y plural de la quinta declinación?

6 **Tabla.** Declina el sintagma *res nova*.

7 **1-2-4.** Analiza estos sustantivos e indica la declinación y el tema al que pertenecen. Con ayuda del vocabulario, di sus significados y un derivado de cada uno en castellano:

solem	*fidem*	*dies*
aures	*dearum*	*animali*
cornui	*canes*	*rerum*
templum	*impetum*	*capita*
genua	*faciem*	*aciei*

8 **Piensa y comparte en pareja.** Concuerda los adjetivos entre paréntesis con cada sustantivo. Traduce el sintagma resultante:

urbem (clarus -a -um)
matre (bonus -a -um)
proelii (brevis -e)
legati (fidelis -e)
clamor (magnus -a -um)
poetas (iuvenis -e)
montes (altus -a -um)
rem (adversus -a -um)

9 Relaciona las siguientes palabras con los sustantivos de la quinta declinación que has estudiado y defínelas:

fidedigno facial diario faceta

Conoce mejor el inglés

10 Busca los significados de las siguientes palabras inglesas. Indica si guardan relación con las palabras latinas que has estudiado.

fidelity *reality* *diary* *face*

Sarcófago de Portonaccio. Siglo II d. C. Museo Nacional Romano (Palazzo Massimo alle Terme), en Roma.

4 GRAMÁTICA
EL TEMA DE PERFECTO

El enunciado del verbo

Para que el enunciado de un verbo no resulte excesivamente largo (por ejemplo, del verbo *habeo*: *habeo habere habui habitum*), se suele emplear una forma abreviada, que consiste en citar la primera forma completa y, del resto, solo la terminación, sin la raíz. Por ejemplo: *habeo -ere -ui -itum*.

Sistema de presente

Indicativo	Subjuntivo
Presente	Presente
Pretérito imperfecto	Pretérito imperfecto
Futuro imperfecto	—

4.1 El enunciado completo del verbo latino

En la unidad 4 vimos cómo se enunciaba un verbo latino, pero de forma parcial o resumida (recuerda que vimos solo el tema de presente; por ejemplo, *amo amare*, o *habeo habere*). Ahora estudiaremos el enunciado del verbo latino de forma completa, que se realiza a partir de los tres temas del verbo latino: el **presente,** el **perfecto** y el **supino.**

Así se enuncia de forma completa el verbo en latín:

Presente		Perfecto	Supino
1.ª sg.	Infinitivo	1.ª sg.	Supino
amo	*amare*	*amavi*	*amatum*

Así pues, el enunciado completo de las cuatro conjugaciones latinas es como sigue:

	1.ª (tema en *-a*)		2.ª (tema en *-e*)		3.ª (tema en consonante)		4.ª (tema en *-i*)	
Presente	*amo*	*amare*	*habeo*	*habere*	*duco*	*ducere*	*audio*	*audire*
Perfecto	*amavi*		*habui*		*duxi*		*audivi*	
Supino	*amatum*		*habitum*		*ductum*		*auditum*	

4.2 Identificación del tema de perfecto

Podemos conocer el **tema de perfecto** de un verbo quitando la **desinencia *-i*** a la primera persona del singular del pretérito de perfecto activo que aparece en el enunciado.

Por ejemplo, en el verbo *amo amare amavi amatum,* quitamos la desinencia *-i* de la forma de perfecto *amavi* y nos queda el tema de perfecto *amav-*; así, de *habeo habere habui habitum*, el tema de perfecto será *habu-*; de *duco ducere duxi ductum, dux-*, etc.

El **tema de perfecto** es la forma de perfecto del enunciado sin la desinencia ***-i***.

4.3 El sistema de perfecto

Ya hemos estudiado el sistema de presente. Ahora estudiaremos los tiempos del sistema de perfecto, que son los siguientes:

Indicativo	Subjuntivo
Pretérito perfecto	Pretérito perfecto
Pretérito pluscuamperfecto	Pretérito pluscuamperfecto
Futuro perfecto	—

4.4 El pretérito perfecto de indicativo

El pretérito perfecto de indicativo activo tiene, a diferencia del resto de formas del sistema de perfecto, unas **desinencias personales propias.** Por lo cual, el perfecto de indicativo activo se forma:

Tema de perfecto + desinencias propias

Verbo	Tema de perfecto
amo	*amav-*
habeo	*habu-*
duco	*dux-*
capio	*cep-*
audio	*audiv-*
sum	*fu-*

+

Desinencias de perfecto	
1.ª sg.	*-i*
2.ª sg.	*-isti*
3.ª sg.	*-it*
1.ª pl.	*-imus*
2.ª pl.	*-istis*
3.ª pl.	*-erunt/-ere*

Por ejemplo: *amavi, amavisti, amavit, amavimus, amavistis, amaverunt.*

La traducción del pretérito perfecto de indicativo

El pretérito perfecto de indicativo puede traducirse por el pretérito perfecto simple o por el compuesto, según el contexto; por ejemplo: *audivi*, 'yo oí' o 'yo he oído'.

Actividades

1 ¿Cuáles son los tres temas del verbo latino?

2 ¿Cómo se enuncia de forma completa un verbo en latín?

3 **Tabla.** ¿Qué formas verbales pertenecen al sistema de presente? ¿Y al de perfecto?

4 Indica el tema de presente, de perfecto y de supino en los siguientes verbos:

iacio -ere ieci iactum

impero -are -avi -atum

placeo -ere placui placitum

nescio -ire nescii nescitum

5 Identifica el tema de perfecto de estos verbos:

nuntio -are -avi -atum	*rapio -ere rapui raptum*
caveo -ere cavi cautum	*ago -ere egi actum*
iubeo -ere iussi iussum	*sedeo -ere sedi sessum*

6 Conjuga el perfecto de indicativo de:

do dare dedi datum *duco -ere duxi ductum*

7 Analiza estas formas verbales y tradúcelas:

nuntiabo	*duxisti*	*cavetis*
rapuerunt	*iubebamus*	*egere*
mutavit	*vixi*	*terruisti*
custodies	*cucurrimus*	*movebunt*
stetit	*rexistis*	*aperiam*

8 Transforma estas formas de presente de indicativo a pretérito y futuro de imperfecto y a pretérito perfecto de indicativo: *impero, iubes, legit, nutrimus* y *cupiunt.*

9 **Comprobamos.** Analiza y traduce:

- *Postero die Romani castra movent.*
- *Tum Publius Cornelius Scipio cum exercitu in Hispaniam venit.*
- *Senatus pacem solvit.*
- *Nescimus diem neque horam mortis.*
- *Galli Caesaris adventum timebant.*
- *Solis occasu suas copias Ariovistus multis vulneribus in castra reduxit.*
- *Dux a dextro cornu proelium commisit.*
- *Ita Caesaris milites acriter in hostes impetum fecerunt.*
- *Amici, hodie diem perdidi.*

10 **El espejo.** Traduce estas frases al latín:

- César condujo sus tropas a una colina próxima.
- El general envió su ejército contra los enemigos.
- El general colocó la caballería en el ala derecha del ejército.
- En invierno, los días son cortos; en verano, largos.
- El uso hace la costumbre.

anayaeducacion.es. Consulta la «Guía de traducción» disponible en el banco de recursos.

5 LÉXICO

LA FORMACIÓN DE PALABRAS

5.1 Del latín a las lenguas romances

Estudia estas dos normas de cambios fonéticos del latín al castellano y a otras lenguas romances:

ŏ breve tónica

La ŏ breve tónica latina diptongó en **ue** en castellano; mientras, se mantuvo en catalán y en gallego.

Ej.: lat.: *fortem* → cast.: fuerte, cat.: fort, gall.: forte.

ĕ breve tónica

La ĕ breve tónica latina diptongó en **ie** en castellano; mientras, se mantuvo tanto en catalán como en gallego:

Ej.: lat.: *bene* → cast.: bien, cat.: bé, gall.: ben.

5.2 La creación de nuevos términos

Continuamos estudiando en esta unidad los lexemas latinos más frecuentes en nuestra lengua para la formación de nuevas palabras:

Lexemas de origen latino		
Lexema	Término latino	Ejemplo
bene-	*bene*, 'bien'	benefactor
equi-	*aequus -a -um*, 'igual'	equidistante
ferr-	*ferrum -i*, 'hierro'	ferroviario
-forme	*forma -ae*, 'forma'	campaniforme
mal-e-	*male*, 'mal'	maléfico
-mente	*mens mentis*, 'mente, de manera'	sólidamente
multi-	*multus -a -um*, 'mucho'	multinacional
omni-	*omnis -e*, 'todo'	omnívoro
socio-	*socius -a -um*, 'asociado, común'	sociocultural
vice-	*vice* [Abl. *vicis*], 'en vez de'	vicepresidente

Trabaja con la imagen

En esta imagen puedes observar las ruinas del campamento militar romano de Petavonium (Zamora), fundado tras las guerras cántabras en el siglo I.

Busca información sobre este campamento y explica con qué finalidad fue levantado y qué relación guarda con Las Médulas y Las Cavenes.

6.3 Latinismos

Seguramente en alguna ocasión habrás leído u oído alguno de estos latinismos:

Per cápita

Significa 'por cabeza, por individuo'. Se usa normalmente en referencia a una variable económica que se distribuye entre los componentes de un grupo. Está castellanizado. Por ejemplo: «El consumo de vino per cápita en nuestro país ha descendido en el último año». Se aplica frecuentemente al sustantivo renta: «Los países desarrollados tienen una alta renta per cápita».

Nota bene

Significa, literalmente, 'nótese bien', es decir, 'póngase atención'. Se utiliza frecuentemente en los libros y otras publicaciones para llamar la atención sobre algo que, en el conjunto de un escrito, se pone aparte. Aparece abreviado normalmente como «N. B.».

Mutatis mutandis

Significa 'cambiando lo que se deba cambiar'. Por ejemplo: «Lo mismo, *mutatis mutandis*, se puede decir de la cultura».

Actividades

1 Aplica las reglas de evolución fonética que has estudiado hasta ahora a los siguientes términos para comprobar las palabras que han resultado en castellano:

rotam	*hortum*	*petram*
bonum	*mortem*	*ventum*
pontem	*scholam*	*feram*
hostem	*centum*	*mel*
grossum	*desertum*	*sextam*

2 **Comprobamos.** Escribe en tu cuaderno la relación entre las tres columnas y explica la diferencia de significado entre el cultismo y la palabra patrimonial:

Étimo	Cultismo	Patrimonial
octavum	pedáneo	otero
oculum	clave	otoñal
altarium	octavo	paladino
autumnalem	plaga	llave
palatinum	autumnal	ojo
pedaneum	ocular	llaga
plagam	palatino	ochavo
clavem	altar	peldaño

3 Cita un ejemplo más en castellano de cada uno de los lexemas latinos de la lista y, después, defínelo.

4 Indica los lexemas y explica los significados de:

vicerrector	omnipotente
sociología	ferretería
beneplácito	benévolo
pisciforme	equivalente
equiparar	cuneiforme
ferrocarril	omnisciente
vicedirector	multicolor
malévolo	indignamente

5 **Juego de palabras y frases.** El componente *multi-* forma parte de muchos compuestos en castellano. Busca en el diccionario cinco compuestos que lo contengan y defínelos (ej.: multiforme: que tiene muchas formas).

6 Expresa con una palabra compuesta por uno de los lexemas que has estudiado estas definiciones (ej.: hacer bien a alguien o algo → beneficiar):

a) Que tiene mala educación.
b) Figura cuyos lados son iguales entre sí.
c) Acción de hablar mal de alguien.
d) Que lo sabe todo.
e) De modo alegre o frívolo.
f) Que tiene buena voluntad.

7 Escribe una oración con cada latinismo que has estudiado y explica su significado.

anayaeducacion.es. Consulta el «Diccionario de latinismos» disponible en el banco de recursos.

COMPRUEBA LO APRENDIDO

1 **Sumamos.** Di si las siguientes afirmaciones son verdaderas o falsas y por qué:

a) Las legiones estaban formadas por 30 manípulos.

b) Los tribunos militares estaban al frente de las cohortes.

c) Tres centurias formaban un manípulo.

d) La terminación *-ibus* de dativo plural es exclusiva de la tercera declinación.

e) En la cuarta declinación hay solo sustantivos.

f) En la cuarta declinación, los sustantivos masculinos y neutros presentan idéntica declinación.

g) Todos los sustantivos de la quinta declinación son de género femenino.

h) Podemos conocer el tema de perfecto de un verbo latino a partir de su enunciado.

i) La desinencia de primera persona del singular de perfecto de indicativo activo es *-io*.

j) El pretérito perfecto de indicativo activo se forma añadiendo unas desinencias propias a la raíz del infinitivo presente.

2 **Tabla.** Declina los sintagmas *exercitus omnis* y *nova res*.

3 Con ayuda del vocabulario, analiza morfológicamente (caso, género y número) estos sustantivos de la 4.ª y de la 5.ª declinaciones, y tradúcelos:

vultu	*aciei*	*impetuum*
planitiem	*equitatui*	*diebus*
specie	*cornu*	*rebus*
effigiem	*cantuum*	*gradus*
exitui	*manibus*	*genua*
currum	*passuum*	*occasu*

4 Concuerda los adjetivos entre paréntesis con cada sustantivo. Traduce el sintagma resultante:

equitatu (novus -a -um)

impetum (fortis -e)

diebus (longus -a -um)

magistros (doctus -a -um)

nominis (inlustris -e)

5 Pon en latín las formas verbales siguientes:

darás	vinimos	ha anunciado
hicieron	enviarán	harán
cogían	veíais	vencimos
venimos	destruirán	venir

anayaeducacion.es. Realiza la autoevaluación de la unidad.

6 Analiza morfológicamente y traduce:

legisti	*appellavistis*	*capiebant*
iecit	*fecerunt*	*videre*

7 Analiza y traduce estas oraciones:

- *Aestate, noctes breves sunt, hieme longae.*
- *E minima causa saepe maximae res veniunt.*
- *Grave est imperium consuetudinis.*
- *Secundum naturam suam vivere res facilis est.*
- *Fertilis seges semper est in alienis agris.*
- *Proximo die Caesar ex castris copias suas eduxit.*
- *Aurelianus urbem Romam muris firmis cinxit.*

8 Con ayuda del vocabulario, traduce al latín:

- El sueño es semejante a la muerte.
- El lobo ataca con los dientes; el toro, con los cuernos.
- Eligió a soldados fuertes y veloces.
- Los inicios de todas las cosas son pequeños.
- El general ordenó el ataque de la caballería.

Comprende el texto y exprésate

9 Lee el texto y responde a las preguntas:

La victoria se consigue con el esfuerzo

La victoria en la guerra no depende únicamente del número de soldados o del mero coraje; solo la habilidad y la disciplina la aseguran. Vemos que los romanos debían la conquista del mundo no a otra causa que al continuo entrenamiento militar, la exacta observación de la disciplina en sus filas y el cultivo de todas las demás artes de la guerra. [...] Tampoco fueron menos estrictos a la hora de castigar la molicie o la pereza. [...] Un puñado de hombres, endurecido por la guerra, está destinado a la victoria segura, mientras que al contrario, numerosos ejércitos de tropas novatas e indisciplinadas no son otra cosa que multitudes de hombres arrastrados a una carnicería.

Vegecio, *Compendio de técnica militar*, I.

a) ¿Es importante el número de soldados en una batalla? ¿De qué depende principalmente la victoria en la guerra según Vegecio?

b) Enumera todas las virtudes militares que se mencionan en el texto y se atribuyen a los ejércitos romanos. ¿Cuáles de esas virtudes son exclusivas de la milicia y cuáles son compartidas con otras actividades del ser humano?

CONTEXTOS CLÁSICOS

Guardia pretoriana, legionarios y soldados. Museo del Louvre, París.

EDICIÓN BILINGÜE

Estaban deseosos de gloria

Iam primum iuventus, simul ac belli patiens erat, in castris per laborem usum militiae discebat, magisque in decoris armis et militaribus equis quam in scortis atque conviviis libidinem habebant. Igitur talibus viris non labor insolitus, non locus ullus asper aut arduus erat, non armatus hostis formidulosus: virtus omnia domuerat. Sed gloriae maximum certamen inter ipsos erat: se quisque hostem ferire, murum ascendere, conspici, dum tale facinus faceret, properabat. Eas divitias, eam bonam famam magnamque nobilitatem putabant. Laudis avidi, pecuniae liberales erant; gloriam ingentem, divitias honestas volebant. Memorare possum, quibus in locis maximas hostium copias populus Romanus parva manu fuderit, quas urbis natura munitas pugnando ceperit, ni ea res longius nos ab incepto traheret.

Salustio, *La conjuración de Catilina*, VII.

Traducción

Los jóvenes, en cuanto estaban prontos para el arte militar, aprendían en el campamento las prácticas de la milicia con rudo adiestramiento y cifraban su ilusión más en el brillo de las armas y en la belicosidad de sus caballos que en vicios y banquetes. Así, con varones tales, ninguna fatiga les era extraordinaria, ningún lugar escabroso o empinado, ningún enemigo armado que les enfrentase: el valor lo había allanado todo. Entre ellos existía una enorme sed de gloria; todos querían ser los primeros en herir al enemigo, escalar las murallas, hacerse ver mientras realizaban aquella proeza. Consideraban que esto era su riqueza, su reputación, su más alto honor. Estaban ansiosos de fama; eran liberales de dinero, ansiaban una gloria inmensa y un moderado pasar. Si el argumento no me llevase más lejos de mi propósito, podría recordar en qué lugares el pueblo romano desbarató con reducido ejército enormes formaciones enemigas, y las ciudades fortificadas por la propia naturaleza que tomó combatiendo.

ACTIVIDADES

Comprende el texto

1 **Lectura compartida.** Lee en voz alta el texto latino y su traducción.

2 Elabora un listado con las cualidades que describen a los soldados romanos en este texto y haz un comentario sobre cada una de ellas.

Amplía la información

3 Este texto pertenece a la obra de Salustio titulada *La conjuración de Catilina*. Infórmate sobre este autor y sobre el contenido de esta obra y elabora una ficha bajo el epígrafe «El autor y la obra».

Exprésate

4 Salustio nos habla de los jóvenes de la primitiva Roma y de su preparación para el ejército. Preparad un debate en clase en el que abordéis estas cuestiones: ¿qué percepción tiene Salustio de la guerra y de su adiestramiento? ¿Perviven los valores recogidos en este texto entre los jóvenes de la sociedad actual?

anayaeducacion.es. Consulta el «Mapa interactivo de la Hispania romana» disponible en el banco de recursos.

VERSIÓN LATINA

Horacio Cocles, un héroe romano

Rex Porsenna cum magno exercitu in Romam venit. Primo impetu Ianiculum[1] *cepit. Adventus hostium Romanis summum terrorem iniecit: ex agris omnes in urbem fugerunt atque urbem saepserunt praesidiis. Praeterea inter Romanos et hostes Tiberis*[2] *flumen erat; pons Sublicius*[3] *iter paene hostibus dedit*[4]*, sed unus vir ex Romanis, Horatius Cocles, pro ponte stetit*[5] *et aciem hostium solus sustinuit, interea post Horatium Romani pontem rescindebant: audacia sua hostes obstupefecit. Postea Horatius in flumen desiluit et incolumis ad suos pervenit. Urbs Roma Horatii statuam in comitio posuit.*

NOTAS: 1. 'Janículo', colina de Roma. 2. 'El Tíber'. 3. 'El puente Sublicio'. 4. *iter dare:* 'procurar el paso, dejar libre el paso'. 5. Perfecto de *sto*.

DE RUTA POR HISPANIA

Pantanos y acueductos

Los romanos, conscientes de lo importante que era abastecer de agua a las ciudades, dedicaron buena parte de sus energías y de sus conocimientos a la construcción de acueductos y pantanos.

Los pantanos carecían de intención o finalidad artística. A base de diques y contrafuertes se represaba, contenía y regulaba el agua procedente de la lluvia.

El pantano de Proserpina y el de Cornalvo, en Mérida, son ejemplos de estas construcciones en la antigua Hispania

Los acueductos aseguraban el abastecimiento de agua a las ciudades y, al contrario que los pantanos, los romanos supieron convertir estas obras de ingeniería en obras de arte.

El acueducto constaba de un *caput aquae*, una especie de depósito o cisterna donde se recogían las aguas, fuera de lluvias o de manantiales; le seguía el canal, el *specus*, por donde discurría el agua; y acababa en el *castellum aquae* o *piscina limaria*, un depósito donde se recogían las aguas y desde el que se distribuía por la ciudad.

Además del de Segovia, el mejor conservado, son de notable importacia los acueductos de Las Ferreras, en Tarragona, y Los Milagros y San Lázaro, en Mérida.

ACTIVIDADES

Comprende el texto

1 Lee en voz alta el texto y tradúcelo.

2 **Tabla.** Analiza morfológicamente las formas verbales del texto y conjuga el perfecto de indicativo de *venit*, *cepit* y *posuit*.

3 **Comprobamos.** Analiza sintácticamente: *Rex Porsenna cum ingenti exercitu in Romam venit.*

4 Declina los sustantivos *rex*, *exercitu*, *aciem*.

Amplía la información

5 **Las 6 W.** El texto nos habla de una hazaña individual que salva la ciudad de Roma. Existen en la historia de Roma otros héroes legendarios: Junio Bruto, los Horacios, Mucio Escévola, los Fabios, Coriolano, Marco Furio Camilo, Tito Manlio Torcuato, etc. Elige uno de los héroes mencionados y realiza una presentación sobre su hazaña.

6 Debate en clase: ¿necesitamos héroes y heroínas?

Pantano de Proserpina. Siglo I a. C.

ODS Consulta la información correspondiente a las **metas del objetivo 6** en el banco de recursos de anayaeducacion.es.

8

LA RELIGIÓN EN ROMA

Entre hombres y dioses

Podemos afirmar que desde los orígenes de Roma los romanos tuvieron una religión perfectamente estructurada que determinó las relaciones entre el mundo de los hombres y el mundo de los dioses. El romano confía plenamente en los dioses y se siente seguro de su lealtad. Esta lealtad y esta confianza encuentran su expresión esencial en la regularidad de los cultos; las ceremonias, los ritos, son una especie de contrato recíproco entre el hombre y la divinidad. Hombre piadoso será, pues, aquel que está en buenas relaciones con los dioses porque aplica concienzudamente las fórmulas rituales; se trata al fin y al cabo de una piedad desprovista de todo aspecto moral. [...]

Es patente pues que el romano venera siempre en sus dioses algo positivo abstraído del mundo de los hechos y generalizado, pero nada o débilmente idealizado. El romano no llama a sus dioses en busca de inspiración sino para que le satisfagan sus deseos o para que no le hagan víctima de su cólera.

Jean Pierre Martin,
La antigua Roma.

REFLEXIONA SOBRE EL TEMA

Sumamos

Cultos

En Roma encontramos un culto popular y un culto familiar, pero también un culto público, con operaciones rituales precisas. ¿Consideras que en las religiones actuales esta precisión en el ritual es tan importante?

Divinidades protectoras

La religión romana contenía un elevado número de divinidades protectoras: Cunina, Silvano, Fontus, Belona, Febris, Limentinus, Laverna, Fulgora, Rumina, Mellona y Fabulino. Infórmate y di para qué se las invocaba.

ODS Consulta la información correspondiente a las **metas del objetivo 10** en el banco de recursos de anayaeducacion.es.

DII POPULI ROMANI

VOCABULARIO

colo -ere: honrar, venerar
cui deo consecratum est?: ¿a qué dios está dedicado?
Iovi (dat. de *Iuppiter*): a Júpiter

Mars Martis: Marte
estne?: ¿acaso es...?
fera -ae (f.): fiera, animal salvaje
vulnero -are: herir

oraculum -i (n.): oráculo
responsum -i (n.): respuesta
quaestio -onis (f.): pregunta

Accede a la animación de este cómic disponible en el banco de recursos de anayaeducacion.es.

LA RELIGIÓN EN ROMA

1.1 Características de la religión romana

Los romanos eran **politeístas** y **supersticiosos,** y basaban su relación con los dioses en el temor. Como estaban convencidos de que existían ciertos poderes indescifrables y ocultos —los *numina*— que parecían perseguirlos a todas horas, se refugiaban en una religión basada en **actos externos de culto** y no en doctrinas y dogmas de fe.

Otra de las características de la religión romana era el **sincretismo** religioso, es decir, que toleró y acogió como propios a toda una serie de creencias, cultos y divinidades. Por ejemplo, asimiló las **divinidades griegas** y también muchas **divinidades de Oriente,** como **Cibeles, Mitra, Isis** y **Osiris**. No obstante, a pesar del sincretismo religioso, Roma rechazó el cristianismo y lo persiguió durante mucho tiempo, hasta que se rindió ante él.

A partir del siglo I d. C., el **cristianismo** se fue extendiendo por el Imperio, especialmente en las ciudades.

El carácter **monoteísta** del cristianismo no permitía el culto al emperador, que, desde Augusto y por influjo oriental, se había instalado en Roma, por lo que los cristianos fueron acusados de impiedad y perseguidos. No obstante, las persecuciones no lograron detener el avance imparable de la nueva religión.

A partir del **Edicto de Milán,** del año 313, el cristianismo gozó de los mismos derechos que las demás religiones, y con el **Edicto de Tesalónica,** del año 380, se convirtió en la religión oficial de Roma.

El larario

En las casas romanas, el larario era el lugar destinado para adorar a los lares, o dioses domésticos.

Larario de la antigua ciudad de Pompeya.

1.2 Los cultos

Basada en el ritual más que en la moral, la religión romana conoció varios tipos de cultos.

El culto popular

Más propio de las clases bajas, tenía **carácter agrario** y los rituales estaban orientados a la obtención de prósperas cosechas.

El culto familiar

Cada casa era un pequeño templo. El padre de familia (*paterfamilias*) ejercía como sacerdote, que dirigía unos rituales en honor de tres tipos de divinidades:

- los **lares** familiares, que protegían a todos los miembros de la familia;
- los **penates,** que les aseguraban el «pan de cada día», y
- los **manes,** los espíritus de los antepasados.

El culto público

Las principales manifestaciones del culto público eran las **plegarias** y los **sacrificios colectivos.**

Todas las ceremonias debían llevarse a cabo a la perfección, exactamente como estaba estipulado, y todo ello supervisado por el **sacerdote** que presidía la ceremonia.

Los sacerdotes romanos se agrupaban en distintos **colegios;** eran los siguientes:

- los pontífices, responsables de lo que podemos llamar la religión nacional;
- los augures, especialistas en interpretar la voluntad de los dioses a partir de ciertos fenómenos e indicios;
- las vestales, unas mujeres vírgenes responsables de conservar el fuego sagrado en el templo de la diosa Vesta.

El culto al emperador

A partir de Julio César y Augusto, los romanos divinizaron al emperador después de su muerte, costumbre heredada de Oriente. Esta práctica, llamada **apoteosis,** elevaba al emperador a la categoría de divino.

En honor del emperador se levantaban templos y estatuas, y todos los habitantes del Imperio tenían la obligación de celebrar su culto.

Durante mucho tiempo, la apoteosis de los emperadores sirvió para mantener la unidad en la religión romana frente a la presencia, cada vez mayor, de cultos extranjeros. De alguna manera, este culto hizo confluir religión y Estado en una sola figura.

Julio Cesar divinizado. Museos Vaticanos.

1.3 Las divinidades

Divinidades autóctonas romanas

Los primitivos romanos adoraban a muchas divinidades arraigadas en los **ámbitos agrícola y familiar,** como:

- **Faunia** (diosa de los rebaños).
- **Flora** (diosa de las plantas).
- **Pomona** (diosa de los frutos).
- **Vesta** (diosa del hogar).

Divinidades importadas de Grecia

A partir de la época republicana se fueron asimilando las **divinidades olímpicas griegas,** aunque normalmente con otros nombres.

Las tres divinidades más importantes eran Júpiter, Juno y Minerva, y recibían culto conjunto en el Capitolio, en el templo de Júpiter Óptimo Máximo. Se les llamó **tríada capitolina.**

- **Júpiter,** equivalente al Zeus de los griegos. Dios todopoderoso del cielo y del universo, los romanos lo adornaron más con el cetro que con el rayo.
- **Juno,** su legítima esposa, tenía como símbolos el pavo real y la granada. Era la Hera del panteón griego.
- **Minerva,** diosa de la sabiduría y la inteligencia. Correspondía a la Atenea de los griegos. Los romanos la representaron con el casco y la lanza.

1 CULTURA

LA RELIGIÓN EN ROMA

Las demás **divinidades olímpicas** eran:

- **Neptuno,** dios del mar, representado con el tridente, como el Poseidón griego.
- **Marte,** dios de la guerra, asimilado al griego Ares. Era representado con lanza y casco, y en actitud beligerante.
- **Venus,** diosa de la sensualidad y los placeres, como la Afrodita griega. Era la madre de Cupido, el deseo amoroso. Su atributo era la paloma.
- **Diana,** asimilada a la Ártemis griega, estaba vinculada a la Luna. Los romanos la caracterizaron como una cazadora con el arco y las flechas.
- **Apolo,** el único dios que no cambió de nombre ni de aspecto. Relacionado con el Sol y las bellas artes, los romanos lo adornaron con el arco y con la lira.
- **Ceres** se asimiló a la Deméter de los griegos. Esta diosa fomentaba la fecundidad de la tierra. La distinguían la hoz y la gavilla de espigas.
- **Vulcano** era el dios artesano, el hábil trabajador manual que fabricaba tronos y armaduras, al igual que el Hefesto de los griegos. Sus símbolos eran el yunque y el martillo.
- **Mercurio** estaba asimilado al Hermes griego, aunque en Roma fue más el patrón de los comerciantes que el mensajero de los dioses. Se distinguía por llevar las sandalias aladas y un bastón llamado caduceo.
- **Vesta** era la protectora del hogar. Sus templos tenían forma circular, y las vestales, las sacerdotisas que cuidaban su culto y mantenían vivo el fuego sagrado, no podían casarse durante los treinta años que estaban al servicio de la diosa.
- **Plutón** y **Baco,** respectivamente Hades y Dioniso del panteón griego, no arraigaron entre los romanos. El primero les resultaba odioso, y el segundo fue mal interpretado y mal adaptado; las fiestas en su honor conocidas como «bacanales» ya fueron prohibidas por un decreto del Senado en el año 186 a. C.

Trabaja con la imagen

En este cuadro aparecen representadas las divinidades olímpicas. Intenta identificar a cada una de ellas y justifica tu respuesta.

El banquete de los dioses, de Rafael Sanzio. Fresco de la Villa Farnesina, en Roma.

Actividades

Recuerda lo aprendido

1 ¿Qué características principales tenía la religión romana?

2 ¿Qué es el politeísmo?

3 Realiza un esquema en el que reflejes los distintos cultos y sus distintos oficiantes.

4 ¿A qué se denomina la tríada capitolina?

5 ¿A quiénes protegían los dioses lares?

6 ¿Con qué edicto y en qué año fue el cristianismo religión oficial del Imperio romano?

7 ¿En qué colegios se agrupaban los sacerdotes romanos?

8 ¿Qué divinidades de Oriente fueron asimiladas por Roma?

9 ¿Qué tres tipos de divinidades conformaban el culto familiar?

10 Cita tres divinidades autóctonas romanas.

11 **Comprobamos.** Relaciona en tu cuaderno ambas columnas:

1. Juno	a) Sabiduría
2. Minerva	b) Cetro
3. Neptuno	c) Casco y lanza
4. Vulcano	d) Luna
5. Ceres	e) Granada
6. Apolo	f) Lira
7. Marte	g) Hoz y espigas
8. Venus	h) Yunque y martillo
9. Júpiter	i) Paloma
10. Diana	j) Tridente

12 Indica el extraño de cada serie y explica por qué:

a) Júpiter, Neptuno, Vulcano, Plutón.

b) Marte, Venus, Minerva, Ceres.

c) Diana, Júpiter, Juno, Minerva.

d) Atenea, Vesta, Diana, Venus.

e) Vesta, Venus, Juno, Minerva.

Amplía la información

13 Elabora un breve trabajo acerca de las divinidades olímpicas importadas de Grecia. Acompaña tu trabajo con imágenes.

Comprende el texto y exprésate

14 Lee el texto y responde a las preguntas:

> La religión romana era puramente doméstica. [...] Cada familia gozaba de completa independencia. Ningún poder exterior tenía derecho a regular su culto o su creencia. No había otro sacerdote que el padre: como sacerdote, no reconocía ninguna jerarquía. [...] Cada familia tenía sus ceremonias peculiares, sus fiestas particulares, sus fórmulas de orar y sus himnos. [...] Así pues, la religión no residía en los templos, sino en la casa; cada uno tenía sus dioses, y cada dios solo protegía a una familia y solo era dios de una casa.
>
> Fustel de Coulanges, *La ciudad antigua.*

a) Según el texto, ¿cuál era el culto más importante en Roma? ¿Y su mayor sacerdote?

b) **El espejo.** ¿Difiere mucho el contenido del texto con la realidad religiosa de nuestros días? Justifica en clase tu respuesta.

Vuelve a la actualidad

15 Los romanos realizaban cultos y hacían peticiones a las divinidades ante cualquier evento en sus vidas. ¿En qué momentos o circunstancias participan las personas hoy en actos religiosos y por qué?

16 Describe una fiesta popular o patronal de tu localidad más cercana. ¿Cómo la definirías, como un rito de culto oficial o como un rito popular?

2 GRAMÁTICA

LOS PRONOMBRES PERSONALES Y DEMOSTRATIVOS

2.1 Nociones generales sobre los pronombres

Los pronombres son una clase de palabras que, en general, funcionan en la oración como los **sustantivos a los que sustituyen.**

Los pronombres pueden ser: personales, demostrativos, posesivos, relativos, interrogativos e indefinidos.

Exceptuando los personales, que siempre funcionan como pronombres [por ejemplo: «Él (Javier) nos llamó»], el resto de los pronombres no siempre sustituyen a un sustantivo, sino que también pueden determinarlo y entonces funcionan como **adjetivos determinativos.** Esto pasa, por ejemplo, con los demostrativos:

- *Aquel* (pronombre demostrativo) nos llamó.
- *Aquel* (adjetivo determinativo) hombre nos llamó.

2.2 Los pronombres personales

Los pronombres personales hacen referencia a las personas u otros seres que intervienen en el acto de comunicación:

- la 1.ª persona señala al **hablante;**
- la 2.ª persona se refiere al **oyente;**
- la 3.ª persona se utiliza para referirse a la **persona o ser de quien se habla** y que no es ni hablante ni oyente.

Recuerda que los pronombres personales funcionan siempre como pronombres.

Los pronombres personales en latín

	Primera persona		Segunda persona		Reflexivo
	Singular	Plural	Singular	Plural	Singular/Plural
Nominativo	*ego* (yo)	*nos* (nosotros/as)	*tu* (tú)	*vos* (vosotros/as)	–
Vocativo	–	–	*tu* (tú)	*vos* (vosotros/as)	–
Acusativo	*me* (me, a mí)	*nos* (nos, a nosotros/as)	*te* (te, a ti)	*vos* (os, a vosotros/as)	*se* (a sí, a ellos/as)
Genitivo	*mei* (de mí)	*nostrum* (de nosotros/as)	*tui* (de ti)	*vestrum* (de vosotros/as)	*sui* (de sí, de él/ella/ellos/ellas)
Dativo	*mihi* (a/para mí)	*nobis* (para nosotros/as)	*tibi* (a/para ti)	*vobis* (para vosotros/as)	*sibi* (para sí, él/ella/ellos/ellas)
Ablativo	*me* (de/por mí)	*nobis* (de/por nosotros/as)	*te* (de/por ti)	*vobis* (de/por vosotros/as)	*se* (de/por él/ella/ellos/ellas)

La preposición ***cum*** se puede posponer al ablativo del pronombre personal; por ejemplo: *mecum* ('conmigo'), *nobiscum* ('con nosotros'), *tecum* ('contigo'), *vobiscum* ('con vosotros').

2.3 Los pronombres demostrativos

Los demostrativos pueden funcionar como adjetivos cuando acompañan a un sustantivo o, si lo sustituyen, como pronombres.

Los demostrativos tienen una **función deíctica,** es decir, indican el espacio o el tiempo del objeto mencionado respecto del hablante. Los pronombres demostrativos son «este», «ese» y «aquel».

En latín, «este», «ese» y «aquel» se enuncian, respectivamente:

- ***hic haec hoc*** ('este, esta, esto');
- ***iste ista istud*** ('ese, esa, eso'); e
- ***ille illa illud*** ('aquel, aquella, aquello').

Observa que la flexión de los demostrativos sigue la primera y la segunda declinación, excepto en dos casos que tienen unas terminaciones peculiares:

- el **genitivo singular** en ***-ius*,** y
- el **dativo singular** en ***-i*.**

Los pronombres personales

En castellano, la declinación de los **pronombres personales** se ha conservado casi completa.

Así, los pronombres personales en castellano tienen **formas tónicas** (yo, tú, él, ella...) y **formas átonas** (me, te, se, nos...).

En ocasiones, las formas tónicas van precedidas de preposición para precisar o matizar la información; por ejemplo: a mí, para ti, por mí, de nosotros, etcétera.

En castellano, los **demostrativos** también tienen formas neutras, «esto», «eso» y «aquello», que funcionan siempre como pronombres.

Los pronombres demostrativos en latín

	hic haec hoc			*iste ista istud*			*ille illa illud*		
	Singular								
	Masculino	Femenino	Neutro	Masculino	Femenino	Neutro	Masculino	Femenino	Neutro
Nominativo	*hic*	*haec*	*hoc*	*iste*	*ista*	*istud*	*ille*	*illa*	*illud*
Acusativo	*hunc*	*hanc*	*hoc*	*istum*	*istam*	*istud*	*illum*	*illam*	*illud*
Genitivo	*huius*			*istius*			*illius*		
Dativo	*huic*			*isti*			*illi*		
Ablativo	*hoc*	*hac*	*hoc*	*isto*	*ista*	*isto*	*illo*	*illa*	*illo*
	Plural								
	Masculino	Femenino	Neutro	Masculino	Femenino	Neutro	Masculino	Femenino	Neutro
Nominativo	*hi*	*hae*	*haec*	*isti*	*istae*	*ista*	*illi*	*illae*	*illa*
Acusativo	*hos*	*has*	*haec*	*istos*	*istas*	*ista*	*illos*	*illas*	*illa*
Genitivo	*horum*	*harum*	*horum*	*istorum*	*istarum*	*istorum*	*illorum*	*illarum*	*illorum*
Dativo	*his*			*istis*			*illis*		
Ablativo	*his*			*istis*			*illis*		

Actividades

1 ¿Qué clases de pronombres hay en latín?

2 ¿Pueden los pronombres personales funcionar como adjetivos? ¿Y los demostrativos?

3 ¿A quién hace referencia un pronombre personal de segunda persona?

4 ¿Qué palabras forman *vobiscum*? ¿Cómo lo traducirías?

5 ¿Qué pronombre personal señala al hablante?

6 ¿Qué es la función deíctica?

7 ¿Cuál es la forma del genitivo y la del dativo singular de los demostrativos en latín?

8 **Piensa y comparte en pareja.** Localiza los pronombres personales en estas oraciones e indica su función. Después, tradúcelos al latín:

- Los dioses nos protegen.
- Nosotros somos fieles de la diosa Ceres.
- Tú siempre estuviste con él.
- Para ellas, tú eres la mejor amiga.
- No me digas mentiras.
- La paz esté con nosotros.
- Para mí, vosotros siempre seréis mis amigos.
- Quien bien te quiere te dará alegrías.
- No te está permitido salir con nosotros.

9 **Comprobamos.** Decide si los demostrativos de estas oraciones son adjetivos o pronombres y, en este último caso, indica su función:

- Esos son los sumos pontífices.
- La de aquellos era falsa.
- Los templos de estos dioses fueron destruidos.
- Los lares daban protección a estos.
- La imagen de aquella diosa era adorada en Egipto.
- Estos nos atacaron en aquella colina.
- Esas plegarias no convienen a esta diosa.
- Tomamos de estos la fe y de aquellos la razón.

10 **Tabla.** Declina los siguientes sintagmas:

dies illa *hoc carmen*

11 Cambia el número de estos sintagmas:

hoc impetu	*huius mulieris*
dies illa	*istud templum*
ista carmina	*hic agricola*
illum pontem	*illis moribus*
huic domino	*harum familiarum*
hos consules	*illo tempore*
ista manu	*his rebus*

12 Concuerda cada demostrativo entre paréntesis con su sustantivo:

gradu (hic haec hoc)	*lege (hic haec hoc)*
speciei (ille illa illud)	*duces (hic haec hoc)*
flumen (iste ista istud)	*exercitui (iste ista istud)*
noctis (ille illa illud)	*matris (hic haec hoc)*

La diosa frigia Cibeles en su trono. Representa la naturaleza y fue asimilada por los romanos, que erigieron un templo en su honor en el Palatino. Siglo III d. C. Museo arqueológico Nacional de Nápoles.

3 GRAMÁTICA

EL PRETÉRITO PLUSCUAMPERFECTO

Del sistema de perfecto hemos visto el pretérito perfecto de indicativo. En esta unidad veremos el pretérito pluscuamperfecto y el futuro perfecto de indicativo.

3.1 Formación del pretérito pluscuamperfecto

El pretérito pluscuamperfecto de indicativo activo se caracteriza por tener un **morfema *-era-*,** al que le siguen las desinencias personales de la voz activa. El esquema de formación de este tiempo verbal es este:

Tema de perfecto + ***era*** + desinencias personales

Verbo	Tema de perfecto		Morfema		Desinencia
amo	*amav-*	+	***-era-***	+	*-m*
habeo	*habu-*				*-s*
duco	*dux-*				*-t*
capio	*cep-*				*-mus*
audio	*audiv-*				*-tis*
sum	*fu-*				*-nt*

El pretérito pluscuamperfecto de indicativo latino se traduce por nuestro pluscuamperfecto de indicativo; así: *audiveram* → 'yo había oído'.

Actividades

1 ¿Qué morfema caracteriza al pluscuamperfecto de indicativo activo?

2 ¿Sobre qué tema verbal se forma el pluscuamperfecto de indicativo activo?

3 Tabla. ¿Cuáles son los tiempos verbales del tema de perfecto?

4 ¿Cómo se traduce el pluscuamperfecto de indicativo activo latino?

5 Escribe en latín estas formas verbales:

habían hecho — habíais visto — he mandado
yo había venido — habíamos unido — habíais conducido
yo tomé — mataremos — habías ayudado

6 Comprobamos. Analiza estas formas verbales y tradúcelas:

nuntiaveram — *iubebimus* — *vixere* — *movebant*
taces — *egerant* — *delevisti* — *rexeras*
iunxerunt — *mutabant* — *senties* — *occideratis*

7 Con ayuda del vocabulario, analiza y traduce estas oraciones:

- *Hi multas inter se controversias habuerant.*
- *Multorum oculi et audes te custodierant.*
- *Nos patriae fines liqueramus.*
- *Hoc tempore per orbem terrarum gravia bella non fuerant.*

4 GRAMÁTICA

EL FUTURO PERFECTO DE INDICATIVO

4.1 Formación del futuro perfecto

El futuro perfecto de indicativo activo se forma con el morfema ***-er[i]-***. Encontramos *-er-o* en la 1.ª persona del singular y *-eri-* más las desinencias personales en el resto. La estructura del futuro perfecto de indicativo es la siguiente:

Tema de perfecto + ***er[i]*** + desinencias personales

Verbo	Tema de perfecto		Morfema		Desinencia
amo	*amav-*	+	***-er[i]-***	+	*-o*
habeo	*habu-*				*-s*
duco	*dux-*				*-t*
capio	*cep-*				*-mus*
audio	*audiv-*				*-tis*
sum	*fu-*				*-nt*

El futuro perfecto de indicativo se traduce por nuestro futuro perfecto de indicativo: *audivero* → 'yo habré oído', → *audiveris*, 'tú habrás oído'.

Actividades

1 ¿Cómo se forma el futuro perfecto de indicativo activo? ¿Y cómo se traduce?

2 Analiza estas formas verbales y tradúcelas:

negavero — *parabunt*
perdiderunt — *vixeras*
manserat — *delevere*
luserit — *servieratis*
complebunt — *scripseram*
egerint — *exhibueris*

3 Pon en latín las siguientes formas verbales:

habíamos vivido — habías sido
habré visto — raptarán
uniréis — habrán pedido
has traído — dimos
habrán gobernado — habrás cogido

4 Con ayuda del vocabulario, cambia las siguientes formas verbales de pretérito perfecto de indicativo a pretérito pluscuamperfecto y futuro perfecto. Tradúcelas:

cepit — *dedisti* — *viderunt*
vici — *duxi* — *misisti*
timuimus — *sensit* — *delevistis*

5 Transforma estas formas de presente de indicativo activo en perfecto, pluscuamperfecto y futuro perfecto de indicativo activo: *narras*, *video*, *mittit*, *custodimus* y *rapiunt*.

6 Con ayuda del vocabulario, analiza y traduce:

- *Deus nobis haec otia fecit.*
- *Haec omnia oppida urbem cingunt.*
- *In hoc signo vinces.*
- *Ille gratias Romanis egit, sed auxilia ab his non accepit.*
- *Planities illa erat magna.*
- *Hoc vobis narro.*
- *Fortuna non semper te iuvabit.*

7 **Comprobamos.** Con ayuda del vocabulario, traduce al latín estas oraciones:

- Este día fue grave para nuestras legiones.
- El mandato de este cónsul fue breve.
- El cónsul había tomado y destruido aquella ciudad.
- Para este asunto elegía a los soldados idóneos.
- Nosotros os amamos.
- Esta ciudad es ilustre.
- En aquellos tiempos no había guerras.
- Esta mujer tiene cuatro hijas; aquella, cinco.

5 LÉXICO

LA FORMACIÓN DE PALABRAS

5.1 Del latín a las lenguas romances

Muchas de nuestras palabras provienen del latín.

Estudia otras dos normas de los cambios fonéticos de las palabras del latín a algunas de las lenguas romances:

Vocales átonas postónicas

Las vocales átonas postónicas generalmente se perdieron.

Ej.: lat. *miserabilem* → cast. miserable, cat.: miserable, gall.: miserable.

***f*- inicial**

La *f*- inicial latina ante vocal pasó a **h-** en castellano y se mantuvo en catalán y en gallego. En castellano se conservó a veces ante -ue-/-ie-.

Ej.: lat.: *formicam* → cast.: hormiga, cat.: formiga, gall.: formiga.
lat.: *ferrum* → cast.: hierro, cat.: ferro, gall.: ferro.
lat.: *focum* → cast.: fuego, cat.: foc, gall.: fogo.
lat.: *fidelem* → cast.: fiel, cat.: fidel, gall.: fiel.

5.2 La creación de nuevos términos

La ciencia (sean ciencias naturales, sociales, humanidades, etc.) y la técnica presentan frecuentemente nuevos descubrimientos que hay que nombrar.

Si bien el inglés suele ser el idioma empleado para denominar estos nuevos descubrimientos, también se recurre al latín y al griego.

Vamos a conocer en estas tres últimas unidades los principales lexemas de origen griego y latino de las áreas de la ciencia y de la técnica que, gracias a su versatilidad y facilidad para crear nuevos términos, se utilizan con mayor frecuencia.

Naturaleza. Materia y forma

Naturaleza		
Latín	Lexema griego	Significado
avis -is	*ornit-*	pájaro
equus -i	*hip-o-*	caballo
mare -is	*talas-o-*	mar
natura -ae	*fisi-o-*	naturaleza
piscis -is	*ict-io-*	pez
sol solis	*-heli-o-*	sol
ventus -i	*anemo-*	viento

Materia y forma		
Latín	Lexema griego	Significado
angulus -i	*-gon-i-o-*	ángulo
aqua -ae	*-hidr-o-*	agua
circus -i	*-cicl-o-*	círculo
ferrum -i	*sider-o-*	hierro
ignis -is	*pir-o-*	fuego
petra -ae	*-lit-o-*	piedra

5.3 Latinismos

Es posible que en alguna ocasión hayas leído o escuchado los siguientes latinismos o expresiones latinas. En cualquier caso, los explicamos para que los aprendas.

Quórum

Abreviación de *quorum praesentia sufficit*, 'cuya presencia es suficiente'. Se utiliza para referirse al número de miembros de una asamblea u órgano que deben encontrarse presentes para la eficacia de sus acuerdos.

Álter ego

Literalmente, 'otro yo'. Se emplea para referirse a una persona que sustituye a otra en todo, o bien a un personaje de creación en el que un autor o una autora proyecta su propia personalidad. Por ejemplo: «El protagonista de la obra era el álter ego del autor».

Contra natura

Significa, literalmente, 'contra la naturaleza'. Se emplea para referirse a todo aquello que va en contra de lo estipulado como «normal», por ir contra la naturaleza. Por ejemplo: «Aquella alianza se consideró contra natura».

Actividades

1 Aplica las reglas de evolución fonética estudiadas hasta ahora a las palabras siguientes para comprobar qué términos castellanos provienen de estas palabras latinas:

calidum	*sensibilem*	*formam*
permeabilem	*solubilem*	*febrem*
terribilem	*possibilem*	*filum*
operam	*ferire*	*fabam*
nobilem	*falconem*	*ficum*

2 Di un doblete resultante de las siguientes palabras de la actividad anterior (ej.: *formicam* → hormiga/fórmico):

calidum	*falconem*	*filum*
operam	*formam*	*fabam*

3 Relaciona en tu cuaderno cada cultismo con su doblete y su étimo latino original, e indica las diferencias que encuentres entre el significado de la palabra patrimonial y el cultismo:

Étimo	Cultismo	Patrimonial
podium	galaico	calidad
qualitatem	podio	catar
captare	apicultura	abeja
apiculam	cualidad	gallego
galaicum	fastidio	intrigar
fastidium	captar	poyo
intrincare	intricar	hastío

4 **Asamblea de ideas.** Busca en el diccionario los significados de estas palabras y relaciónalas con una palabra de origen latino o con un lexema de origen griego:

Denario romano con la inscripción DPP (*Diti Penates Publici*). Siglo II a. C. Museo Casa de la Moneda-FNMT, Madrid.

avícola	maremoto	acuífero
hipopótamo	física	ferruginoso
solsticio	heliocentrismo	pirotecnia
piscifactoría	talasoterapia	circo
ornitorrinco	ecuestre	siderurgia
ventisca	ignición	hemiciclo
anemómetro	triángulo	petróleo
ictiosaurio	litosfera	hidrofobia

5 **Piensa y comparte en pareja.** Identifica cada lexema estudiado en estas palabras y defínelas a partir del significado de ese lexema:

ornitología	connatural	petrificar
equitación	insolación	pira
heliotropo	marejada	acuático
anemofobia	fisioterapia	acutángulo
hidroavión	ventana	cíclico
talasocracia	pecera	férreo
avicultura	polígono	monolito
ictiófago	circular	ignífugo
hipódromo	siderosfera	hidrología

6 Escribe una oración con cada uno de los latinismos estudiados y explica su significado.

anayaeducacion.es. Consulta el «Diccionario de latinismos» disponible en el banco de recursos.

6 LÉXICO

APRENDE VOCABULARIO

6.1 Verbos

El verbo *laudo -are -avi -atum*, 'alabar', se ha conservado en las lenguas romances, como puedes ver por las palabras «loar» en castellano, «lloar» en catalán, «louvar» en gallego, «louer» en francés, «lodare» en italiano o «ludabil» en rumano.

Este verbo ha generado también algunos derivados en castellano. Por ejemplo: «laudatorio», «loor», «loa» o «loable».

Estudia otros verbos pertenecientes a cada una de las cuatro conjugaciones latinas y que también cuentan con derivados en castellano:

Verbos

1.ª conjugación (tema en *-a*)
- *orno -are -avi -atum*, 'adornar'
- *voco -are -avi -atum*, 'llamar'

2.ª conjugación (tema en *-e*)
- *moneo -ere -nui -nitum*, 'aconsejar'
- *timeo -ere -ui*, 'temer'

3.ª conjugación (tema en consonante)
- *colo -ere colui cultum*, 'cultivar, cuidar'
- *rego -ere rexi rectum*, 'guiar, regir'

4.ª conjugación (tema en *-ĭ*)
- *cupio -ere -ivi -itum*, 'desear'
- *iacio -ere ieci iactum*, 'lanzar'

4.ª conjugación (tema en *-ī*)
- *aperio -ire -rui -rtum*, 'abrir'
- *scio -ire scii scitum*, 'saber'

6.2 Sustantivos y adjetivos

El latín nos ha legado muchas palabras del campo semántico de la religión; algunas de ellas las estudiamos a continuación:

Sustantivos

1.ª declinación
- *ara -ae* (f.), 'altar'
- *causa -ae* (f.), 'causa'
- *dea -ae* (f.), 'diosa'
- *femina -ae* (f.), 'mujer'
- *filia -ae* (f.), 'hija'
- *iustitia -ae* (f.), 'justicia'

2.ª declinación
- *amicus -i* (m.), 'amigo'
- *morbus -i* (m.), 'enfermedad'
- *oculus -i* (m.), 'ojo'
- *somnus -i* (m.), 'sueño'
- *inferi -orum* (m. pl.), 'los infiernos'

- *antrum -i* (n.), 'cueva, gruta'
- *donum -i* (n.), 'regalo'
- *oraculum -i* (n.), 'oráculo'
- *simulacrum -i* (n.), 'estatua (de un dios)'
- *verbum -i* (n.), 'palabra'

3.ª declinación
- *labor -oris* (m.), 'esfuerzo, trabajo'
- *mos moris* (m.), 'costumbre, hábito'

- *pietas -atis* (f.), 'religiosidad, piedad'

- *carmen -inis* (n.), 'poema, canto'
- *genus -eris* (n.), 'clase, raza, género'
- *vulnus -eris* (n.), 'herida'

APRENDE VOCABULARIO

Isis, diosa egipcia. Escultura romana del siglo II a. C. Museos Capitolinos, en Roma.

Adjetivos

Adjetivos 2-1-2
certus -a -um, 'decidido, seguro'
clarus -a -um, 'famoso, claro'
cupidus -a -um, 'deseoso'
doctus -a -um, 'sabio'
miser -era -erum, 'desgraciado'
subitus -a -um, 'súbito, imprevisto'

Adjetivos 3-3
communis -e, 'común'
iuvenis -e, 'joven'
naturalis -e, 'natural'
nobilis -e, 'noble'
senilis -e, 'senil'
similis -e, 'semejante'

6.3 El origen de las palabras

¿Sabes qué significan las palabras «endiosar», «pietismo», «pordiosero», «expiatorio», «semidiosa» o «impío»? Todas ellas están creadas a partir de dos palabras latinas: *deus* y *pius*.

Observa que muchas lenguas europeas siguen conservando estas mismas formas provenientes del latín.

Las palabras *deus -i*, 'dios' y *pius -a -um*, 'piadoso, justo', siguen vigentes en las lenguas romances, como puedes ver:

deus -i, 'dios'	
cast.: dios	**fr.:** dieu
cat.: déu	**it.:** dio
gall.: deus	**rum.:** zeu

pius -a -um, 'piadoso, justo'	
cast.: pío	**fr.:** pie
cat.: piu	**it.:** pio
gall.: pío	**rum.:** pio

Actividades

1 **Comprobamos.** Relaciona estas palabras con los verbos y los sustantivos que has estudiado y defínelas:

cultura	monitor	laborioso
necio	inmoral	ara
régimen	vulnerable	filial
invocar	morboso	generacional
temible	moraleja	somnífero
ornato	verbal	ocular

2 Relaciona las siguientes palabras con los adjetivos estudiados y defínelas:

concupiscencia	miserable
juvenil	símil
indocto	nobleza
connatural	preclaro

3 Relaciona en tu cuaderno los adjetivos latinos de la izquierda con los adjetivos castellanos de la derecha y define estos últimos. A continuación, intenta buscar otra palabra relacionada con cada adjetivo latino:

1. *cupidus -a -um*, 'deseoso'	a) juvenil
2. *doctus -a -um*, 'sabio'	b) connatural
3. *iuvenis -e*, 'joven'	c) concupiscencia
4. *naturalis -e*, 'natural'	d) indocto

Conoce mejor el inglés

4 Busca los significados de estas palabras inglesas y relaciónalas con los sustantivos y los adjetivos que has estudiado:

laud	*aperture*	*feminine*
cupidity	*morbid*	*donate*
ornate	*labour*	*misery*
vocalist	*charm*	*similar*
science	*moralize*	*genuine*

COMPRUEBA LO APRENDIDO

1 **Sumamos.** Di si las siguientes afirmaciones son verdaderas o falsas y por qué:

a) El culto público en Roma se manifestaba mediante sacrificios colectivos y procesiones.

b) Había tres tipos de sacerdotes en Roma: pontífices, augures y vestales.

c) Los dioses penates eran los dioses familiares que aseguraban la alimentación de la familia.

d) Plutón llegó a ser uno de los dioses de mayor arraigo entre los romanos.

e) Todos los pronombres latinos pueden funcionar también como adjetivos.

f) En latín no hay pronombres interrogativos.

g) Un demostrativo funciona como adjetivo cuando sustituye al nombre que designa.

h) Los demostrativos tienen función deíctica, es decir, indican la persona primera, segunda o tercera.

i) Todos los pronombres demostrativos forman el genitivo singular con la terminación -*ius*.

j) La forma de pretérito pluscuamperfecto de indicativo activo se forma con el morfema -*era*-.

2 **Tabla.** Declina los siguientes sintagmas:

hic deus — *illud tempus*

3 Cambia el número de los sintagmas siguientes:

ille puer	*illo deo*
istam feminam	*isti amici*
hoc donum	*illo tempore*
istarum feminarum	*hac urbe*
hi mores	*illa proelia*
isti deae	*istos pueros*

4 Indica si los demostrativos de estas oraciones son adjetivos o pronombres y, en este último caso, di su función:

- Estos eran los atributos de Juno: la granada y el pavo real.
- En ese lugar se levantó un ara.
- Esta era una diosa genuinamente romana.
- Aquel nuevo dios llegaba de Oriente.
- Esta acabó siendo la religión oficial del Imperio.

5 Pon en latín estas formas del sistema de perfecto:

cogimos	yo había vencido
habremos venido	habéis enviado

anayaeducacion.es. Realiza la autoevaluación de la unidad.

6 Con ayuda del vocabulario, cambia estas formas verbales de pretérito perfecto de indicativo a pretérito pluscuamperfecto y futuro perfecto. Tradúcelas:

dixit	*monuere*	*iussimus*
fecimus	*appellavisti*	*sedi*

7 Con ayuda del vocabulario, analiza y traduce estas oraciones:

- *Deinde regnum Priscus Tarquinius accepit. Hic numerum senatorum duplicavit.*
- *Hic quoque grave bellum civile commovit.*
- *Haec legatus multis verbis a Caesare petebat.*
- *Deum maxime Mercurium colunt. Huius sunt plurima simulacra.*
- *Hac oratione Caesar Nerviis persuadet.*
- *Germani multum ab hac consuetudine differunt, nam druides non habent neque sacrificiis student.*
- *In illa civitate omnia in populo sunt.*
- *Tu avarus es, ego magnanimus.*
- *Labor omnia vincit.*
- *Alienum nobis semper placet, nostrum aliis.*
- *Pater istius incertus est.*

Comprende el texto y exprésate

8 Lee el siguiente texto y responde a las preguntas:

Culto a Julio César

Murió a los cincuenta y cinco años y fue incluido entre los dioses por voluntad expresa de los senadores, que contaron, además, con el convencimiento del pueblo. En efecto, durante los juegos que su heredero Augusto daba por primera vez en su honor después de haber sido divinizado, un cometa, apareciendo hacia la hora undécima, brilló durante siete días seguidos, y se creyó que era el alma de César acogido en el cielo; por este motivo se le representa con una estrella encima de su cabeza.

Suetonio, *Vidas de los doce césares*, I, 88.

a) ¿Quién fue el heredero de César? ¿Cómo le dio honores tras su muerte?

b) Infórmate sobre el culto al emperador. ¿Se extendió este culto por las ciudades del Imperio? ¿Se consagraron templos en honor de los emperadores?

CONTEXTOS CLÁSICOS

EDICIÓN BILINGÜE

El edicto de Milán

Cum feliciter, tam ego Constantinus Augustus, quam etiam ego Licinius Augustus, apud Mediolanum convenissemus, atque universa, quae ad commoda et securitatem publicam pertinerent, in tractatu haberemus, haec inter caetera quae videbamus pluribus hominibus profutura, vel in primis ordinanda esse credidimus, quibus divinitatis reverentia continebatur, ut daremus et christianis, et omnibus liberam potestatem sequendi religionem, quam quisque voluisset, quo quidem divinitas in sede caelesti, nobis atque omnibus qui sub potestate nostra sunt constituti, placata ac propitia possit existere.

Lactancio, *Sobre las muertes de los perseguidores*, 48.

Constantino y Santa Helena. Fresco de la Iglesia ortodoxa de Brujas, en Bélgica.

Traducción

Yo, Constantino Augusto, y yo también, Licinio Augusto, reunidos felizmente en Milán para tratar de todos los problemas que afectan a la seguridad y al bienestar público, hemos creído nuestro deber tratar junto con los restantes asuntos que veíamos merecían nuestra primera atención el respeto de la divinidad, a fin de conceder tanto a los cristianos como a todos los demás la facultad de seguir libremente la religión que cada cual quiera, de tal modo que toda clase de divinidad que habite la morada celeste nos sea propicia a nosotros y a todos los que están bajo nuestra autoridad.

ACTIVIDADES

Comprende el texto

1 Lee en voz alta el texto y su traducción.

2 Busca en el texto traducido los pronombres y las formas verbales y analízalos.

3 Según el texto, ¿quiénes firmaron el edicto? ¿Por qué se reunieron en Milán?

Amplía la información

4 Este texto recoge parte del Edicto de Milán, del año 313, en el que se proclamó la libertad de culto en el Imperio. Busca en la biblioteca o en Internet información sobre este edicto.

5 En el año 380 se hizo público el Edicto de Tesalónica, por el que el imperio romano pasó a tener la religión cristiana como nueva religión oficial. Busca información sobre este edicto y trata de responder a estas preguntas:

a) ¿Qué emperador aprobó el Edicto de Tesalónica?

b) ¿Durante cuántos años hubo en Roma libertad de culto?

c) ¿Qué diferencia esencial había entre la religión pagana y la cristiana?

Expresa tu opinión

6 Antes de este edicto, tanto el cristianismo como otras religiones que no rendían culto al emperador sufrieron persecuciones. ¿Qué crees que significó este edicto para ellas?

7 ¿Crees que el Edicto de Milán fue positivo para el Imperio romano?, ¿y el Edicto de Tesalónica? ¿Crees que es necesaria la libertad de culto en las sociedades modernas? ¿Sabes si siguen existiendo tratados entre las religiones y los Estados en los países actuales?

VERSIÓN LATINA

Los dioses romanos

Antiquis temporibus Romani multos deos colebant, sed maxime duodecim deos.

Iuppiter deorum hominumque pater est, in Olympo monte habitat, aquilam et sceptrum tenebat. Iuno soror atque uxor Iovis[1] *erat. Neptunus marium aquarumque omnium deus Romanus erat atque tridens signum suum est. Pluto in Orco habitat, nam deus mortuorum est. Ceres soror Iovis et mater Proserpinae erat, Ceres dea agriculturae est et fruges hominibus praebet. Vesta dea est vitae domesticae ac ignis, apud Graecos similis Vestae dea Hestia est.*

Iovis[1] *filii erant Venus, Mars, Mercurius, Apollo et Diana. Ex Iovis*[1] *capite, Minerva. Ex Iunone sine patre, Vulcanus. Venus dea venustatis amorisque est atque mater progenitoris populi Romani*[2]*. Mars belli deus erat atque filius Iunonis et Vulcani frater. Mars cum Venere filium Cupidinem habet, hic etiam Romuli pater fuit.*

NOTAS: 1. *Iuppiter:* nominativo masculino singular, 'Júpiter' (su genitivo es *Iovis*). 2. *Romani:* se refiere a Eneas.

ACTIVIDADES

Comprende el texto y exprésate

1 Lee en voz alta el texto y tradúcelo según las indicaciones de tu profesor o profesora.

2 Analiza morfológicamente:

temporibus	*monte*	*fruges*
deos	*marium*	*capite*

3 Concuerda con los sustantivos de la actividad anterior el demostrativo *hic haec hoc*.

4 **Tabla.** Conjuga el pretérito perfecto y el pretérito pluscuamperfecto de *gerit* y *errat*.

5 Analiza sintácticamente:

Diana soror Apollinis erat atque dea venationis, arcum et sagittas gerit atque in nemoribus semper cum turba canum errat.

6 **Asamblea de ideas.** Las palabras castellanas «venusto» y «codicia» provienen del latín. Busca su significado en un diccionario con etimología. ¿Con qué dioses crees que están asociadas y por qué? Razona tu respuesta.

DE RUTA POR HISPANIA

Los templos

Herederos de los templos griegos y etruscos, los templos romanos tienen algunas peculiaridades que los hacen fácilmente identificables como tales. Se elevan sobre un podio y se accede a ellos por una escalera abierta en uno de los laterales. Para su construcción, se solía emplear piedra de canteras cercanas, granito o caliza revestida; en ocasiones, de estuco. El empleo del mármol es posterior al siglo I d. C. El fuste de las columnas suele ser liso, y el capitel, de estilo corintio.

El templo de Diana

En el centro de la ciudad de Mérida puede visitarse en la actualidad algo más que vestigios del templo de Diana en el foro, arco de punto en que confluían las arterias principales de la ciudad antigua. Erigido posiblemente en el siglo I d. C., parece que estaba dedicado al culto imperial, y no precisamente al de la diosa Diana.

El templo, de planta rectangular, se alza sobre un podio, y tiene once columnas corintias en los lados mayores y seis en los menores.

anayaeducacion.es. Consulta el «Mapa interactivo de la Hispania romana» disponible en el banco de recursos.

Templo de Diana, en Mérida.

ACTIVIDADES

Amplía la información

1 Accede a Internet y busca información e imágenes sobre el templo romano de Marte, en Mérida; el de Trajano, en Alcántara, y el de Vich (antigua Ansa).

9

FAMILIA Y EDUCACIÓN EN ROMA

El arte de decir

La retórica ejercía un atractivo especial para los romanos, que estaban acostumbrados a hablar y discutir en público. Generación tras generación se habían ingeniado para expresar sus opiniones en el Senado, en las reuniones públicas y en los juicios sin ningún entrenamiento formal en el arte del decir. Los romanos chapados a la antigua, como Catón el Viejo, opinaban que bastaba tener bien claro el contenido de lo que se quería decir y que automáticamente saldría la expresión adecuada: *rem tene, verba sequentur.* A pesar de todo, los profesores griegos encontraron a los romanos ávidos de aprender su ciencia. Solo a comienzos del siglo I a. C. empezó a enseñarse la retórica en latín, y aun entonces suscitó oposición esa nueva forma de enseñar. Con motivo de inaugurarse una escuela de retórica latina, aconsejaron al joven Cicerón que no asistiese a ella a título de que la escuela griega formaba mejor, y los mismos censores publicaron un edicto desaprobando la innovación. Una generación después se pensaba todavía que era un buen procedimiento aprender en griego para hablar en latín.

J. P. D. V. Baldson (ed.), *Los romanos.*

REFLEXIONA SOBRE EL TEMA

Mesa redonda

Hablar bien

Los romanos apreciaban el arte de hablar bien. ¿Por qué? ¿Cómo aprendían a hablar en público? ¿Se puede aprender a hablar en público solo con la práctica? ¿Existían solo escuelas de retórica en Roma?

Rem tene, verba sequentur

¿Qué significa la expresión latina *rem tene, verba sequentur*? ¿Crees que si dominas un tema, podrás exponerlo sin dificultad? ¿Se enseña actualmente a hablar en público?

NUPTIARUM DIES

VOCABULARIO

nuptiae -arum (pl.): boda
uxorem ducet: se casará
pulcherrima: guapísima
candidus -a -um: blanco
cingulo cinctam: ceñida con un cinturón
supra caput velum: sobre la cabeza un velo
apud ... testes: ante ... testigos
dextras iungunt: juntan sus manos derechas
coniuges: cónyuges
deducit: acompaña
eunt: van
Quid est?: ¿Cuál es?
Ubi tu Caius, ego Caia: donde tú Cayo, yo Caya

Accede a la animación de este cómic disponible en el banco de recursos de anayaeducacion.es.

1 CULTURA

LA FAMILIA Y LA EDUCACIÓN

Estela funeraria de Publius Longidieno. Siglo I a. C. Museo Arqueológico de Rávena (Italia).

1.1 La familia romana

La vida familiar era de suma importancia en Roma.

> La familia estaba formada por todos aquellos que se encontraban al servicio y bajo la autoridad del **cabeza de familia** o **paterfamilias.**

Entre estos se hallaban la madre, los hijos, los sirvientes y los animales de tiro y carga. Solo el varón podía ser jefe de familia. La **mujer** pertenecía a la casa, y la casa tenía siempre un dueño varón, ya fuera el padre, el marido o el pariente masculino más próximo.

A pesar de ello, la mujer romana fue compañera y ayudante de su esposo. Estaba presente en recepciones y banquetes, y compartía con el marido la autoridad sobre los hijos y sobre los sirvientes, y participaba, también, de la dignidad que tenía el marido en la vida pública.

1.2 El matrimonio (*connubium*)

> **Acordado por los padres** de los novios, el matrimonio en Roma tenía como finalidad **procrear hijos legítimos** y **mantener las clases sociales.**

Hubo dos modalidades de matrimonio:

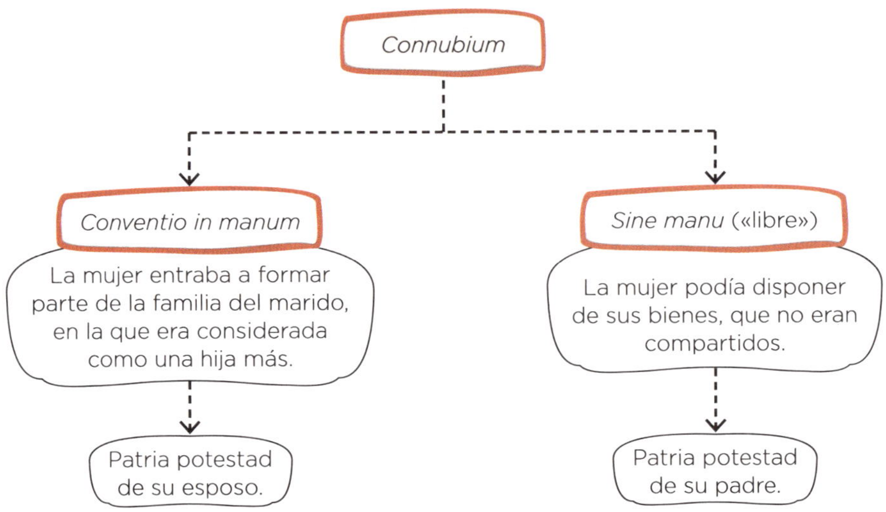

1.3 El divorcio

El divorcio existía en Roma. Se llamaba *divortium* si la separación era de mutuo acuerdo —el término hace referencia a la bifurcación de los caminos que se separan—. Por el contrario, cuando no era de mutuo acuerdo, sino que era por voluntad de uno de los cónyuges, se llamaba *repudium*. En cualquier caso, el divorcio estaba considerado como algo excepcional, aunque con el paso del tiempo se fue dando en algunos matrimonios.

No obstante, siempre estaba mejor vista una mujer que hubiese tenido un solo esposo.

1.4 La infancia

Un hijo era legítimo solo si nacía de un matrimonio legítimo y si el padre lo reconocía como hijo. Los niños que no eran reconocidos eran abandonados a su suerte (*expositio*).

Si el padre lo reconocía, se le purificaba, se le colocaba al cuello un amuleto (*bulla* para los varones y *lunula* para las niñas), que lo protegía durante los primeros años de vida, y se le imponía el nombre.

Normalmente era la madre quien cuidaba de los hijos durante la infancia, aunque si la familia era pudiente, esta tarea podían realizarla las nodrizas y las niñeras.

En casa y en la calle, los niños y las niñas jugaban con todo tipo de juguetes: sonajeros, muñecas, aros, peonzas, dados, etc.

Niños jugando con ocas. Mosaico del Gran Palacio Imperial de Estambul. Siglos IV-VI.

1.5 La educación

La educación se estructuraba en tres etapas que recuerdan mucho a las de nuestro actual sistema educativo.

Enseñanza primaria (*ludus*)

Desde los siete hasta los doce años, niños y niñas iban a la escuela. Después de esta etapa, las niñas se quedaban en casa para aprender las tareas domésticas.

Las clases en esta etapa se impartían en casa del ***magister***, o maestro, quien enseñaba nociones de lectura, escritura y cálculo. A esta escuela le acompañaba un sirviente de la casa, el **pedagogo**, que además supervisaba, en cierto modo, su aprendizaje.

Enseñanza media

Solo los hijos de familias acomodadas proseguían estos estudios, que iban desde los doce hasta los dieciséis años.

En esta etapa, el profesor era el ***grammaticus***, quien enseñaba a leer con soltura y a realizar comentarios de texto de autores griegos y latinos. Durante esta fase aprendían también las nociones fundamentales de historia, geografía y ciencia vigentes en la Antigüedad.

Al cabo de cuatro años, los estudiantes conocían textos del griego Homero y de Ennio, Terencio, Plauto y, en época más tardía, de Cicerón, Virgilio y Horacio, y acababan dominando ambas lenguas: latín y griego.

Etapas de la educación

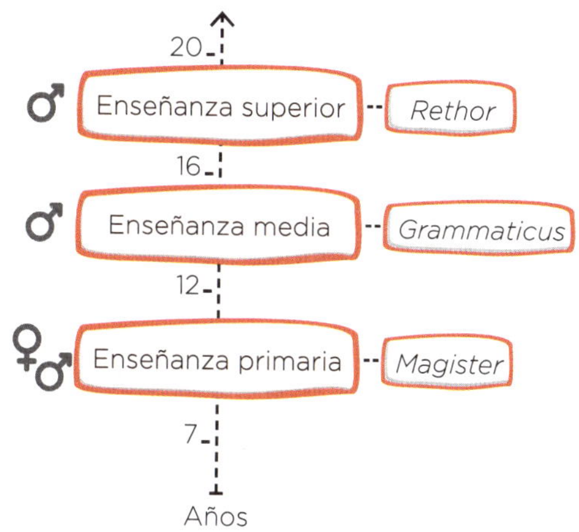

Enseñanza superior

Desde los dieciséis hasta los veinte años de edad, los muchachos que destacaban y que lo deseaban y podían proseguir sus estudios pasaban a manos del ***rhetor***, el profesor experto en el manejo y el dominio de la retórica y la oratoria. Estudios de filosofía y derecho solo podían abordarse con un dominio perfecto del lenguaje. Ese dominio era de infinita utilidad para triunfar en la política y en los negocios.

Ampliar estudios en Grecia era la opción definitiva para los mejores alumnos.

1.5 La educación física

Junto a la formación cultural de los jóvenes, la formación física fue también importante. Los muchachos se adiestraban en el lanzamiento del disco y de la jabalina, y en otras disciplinas gimnásticas. Con ello estaban en forma para acudir al ejército en cualquier momento.

Actividades

Recuerda lo aprendido

1 ¿Qué lugar ocupaba la mujer en la sociedad romana?

2 Explica los dos tipos de matrimonio que había en Roma.

3 ¿Quién era el paterfamilias?

4 **Línea del tiempo.** ¿Cuáles eran las etapas de la educación en la sociedad romana?

5 ¿Qué disciplinas enseñaba el *rhetor*?

6 Una vez cursado el *ludus*, ¿quiénes proseguían los estudios?

7 **Comprobamos.** Relaciona en tu cuaderno las siguientes palabras con los términos de la tabla:

1. *Pater familias*	a) Enseñanza primaria
2. *Magister*	b) Mujer bajo potestad de su padre
3. Matrimonio *sine manu*	c) Medallón protector
4. *Rhetor*	d) Matrimonio
5. *Conventio in manum*	e) Lectura, escritura y cálculo
6. *Grammaticus*	f) Oratoria
7. *Expositio*	g) Mujer bajo potestad del marido
8. *Ludus*	h) Hijo no reconocido
9. *Connubium*	i) Cabeza de familia
10. *Bulla*	j) Enseñanza media

Comprende el texto y exprésate

8 Lee el siguiente texto y, después, responde a las preguntas:

> En el mundo antiguo, la escolarización resultaba un hecho mucho más fortuito que en el mundo actual, y únicamente los hijos de familias acomodadas recibían algo que pudiera considerarse como una educación completa.
>
> Ian Jenkins,
> *La vida cotidiana en Grecia y Roma.*

a) ¿Quiénes recibían educación en el mundo antiguo?

b) ¿A qué edad se escolarizan hoy los niños y las niñas?

c) ODS ¿La escolarización es algo obligatorio en la sociedad actual o es algo optativo, o «facultativo», como dice el texto?

Vuelve a la actualidad

9 ¿Qué logros crees que ha conseguido la mujer moderna frente a la mujer de la antigua Roma? Reflexiona sobre el tema y coméntalo en clase.

10 **VET.** ¿Cuáles son las materias de estudio obligatorias en nuestra sociedad actual? Enuméralas y establece una comparación con las de la antigua Roma.

Consulta la información correspondiente a las **metas de los objetivos 4 y 5** en el banco de recursos de **anayaeducacion.es**.

2 GRAMÁTICA

LOS NUMERALES

Leucótea amamantando a Dioniso. Casa de la Farnesina. Fresco de Pompeya. Siglo I d. C. Museo Nacional Romano.

Como recordarás, en la primera unidad aprendimos cómo se escribían los números en latín. En esta unidad, en cambio, aprenderemos a declinarlos.

La clasificación más elemental de los numerales es en **ordinales** (que responden a la pregunta «¿en qué orden?») y en **cardinales** (que responden a la pregunta «¿cuántos?»). En el apéndice del libro encontrarás una tabla con un listado de números cardinales y ordinales.

2.1 Los números cardinales

En latín, la mayoría de los números cardinales son palabras invariables, pero los tres primeros, las centenas y los millares se declinan.

La declinación de los tres primeros números cardinales (uno, dos y tres) es como sigue.

Unus una unum

	Masculino	Femenino	Neutro
Nominativo	*unus*	*una*	*unum*
Acusativo	*unum*	*unam*	*unum*
Genitivo	*unius*		
Dativo	*uni*		
Ablativo	*uno*	*una*	*uno*

Duo duae duo

	Masculino	Femenino	Neutro
Nominativo	*duo*	*duae*	*duo*
Acusativo	*duos*	*duas*	*duo*
Genitivo	*duorum*	*duarum*	*duorum*
Dat./Abl.	*duobus*	*duabus*	*duobus*

Tres tria

	Masculino	Femenino	Neutro
Nominativo	*tres*		*tria*
Acusativo	*tres*		*tria*
Genitivo	*trium*		
Dat./Abl.	*tribus*		

2 GRAMÁTICA

LOS NUMERALES

Escena de un *rhetor* con sus alumnos. Relieve en sarcófago del siglo IV d. C. Palacio de los Conservadores. Museos Capitolinos.

Centum

El **número cien** en latín es ***centum*** y es **indeclinable,** pero las **centenas** se declinan como un **adjetivo 2-1-2.** Por ejemplo: *trecenti trecentae trecenta,* 'trescientos'.

Mille

El **número mil** es ***mille*** y es **indeclinable.** Sus compuestos, en cambio, es decir, los millares, sí se declinan (por ejemplo: cinco mil, etc.). Los **millares** se declinan como los **neutros plurales de la 3.ª declinación.** Por ejemplo: *tria milia,* 'tres mil'.

Esta es su declinación:

	milia -ium
Nominativo	*milia*
Acusativo	*milia*
Genitivo	*milium*
Dativo	*milibus*
Ablativo	*milibus*

2.2 Los números ordinales

Los números ordinales se declinan como los **adjetivos 2-1-2.** Por ejemplo: *primus -a -um*, 'primero'; *secundus -a -um*, 'segundo'; *tertius -a -um*, 'tercero'; *quartus -a -um*, 'cuarto'; *trecentesimus -a -um*, 'tricentésimo', etc.

Actividades

Recuerda lo aprendido

1 **Diagrama de Venn.** ¿Qué son los números ordinales? ¿Y los cardinales?

2 ¿Qué números cardinales se declinan?

3 ¿Es declinable *centum*? ¿Y *mille*?

4 ¿Cómo se declinan los millares como «cuatro mil»?

5 ¿Cómo se declinan los números ordinales?

6 ¿Qué clase de número es *trecentesimus -a -um*?

7 ¿Es correcta la expresión *tria mille*?

8 **Piensa y comparte en pareja.** En tu cuaderno, expresa en cifras romanas estos números cardinales:

97	28	175	1981
29	35	489	1673

9 Escribe el nombre latino de estos ordinales:

25.°	3.°	51.°	73.°
431.°	744.°	66.°	101.°

10 **Comprobamos.** Concuerda cada numeral entre paréntesis con el sustantivo al que acompaña:

gradu (unus una unum)
diebus (tres tria)
fluminum (duo duae duo)
noctis (unus una unum)
leges (tres tria)
duces (quinque)
exercitui (unus una unum)
matres (duo duae duo)

11 **Tabla.** Declina los siguientes sintagmas:

unus homo — *duo leones*

3 GRAMÁTICA

EL MODO VERBAL: EL SUBJUNTIVO

3.1 El modo verbal

La categoría gramatical de modo expresa la **actitud del hablante** ante la acción verbal:

Modo			
Indicativo	Expresa la acción con objetividad.	**Acción real**	«Julia asistió a clase de gramática».
Subjuntivo	Expresa la acción como duda, temor, deseo, etc.	**Acción potencial**	«Puede que Julia haya asistido a clase de gramática».
		Acción irreal	«¡Ojalá Julia hubiera asistido a clase de gramática!».
Imperativo	Ordena, ruega o prohíbe algo al oyente.		«¡Asiste a clase de gramática, Julia!».

En latín, la **acción potencial** se expresa en **presente** o en **pretérito perfecto de subjuntivo.** En cambio, la **acción irreal** se expresa en **pretérito imperfecto** o en **pretérito pluscuamperfecto de subjuntivo.**

Sistema verbal

Sistema de presente	
Indicativo	**Subjuntivo**
Presente	Presente
Pretérito imperfecto	Pretérito imperfecto
Futuro imperfecto	—

Sistema de perfecto	
Indicativo	**Subjuntivo**
Pretérito perfecto	Pretérito perfecto
Pretérito pluscuamperfecto	Pretérito pluscuamperfecto
Futuro perfecto	—

3.2 El subjuntivo

Hasta ahora has estudiado los tiempos del modo indicativo del sistema de presente y de perfecto. A continuación, estudiaremos el modo subjuntivo, con lo que completaremos ambos sistemas en los dos modos.

3.3 El presente de subjuntivo

El presente de subjuntivo (yo ame, yo tenga, etc.) se forma con un **morfema -*e*- para la primera conjugación** y un **morfema -*a*- para el resto** de conjugaciones.

El presente de subjuntivo se construye así:

Tema de presente + ***e***/***a*** + desinencias personales

<table>
<tr><th>Verbo</th><th>Tema de presente</th><th></th><th>Morfema</th><th></th><th>Desinencia</th></tr>
<tr><td>amo</td><td>am-</td><td>+</td><td>-e-</td><td rowspan="5">+</td><td rowspan="5">-m
-s
-t
-mus
-tis
-nt</td></tr>
<tr><td>habeo</td><td>habe-</td><td rowspan="4">+</td><td rowspan="4">-a-</td></tr>
<tr><td>duco</td><td>duc-</td></tr>
<tr><td>capio</td><td>capi-</td></tr>
<tr><td>audio</td><td>audi-</td></tr>
</table>

El subjuntivo

En latín, el subjuntivo es, sobre todo, el modo de la subordinación, pero ese es un contenido que estudiarás en Bachillerato.

Atleta de bronce, de la Villa de los Papiros de Herculano. Siglos I a. C.-I d. C. Museo Arqueológico Nacional de Nápoles.

3.4 El pretérito imperfecto de subjuntivo

El pretérito imperfecto de subjuntivo (yo amara o amase, tuviera o tuviese, etc.) se caracterizaba por un **morfema *-se-*.** No obstante, la *-s-* intervocálica pasó a *-r-* por un fenómeno fonético llamado **rotacismo,** así que encontramos ***-re-*.**

De esta forma, el esquema de la formación del pretérito imperfecto de subjuntivo es:

Tema de presente + ***se*** + desinencias personales
(Por ***rotacismo*** *-se-* > ***-re-***)

Verbo	Tema de presente		Morfema		Desinencia
amo	*ama-*				*-m* *-s* *-t* *-mus* *-tis* *-nt*
habeo	*habe-*				
duco	*duc-e-*	+	***-re-***	+	
capio	*cape-*				
audio	*audi-*				

Recuerda que:

- Por rotacismo, el morfema *-se-* de imperfecto de subjuntivo pasa a *-re-*.
- La tercera conjugación (*duc-*) introduce delante del morfema una vocal de unión *-e-*: *ducerem*, *duceres*, *duceret*, *duceremus*, *duceretis*, *ducerent*.
- En la cuarta conjugación (*capĭ-*) la *ĭ* (*i* breve) ante *r* pasa a *e* (recuerda el infinitivo de presente *capere*): *caperem*, *caperes*, *caperet*, *caperemus*, *caperetis*, *caperent*.

3.5 El pretérito perfecto de subjuntivo

El pretérito perfecto de subjuntivo (yo haya amado, yo haya tenido, etcétera) se caracteriza por un **morfema *-eri-*** añadido al tema de perfecto.

El pretérito perfecto de subjuntivo se construye así:

Tema de perfecto + ***eri*** + desinencias

Verbo	Tema de perfecto		Morfema		Desinencia
amo	*amav-*				*-m* *-s* *-t* *-mus* *-tis* *-nt*
habeo	*habu-*				
duco	*dux-*	+	***-eri-***	+	
capio	*cep-*				
audio	*audiv-*				

3.6 El pluscuamperfecto de subjuntivo

El pretérito pluscuamperfecto de subjuntivo (yo hubiera o hubiese amado, yo hubiera o hubiese tenido, etc.) se forma con el morfema ***-isse-***:

Tema de perfecto + ***isse*** + desinencias personales

Verbo	Tema de perfecto		Morfema		Desinencia
amo	*amav-*	+	**-isse-**	+	*-m*
habeo	*habu-*				*-s*
duco	*dux-*				*-t*
capio	*cep-*				*-mus*
audio	*audiv-*				*-tis*
					-nt

A veces, el uso de subjuntivo en una oración principal va acompañado de adverbios como *utinam*, 'iojalá!'; por ejemplo: *Utinam nostri milites vincant!*, '¡Ojalá venzan nuestros soldados!'.

3.7 El subjuntivo del verbo *sum*

El presente de subjuntivo de *sum*

El presente de subjuntivo del verbo *sum* (yo sea, tú seas, él sea, nosotros seamos, vosotros seáis, ellos sean) es:

	Presente	
	Singular	Plural
1.ª persona	*sim*	*simus*
2.ª persona	*sis*	*sitis*
3.ª persona	*sit*	*sint*

El pretérito imperfecto de subjuntivo de *sum*

El pretérito imperfecto de subjuntivo del verbo *sum* (yo fuera, tú fueras, él fuera, nosotros fuéramos, vosotros fuerais, ellos fueran) es:

	Imperfecto	
	Singular	Plural
1.ª persona	*essem*	*essemus*
2.ª persona	*esses*	*essetis*
3.ª persona	*esset*	*essent*

El pretérito perfecto de subjuntivo de *sum*

El pretérito perfecto de subjuntivo del verbo *sum* (yo haya sido, tú hayas sido, etc.) es:

	Pretérito perfecto	
	Singular	Plural
1.ª persona	*fuerim*	*fuerimus*
2.ª persona	*fueris*	*fueritis*
3.ª persona	*fuerit*	*fuerint*

El pretérito pluscuamperfecto de subjuntivo de *sum*

El pretérito pluscuamperfecto de subjuntivo del verbo *sum* (yo hubiera sido, tú hubieras sido, etc.) es:

	Pretérito pluscuamperfecto	
	Singular	Plural
1.ª persona	*fuissem*	*fuissemus*
2.ª persona	*fuisses*	*fuissetis*
3.ª persona	*fuisset*	*fuissent*

Actividades

1 ¿Qué expresa el modo verbal?

2 ¿Qué modo expresa una acción real? ¿Y una potencial? ¿Y una irreal?

3 ¿Qué acción expresa la oración «Puede que apruebes el próximo examen»?

4 ¿Sobre qué tema verbal se forman el pretérito perfecto y pluscuamperfecto de subjuntivo?

5 ¿De qué tiempo de subjuntivo es el morfema *-eri*? ¿Y el morfema *-isse-*?

6 **Comprobamos.** Indica la persona, el número, el tiempo, el modo y la voz de las siguientes formas verbales (p. ej. vengan → 3.ª persona del plural del presente de subjuntivo activo) y, después, tradúcelas al latín:

vivan	hubiésemos vencido
unieses	hubieseis traído
tomaré	yo haya tenido
hubiesen sido	rodeáramos
raptarán	habíais ordenado
pidamos	habrán matado
luchabas	jurasen

7 **Piensa y comparte en pareja.** Pasa las siguientes formas verbales del indicativo al subjuntivo y traduce ambas (ej. *amabas*, 'amabas' → *amares*, 'amaras o amases'):

rapiunt	*legeras*
custodiebam	*vici*
manseras	*laboravisti*
iubent	*coluere*
sensit	*capiebatis*
colebamus	*putas*
delevistis	*appellaveramus*

8 **Tabla.** Conjuga el presente y el imperfecto de subjuntivo de:

nuntio -are -avi -atum, 'anunciar'

rego -ere rexi rectum, 'gobernar'

9 Conjuga el pretérito perfecto y el pretérito pluscuamperfecto de subjuntivo de:

moneo -ere monui monitus, 'hacer pensar, recordar'

facio -ere feci factum, 'hacer'

Retrato femenino. Mosaico romano procedente de Pompeya. Museo Arqueológico Nacional de Nápoles.

10 Analiza y traduce las oraciones siguientes:

- *Cedant arma togae!*
- *Non delectent verba nostra, sed utilia sint.*
- *Nostra vitia, non vitia aliena cernamus!*
- *Utinam in fide maneant atque hostium impetum magno animo sustineant!*
- *Hoc sit propositum nostrum: concordet sermo cum vita!*
- *Utinam illum diem videam!*
- *Utinam frater valeret atque pater viveret!*
- *Haec fecit Caesar tribus diebus.*

11 **El espejo.** Con ayuda del vocabulario, traduce al latín:

- ¡Ojalá siempre fueses mi amigo!
- ¡Ojalá todos fuésemos hombres felices!
- Aquellos días no eran largos, sino breves.
- En aquel tiempo, el rey de Sicilia vino a Grecia.
- En verano hay muchos rayos.

anayaeducacion.es. Consulta la «Guía de traducción» disponible en el banco de recursos.

4 LÉXICO

APRENDE VOCABULARIO

Relieve con escena de mercado. Museo Gregoriano Profano, Ciudad del Vaticano.

4.1 Sustantivos y adjetivos

A continuación, amplía tu léxico latino estudiando estas nuevas palabras:

Sustantivos

Primera declinación (temas en -*a*)

anima -ae (f.), 'vida, alma'
pecunia -ae (f.), 'dinero'
praeda -ae (f.), 'presa, botín'
serva -ae (f.), 'sierva, esclava'

Segunda declinación (temas en -*o*)

magister -tri (m.), 'maestro'
cibus -i (m.), 'alimento'
liberi -orum (m. pl.), 'los hijos'
consilium -ii (n.), 'consejo, decisión'
periculum -i (n.), 'peligro'

Tercera declinación (temas en consonante)

frater -tris (m.), 'hermano'
soror -oris (f.), 'hermana'
uxor -oris (f.), 'esposa'
caput -itis (n.), 'cabeza'
rus ruris (n.), 'campo'

Tercera declinación (temas en -*i*)

ars artis (f.), 'arte, oficio'
pars partis (f.), 'parte, porción'
auris -is (f.), 'oreja, oído'
canis -is (m/f), 'perro/-a'

Cuarta declinación (temas en -*u*)

fructus -us (f.), 'fruto, producto'
motus -us (m.), 'movimiento'

Quinta declinación (temas en -*e*)

species -ei (f.), 'aspecto, apariencia'
spes spei (f.), 'esperanza'

Adjetivos

2-1-2

carus -a -um, 'querido'
plenus -a -um, 'lleno'

3-3

dulcis -e, 'dulce'
tristis -e, 'triste'

4.2 Verbos

A continuación, estudia estos verbos:

Verbos

Tema en -*a*

appello -are -avi -atum, 'llamar'
puto -are -avi -atum, 'considerar'

Tema en -*e*

iubeo -ere iussi iussum, 'mandar'
taceo -ere -ui -itum, 'callar'

Tema en consonante

gero -ere gessi gestum, 'llevar (a cabo)'
pono -ere posui positum, 'poner, dejar'

Tema en -*ĭ* (breve)

aspicio -ere aspexi aspectum, 'mirar a'
fugio -ere fugi fugitum, 'huir de'

Tema en -*ī* (larga)

haurio -ire hausi haustum, 'agotar'
sepelio -ire -ivi -pultum, 'sepultar'

Mujer joven leyendo. Fresco romano del siglo I d. C. Museo Arqueológico Nacional de Nápoles.

4.3 El origen de las palabras

«Primoroso», «primicia», «primario», «primate», «mujeril», «mujeriego» son algunas de las palabras derivadas de dos palabras latinas: *primus -a -um*, 'primero', y *mulier -eris*, 'mujer', respectivamente. Las lenguas romances, como puedes ver, las siguen conservando.

Del adjetivo 2-1-2 *primus -a -um*, 'primero', derivan, por ejemplo:

primus .-a -um, 'primero'		
cast.: primo	**gall.:** primo	**it.:** primo
cat.: prim	**fr.:** premier	**rum.:** împrima

Del sustantivo de la 3.ª declinación *mulier -eris*, 'mujer', derivan en las lenguas romances:

mulier -eris, 'mujer'		
cast.: mujer	**gall.:** muller	**it.:** moglie
cat.: muller	**port.:** mulher	**rum.:** muiere

Otro ejemplo de la pervivencia del léxico latino en nuestras lenguas se aprecia en palabras como «docencia», «doctor», «dócil» y «documento», que guardan relación con la misma palabra latina; en este caso, el verbo de la 2.ª conjugación *doceo -ere docui doctum*, 'enseñar'. Este verbo ha dado lugar a un sustantivo en distintas lenguas:

doceo -ere docui doctum, 'enseñar'		
cast.: doctor	**gall.:** doctor	**it.:** dottore
cat.: doctor	**fr.:** docteur	**rum.:** doctor

Actividades

Recuerda lo aprendido

1 **Asamblea de ideas.** Relaciona estas palabras con los sustantivos que has estudiado y defínelas:

cebo	peligrar
uxoricida	animismo
fraternal	servicio
decapitar	desesperado
aconsejar	especial
rural	auricular
pecuniario	canino
cabo	repartir
depredador	fructífero

2 Identifica el adjetivo latino origen de cada una de estas palabras y defínelas:

caricia	plenitud	endulzar
plenilunio	entristecer	pleamar

3 **Piensa y comparte en pareja.** Relaciona estas palabras con los verbos estudiados y defínelas:

apodar	apelar
tácito	gestión
apellido	fugitivo
putativo	exhausto
aspecto	insepulto

Conoce mejor el inglés

4 Busca en un diccionario los significados de las siguientes palabras inglesas. ¿Guardan relación con las palabras latinas que has estudiado?

animate	*care*
appeal	*servile*
canine	*artistic*
plenty	*fruit*
rural	*fugitive*

5 LÉXICO

LA FORMACIÓN DE PALABRAS

5.1 Del latín a las lenguas romances

Estudia estas dos normas de cambios fonéticos del latín al castellano y a otras lenguas romances:

Grupos consonánticos *cl-*, *fl-*, *pl-*

Los grupos consonánticos latinos *cl-*, *fl-*, *pl-* a inicio de palabra evolucionaron a **ll-** en castellano, a **ch-** en gallego, y se mantuvieron en catalán.

Ej.: lat.: *planum* → cast.: llano, cat.: pla, gall.: chan.
lat.: *clavem* → cast.: llave, cat.: clau, gall.: chave.
lat.: *flammam* → cast.: llama, cat.: flama, gall.: chama.

Grupo consonántico *-ct-*

El grupo consonántico *-ct-* interior de palabra pasó a **-ch-**.
Esto es porque en castellano palatalizó la *-t-*: *-it-* → *-ch-*, mientras que en catalán y gallego no palatalizó la *-t-*.

Ej.: lat.: *tructam* → cast.: trucha, cat.: truita, gall.: troita.

5.2 La creación de nuevos términos

Los lexemas griegos y los latinos han sido muy fructíferos a la hora de crear nuevos términos, como puedes comprobar en los siguientes ejemplos:

Los números		
Latín	Lexema griego	Significado
quattuor	*tetra-*	cuatro
quinque	*pent-a-*	cinco
sex	*hex-a-*	seis
septem	*hept-a-*	siete
octo	*oct-o*	ocho
novem	*enea-*	nueve
decem	*deca-*	diez
mille	*-kil-o-*	mil

El cuerpo humano		
Latín	Lexema griego	Significado
corpus -oris	*somat-o-*	cuerpo
caput -itis	*-cefal-o-*	cabeza
auris -is	*-ot-o-*	oído
oculus -i	*oftalm-o-*	ojo
os oris	*-estom-a-t-*	boca
cor cordis	*-cardi-o-*	corazón
os ossis	*-oste-o-*	hueso
digitus -i	*-dactil-o-*	dedo
sanguis -inis	*-hemo-*	sangre
pes pedis	*podo-*	pie
manus -us	*quiro-*	mano

5.3 Latinismos

Aprende los latinismos siguientes:

Ad hoc

Significa literalmente 'para esto'. Se emplea como locución adjetiva con el sentido de 'adecuado, apropiado, dispuesto especialmente para un fin'. Por ejemplo: «Guardando el cable en el compartimento *ad hoc*»; y como locución adverbial, con el sentido de 'a propósito para la ocasión'. Por ejemplo: «El lugar adecuado para dar explicaciones es la comisión creada *ad hoc* en esta Cámara».

Adenda

'Conjunto de adiciones al final de un escrito'. Por ejemplo: «Este convenio se podrá prorrogar mediante una adenda».

Ipso facto

Significa literalmente 'por el hecho mismo' y se usa con el sentido de 'inmediatamente o en el acto'. Por ejemplo: «Ante aquel comentario, su sonrisa se borró *ipso facto*».

Alias

Se usa pospuesto al nombre verdadero de una persona y delante de su sobrenombre o apodo, con el sentido de 'por otro nombre'. Por ejemplo: «Se presentó un forastero y preguntó por Martín Ramírez, alias el Indio».

Actividades

1 Aplica las reglas de evolución fonética estudiadas hasta ahora a las siguientes palabras latinas.

flammam	*lactem*	*plagam*	*lectum*
plenum	*despectum*	*pluviam*	*octo*
clavem	*noctem*	*clamare*	*luctam*
plantam	*factum*	*plorare*	*strictum*

2 **El espejo.** Di un doblete resultante de las siguientes palabras de la actividad anterior (ej.: *planum* → llano/plano):

plenum	*plagam*
clavem	*pluviam*
plantam	*clamare*
lactem	*octo*
noctem	*strictum*

3 **Comprobamos.** Escribe la relación entre étimo latino, cultismo y palabra patrimonial de esta tabla e indica la diferencia de significado que encuentras entre el cultismo y la palabra patrimonial:

Étimo	Cultismo	Patrimonial
disolutum	circo	hondo
fundum	disoluto	codo
secundarium	clavícula	dedo
circum	dígito	segundero
claviculam	fondo	clavija
cubitum	décimo	disuelto
digitum	cúbito	diezmo
decimum	secundario	cerco

4 **Piensa y comparte en pareja.** Busca en el diccionario los significados de las siguientes palabras y relaciónalas con la palabra de origen latino o con un lexema de origen griego:

osteopatía	óseo
cordial	miocardio
oftalmólogo	auricular
decapitar	estomatología
psicosomático	manufactura
incorpóreo	artrópodo
otitis	dactilográfica
pedestal	braquicéfalo
quirúrgico	ocular
dígito	oral

5 Busca en el diccionario los significados de las siguientes palabras y relaciónalas con una palabra de origen latino o con un lexema de origen griego:

tetrarquía	kilómetro
quinquenal	cuadrilátero
hexámetro	pentagrama
septeto	heptasílabo
octópodo	octavo
noveno	eneasílabo
década	milenio

6 Escribe una oración con cada uno de los latinismos que has estudiado en esta unidad y explica su significado.

anayaeducacion.es. Consulta el «Diccionario de latinismos» disponible en el banco de recursos.

COMPRUEBA LO APRENDIDO

1 **Sumamos.** Di si estas afirmaciones son verdaderas o falsas y por qué:

a) El *magister* enseñaba oratoria y retórica.

b) El *paterfamilias* tenía autoridad sobre la esposa y los hijos.

c) En el matrimonio de la *conventio in manum* la mujer conservaba sus bienes.

d) Las primeras nociones de lectura y escritura las enseñaba el pedagogo.

e) Si una mujer se casaba *sine manu*, seguía bajo la patria potestad de su padre.

f) Los numerales ordinales expresan el orden, y los cardinales, la cantidad.

g) Los números *centum* y *mille* no se declinan.

h) El plural de *unus una unum* se declina también como un adjetivo 2-1-2.

i) El futuro imperfecto de subjuntivo latino se traduce como hubiere, amare, etc.

j) Las formas de subjuntivo del verbo *sum* se forman de la misma forma que el resto de verbos.

k) Los morfemas *-isse-* y *-eri-* son intercambiables.

2 Expresa con cifras romanas estos números:

7	86	99	116
64	47	75	234
33	21	28	59

3 Escribe el nombre latino de estos números ordinales:

25.º	3.º	1300.º	832.º
46.º	67.º	2011.º	17.º

4 **Tabla.** Conjuga el presente y el imperfecto de subjuntivo de *scio -ire scii scitum* y de *doceo -ere docui doctum*.

5 Conjuga el pretérito perfecto y el pretérito pluscuamperfecto de subjuntivo de:

venio -ire veni ventum *mitto -ere misi missum*

6 Cambia estas formas de indicativo a subjuntivo y tradúcelas (ej. *faciebas*, 'hacías' → *faceres*, 'hicieras o hicieses'):

iaciunt	*dederas*	*veniebant*
vicimus	*timemus*	*nuntiaverat*
iubebat	*coluere*	*mittimus*
senseram	*capiunt*	*putant*
delebantur	*appellavimus*	*timebamus*
laudamus	*gessi*	*nuntiatis*

anayaeducacion.es. Realiza la autoevaluación de la unidad.

7 Analiza y traduce las oraciones siguientes:

- *Elementa mundi quattuor: ignis, aqua, aer, terra.*
- *Erat summa difficultas legionibus Caesaris.*
- *Caveant consules!*
- *Utinam semper esses amicus!*
- *Florianus duobus mensibus et diebus xx in imperio fuit.*
- *Caesar hora diei quarta cum primis navibus Britanniam attigit.*
- *Barba non facit philosophum.*
- *Somnus est mortis imago.*
- *Utinam aures serves!*
- *Auribus teneo lupum.*
- *Canis similis est lupo.*
- *Rem publicam gerere ars difficilis est.*
- *Vita brevis, ars longa.*
- *Amare iuveni fructus est.*

8 **El espejo.** Traduce al latín:

- Cómodo gobernó doce años y ocho meses.
- Los soldados de César conquistaron la fortaleza en dos días.
- ¡Ojalá nunca hubieras venido!
- ¡Ojalá César traiga sus legiones consigo!

Comprende el texto y exprésate

9 Lee este texto y responde a las preguntas:

Coleccionar maridos

No hay mujer en Roma que se ruborice por haber roto su matrimonio, ya que las damas más ilustres han tomado por costumbre llevar la cuenta de los años, ya no por los nombres de los cónsules, sino por los de sus maridos. Se divorcian para casarse; se casan para divorciarse.

Séneca, *Sobre los beneficios*, III, 16, 2.

a) ¿Podía la mujer pedir el divorcio en Roma? ¿En qué situación quedaba la mujer divorciada? ¿Influía en el divorcio el tipo de matrimonio con que se hubiesen desposado los cónyuges?

b) En el texto hay una referencia al cómputo de los años en Roma. Infórmate sobre este aspecto y explica qué significado tiene en el texto.

c) ¿Qué crees que critica en este texto Séneca? ¿Qué figura literaria crees que utiliza el autor en este texto?

CONTEXTOS CLÁSICOS

EDICIÓN BILINGÜE

Consejos para el maestro

Sumat igitur ante omnia parentis erga discipulos suos animum, ac succedere se in eorum locum a quibus sibi liberi tradantur existimet. Ipse nec habeat vitia nec ferat. [...] simplex in docendo, patiens laboris, adsiduus potius quam inmodicus. Interrogantibus libenter respondeat, non interrogantes percontetur ultro. In laudandis discipulorum dictionibus nec malignus nec effusus, quia res altera taedium laboris, altera securitatem parit.

Quintiliano, *La instrucción del orador*, II, 2.

Detalle del sarcófago del pedagogo. S. III d. C. Museo Nacional Arqueológico de Tarragona.

Traducción

Asuma, pues, respecto de sus alumnos el sentir propio de un padre y valore que ocupa el lugar de aquellos que le confiaron a sus hijos. No tenga vicios ni los tolere. [...] Será sencillo al enseñar, paciente en el trabajo y constante antes que impulsivo. Responda con gusto a los que le pregunten y a los que no pregunten les interrogará por propia iniciativa. Al alabar las intervenciones de los alumnos no sea ni tacaño ni exagerado, porque lo uno produce desgana para el esfuerzo y lo otro despreocupación.

ACTIVIDADES

Comprende el texto

1 **Lectura compartida.** Lee en voz alta el texto latino y su traducción.

2 Busca en el texto traducido las formas verbales y clasifícalas según su modo verbal.

Amplía la información

3 Este texto pertenece a la obra de Quintiliano titulada *La instrucción del orador.* Busca información sobre este autor latino y sobre el contenido de esta obra y elabora con los datos que obtengas una ficha bajo el epígrafe «El autor y la obra».

Exprésate

4 En el texto, Quintiliano da una serie de consejos a los maestros para atender correctamente a sus alumnos. ¿Crees que son buenos consejos?

5 Escribe un listado de diez consejos que le darías a un maestro para que sus clases y su relación con los alumnos y las alumnas fuesen fructíferas. Después, redacta también diez consejos que le darías a un estudiante para que sacara el máximo provecho de asistir a clase.

6 ¿Coincide la imagen ideal del maestro que nos presenta Quintiliano con la actual? ¿Y con el ideal que tienes tú?

7 ¿Qué opinas del proverbio latino *Ratione, non vi vincenda adulescentia est*, es decir, 'A la juventud hay que dominarla por la razón, no por la fuerza'? ¿Crees que es necesario el orden y la disciplina para una correcta educación? Debate en clase.

VERSIÓN LATINA

Lucrecia

Tarquinius Collatinus, Lucretiae vir, in convivio cum regiis filiis erat atque ibi de uxoribus viri sermonem habebant: suas coniuges omnes laudabant. Itaque viri equis Romam[1] *veniunt. Regias uxores in convivio et luxu deprehendunt. Inde viri Collatiam*[2] *veniunt: Lucretiam inter ancillas lanam texebat. Sic laus Lucretiae fuit, nam Lucretia pudica uxor erat. Postea Tarquinius Sextus, Tarquinii Superbi filius, nocte domum*[3] *Collatini venit et in cubiculum Lucretiae irrumpit, Lucretiam gladio petivit, sic terrore obstinatam pudicitiam Lucretiae expugnavit. Illa igitur postero die patri et Collatino coniugi rem exposuit et se gladio occidit.*

NOTAS: 1. Ac. de dirección: 'a Roma'. 2. Ac. de dirección: 'a Colacia' (ciudad cercana a Roma, patria de Tarquinio Colatino, el marido de Lucrecia). 3. 'a casa'.

DE RUTA POR HISPANIA

Los monumentos funerarios

Los monumentos funerarios revistieron en la Hispania romana formas muy diversas según el momento, el lugar y la tradición histórica conforme a los que fueron erigidos. Los monumentos funerarios en forma de templo, torre, altar o estela son más propios de la llamada Hispania Tarraconense; en Lusitania se han hallado restos de columbarias; en la Bética se alternan la inhumación —en una primera etapa— con la cremación, después así como inhumación en ánforas.

La Torre Ciega de Cartagena, el Altar de los Moros o Mausoleo de los Atilios en Sádaba (Zaragorza), la Torre de los Escipiones en Tarragona o la necrópolis de Carmona (Sevilla), que alberga varias tumbas monumentales, son buenas muestras de la importancia que este tipo de edificaciones tuvo en Hispania.

El monumento funerario de Fabara

En el margen del río Matarraña, en Aragón, está la villa de Fabara. Cerca de ella se ubica uno de los monumentos funerarios más importante de la Hispania Tarraconense. Se trata de un templete erigido sobre un podio. Dedicado a los manes familiares de *L. Aemilius Lupus*, según la inscripción, data de la época de los Antoninos.

anayaeducacion.es. Consulta el «Mapa interactivo de la Hispania romana» disponible en el banco de recursos.

ACTIVIDADES

Comprende el texto

1 Lee en voz alta el texto y tradúcelo.

2 Analiza morfológicamente: *patri, terrore, uxoribus, viri, luxu*.

3 Cambia las formas verbales del texto al modo subjuntivo.

4 **Comprobamos.** Analiza sintácticamente: *Sic laus Lucretiae fuit, nam Lucretia pudica uxor erat*.

5 Define y relaciona con palabras del texto «cónyuge», «terrorífico», «doméstico», «noctámbulo», «lanar», «laudatorio» y «regio».

Amplía la información

6 **Las 6 W.** Averigua quién fue Tarquinio el Soberbio y qué consecuencias tuvo el episodio de Lucrecia en su vida.

Exprésate

7 ¿Qué ocurriría hoy de repetirse un episodio semejante al de Lucrecia?

Mausoleo de Fabara, en Zaragoza.

10

OCIO Y TIEMPO LIBRE

Una práctica bestial y nefanda

Acerca de la civilización romana, que es tan grande, el abominable amor del público hacia los *ludi* del circo echa una sombra tétrica. Es una mancha de oprobio que no se borra. Aun en tiempos más bárbaros, la conciencia humana se ha negado a perpetuar tan perversa costumbre. Decir que la condenamos es poco decir; la verdad es que no logramos siquiera comprenderla. Nos parece absurda. Asombra, en efecto, más aún que la abyecta excitación de la muchedumbre ebria de sangre, la indiferencia de los mejores; asombra la impasibilidad de los hombres que por tantos aspectos nos parecen tan humanos y tan cerca de nuestro sentir, hacia aquella práctica bestial y nefanda. Solo en los escritos de Séneca se eleva una voz de desaprobación; pero es una voz débil, expresión más de repugnancia que de protesta. [...]

En los romanos estos espectáculos de violencia y de sangre excitaban los peores insultos. La muchedumbre se embrutecía, y contribuía a aumentar su exaltación del espíritu combativo que siempre se apodera del hombre cuando asiste a una lucha pública. Se tomaba partido por este o por aquel gladiador; se apostaba; se incitaba a gritos a los predilectos. Las mujeres deliraban, y el gladiador victorioso triunfaba también en el corazón de las espectadoras.

Ugo Enrico Paoli,
Urbs. La vida en la Roma antigua.

REFLEXIONA SOBRE EL TEMA

Cadena de preguntas

Espectáculos embrutecedores

¿Por qué crees que la lucha de gladiadores era del agrado de los romanos? ¿Existían en Roma voces contrarias a estos espectáculos? ¿Qué efectos producían en la muchedumbre estos espectáculos?

Espectáculos pagados

El estado romano financiaba los espectáculos para el pueblo, algo que se consideraba un derecho y no un lujo. ¿Es así en la actualidad? ¿Se financian hoy día espectáculos con el dinero público?

anayaeducacion.es. En tu banco de recursos dispones de diversos talleres para gestionar las emociones.

ROMAE SPECTACULA

VOCABULARIO

amphitheatrum -i (n.): anfiteatro
gladiator -oris (m.): gladiador
morituri: los que van a morir
retiarius -ii (m.): reciario (tipo de gladiador)
secutor -oris (m.): secutor (tipo de gladiador)
decerno -ere: decidir
Neca eum!: ¡mátalo!
haut (adv.): no
auriga -ae (m.): auriga, conductor
gyrus -i (m.): giro, vuelta
excito -are: animar
sponsiones provocant: hacen apuestas
factio -onis (f.): equipo
quae coloribus decernuntur: que se distinguen por sus colores
age!: ¡venga!, ¡vamos!
gaudium -ii (n.): alegría

Accede a la animación de este cómic disponible en el banco de recursos de anayaeducacion.es.

1 CULTURA

OCIO Y ESPECTÁCULOS

A los romanos les encantaban los espectáculos de masas, les fascinaban y divertían. Eran de dos tipos: los ***ludi circenses*** y los ***ludi scaenici.***

1.1 *Ludi circenses*

Tenían lugar en el anfiteatro y en el circo, y eran básicamente tres:

Juegos de gladiadores

Estos juegos consistían realmente en una serie de combates entre los distintos tipos de gladiadores. Se celebraban en el **anfiteatro,** un recinto de perfil ovalado o circular con visibilidad desde cualquier punto.

Los gladiadores luchaban intentando dar muerte al contrario. Como la mayoría de los gladiadores eran prisioneros de guerra, su vida importaba poco a los espectadores. Si el perdedor resultaba herido, su suerte quedaba a merced del público.

Hombres contra fieras

Estos combates, llamados ***venationes*** (o cacerías), consistían en enfrentamientos con fieras salvajes a las que el gladiador debía capturar. Era un espectáculo más sangriento y desagradable de presenciar que el anterior, porque estos hombres, que eran condenados a muerte, se enfrentaban a las fieras en condiciones de notoria inferioridad. Los condenados que no conseguían vencer al animal sufrían un suplicio atroz ante la plebe.

Carreras de carros

Bastante menos violentas y muy emocionantes resultaban las carreras de carros que se celebraban en el **circo,** un recinto de perfil alargado —como un hipódromo— cuya pista estaba dividida por una línea divisoria llamada *spina* en torno a la que los carros guiados por dos o cuatro caballos debían dar la vuelta, una operación peligrosa que exigía gran destreza.

Los contrincantes solían ser cuatro, caracterizados cada uno con un color distintivo —rojo, verde, azul y blanco—. Los espectadores hacían apuestas y el desarrollo de la carrera se seguía con emoción y pasión desbordantes.

Trabaja con la imagen

Observa estas recreaciones del Anfiteatro Flavio y del Circo Máximo de Roma. Busca información y señala sus partes principales.

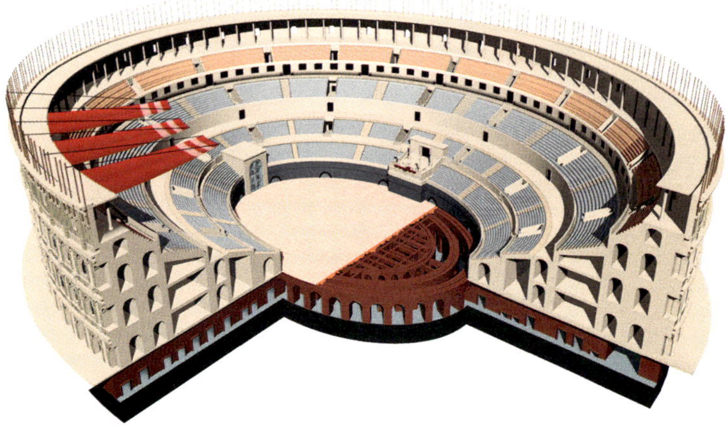

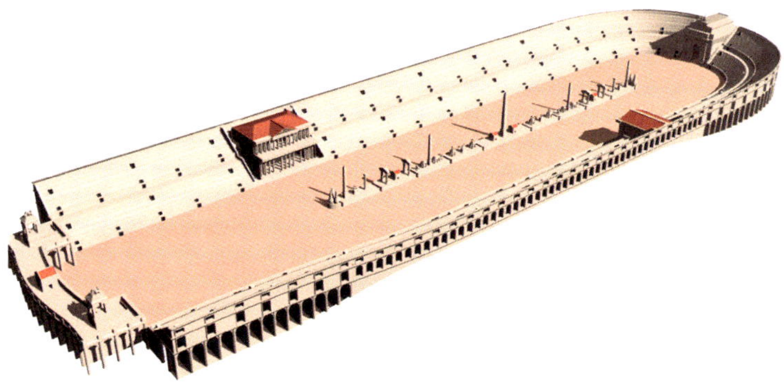

1.2 *Ludi scaenici*

Los *ludi scaenici* eran las representaciones escénicas que se celebraban en el **teatro.** A diferencia del teatro griego, el romano tenía una escena semicircular. Otra modificación con respecto al teatro griego era que el teatro romano perdió el carácter religioso y ritual que tuvo en Grecia, donde estuvo ligado a las fiestas dionisiacas.

Además, los romanos prefirieron la **comedia** a la tragedia. **Terencio** y **Plauto** fueron sus autores más importantes, quienes divirtieron a los espectadores con sus tramas de enredo y sus chistes.

Los temas habituales en la comedia son el amor entre personas de distintas clases sociales, los naufragios en los que hay un superviviente al que todos daban por muerto, objetos cuyo hallazgo cambia de repente la situación y reencuentros de padres e hijos al cabo de los años.

Sus personajes son arquetipos dramáticos identificables por el público: el joven enamorado, el soldado fanfarrón, el viejo gruñón, la joven ingenua, los esclavos, más listos que sus amos, y el parásito, que vive del cuento y sin trabajar.

Plauto convierte en genuinamente romanos unos caracteres originalmente griegos. También maneja todos los niveles de la lengua: los esclavos son palabroteros, mientras que los personajes ilustrados pronuncian discursos perfectos. No es de extrañar que su obra, acompañada de canto y danza, tuviera tanto éxito en Roma y ejerciera una influencia decisiva sobre el teatro a lo largo de los siglos.

1.3 Otras diversiones

Las termas

Las termas eran los **baños públicos,** en los que, además de bañarse, los romanos podían estar de tertulia y pasar allí muchas horas. Eran, por ello, un lugar animado, presentes en todas las ciudades relevantes del Imperio.

Un sofisticado sistema de tuberías permitía regular la temperatura tanto del recinto como de los varios receptáculos de agua. Se partía del recinto del agua caliente —*caldarium*— para pasar después al del agua templada —*tepidarium*— acabando en el del agua fría —*frigidarium*—.

Anexos a las salas de baño estaban los vestuarios —*apodyterium*—. También había locales destinados a tratamientos corporales y de estética, y a la práctica de gimnasia y otros deportes.

Mimo y pantomima

También gozaron del fervor del pueblo romano géneros menores como el **mimo** y la **pantomima.**

Ambos géneros empleaban la mímica para representar escenas de la vida cotidiana, pero así como el mimo podía hacer uso ocasional de la palabra hablada y de otros sonidos, la pantomima usaba exclusivamente la gestualidad.

Trabaja con la imagen

Interpretación compartida. Observa la planta de las Termas de Caracalla y explica, según el gráfico, cómo eran unas termas romanas. Averigua también qué era el hipocausto y cómo funcionaba.

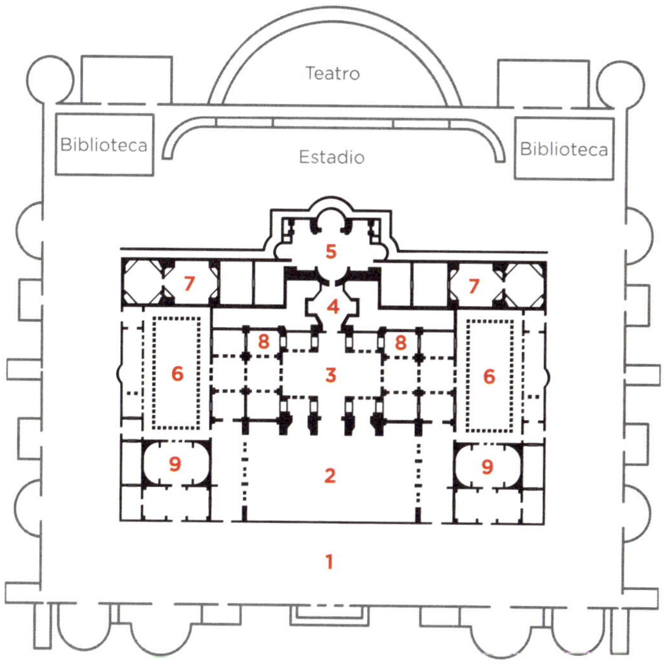

Termas de Caracalla

1 Acceso a los jardines
2 *Natatio*
3 *Frigidarium*
4 *Tepidarium*
5 *Caldarium*
6 Palestra
7 Sala de reuniones
8 Sauna
9 Vestuario

El banquete (*convivium*)

A los romanos también les gustaba disfrutar de una buena cena, bien en su casa, bien en la de alguno de sus amigos.

Lo que en un principio eran cenas colectivas regadas con buen vino y sobremesas de alto nivel cultural, degeneró en muchos casos en verdaderas orgías, donde los romanos comían por comer y bebían hasta terminar borrachos.

Escena de banquete. Fresco del siglo I procedente de Pompeya. Museo Arqueológico Nacional de Nápoles.

Actividades

Recuerda lo aprendido

1 ¿Qué dos tipos de espectáculos de masas había en Roma?

2 ¿Qué espectáculos se agrupaban bajo el nombre de *ludi circenses*?

3 ¿En qué consistían los combates de gladiadores?

4 ¿De qué forma se indultaba o condenaba a muerte a un gladiador que perdía su combate?

5 ¿Qué nombre latino recibían los enfrentamientos entre hombres y fieras salvajes que se celebraban en el anfiteatro?

6 ¿Cuántos carros solían competir en una carrera de carros?

7 ¿Quiénes fueron los mayores autores teatrales de Roma?

8 ¿Qué distintos tipos de estancias según la temperatura del agua había en las termas romanas?

9 **Esquema.** Realiza un esquema con los diversos *ludi* romanos, especificando el lugar en el que se celebraban.

10 **Comprobamos.** Relaciona las dos columnas:

1. *Ludi circenses*	a) Plauto
2. Gladiadores	b) Circo y anfiteatro
3. *Ludi scaenici*	c) Cacerías
4. *Convivium*	d) Sala templada
5. *Tepidarium*	e) Sala de agua caliente
6. *Frigidarium*	f) Carreras de carros
7. Comedia	g) Sala de agua fría
8. *Caldarium*	h) Prisionero de guerra
9. Circo	i) Banquete
10. *Venationes*	j) Teatro

Amplía la información

11 Investiga sobre los distintos tipos de gladiadores que había en Roma.

12 **El espejo.** Busca información sobre el mimo y la pantomima en la antigua Roma. ¿Mantienen el mismo significado hoy día?

Vuelve a la actualidad

13 **VET.** Elabora un listado con los distintos espectáculos que existen en la actualidad y el lugar donde tienen lugar (por ejemplo, un espectáculo de danza en el teatro), y compáralo con los de la antigua Roma.

14 ¿Qué actividades se incluyen actualmente en el calendario de festejos de tu localidad? ¿Son necesarios los espectáculos y las diversiones para el buen funcionamiento de la sociedad? Debate en clase.

15 **Sumamos.** En la actualidad, los balnearios, naturales o urbanos, son un atractivo turístico de primer orden. ¿Por qué crees que es así? ¿Tienen algo que ver con las antiguas termas romanas? Razona tu respuesta.

2 GRAMÁTICA

LAS FORMAS NOMINALES DEL VERBO: EL INFINITIVO

2.1 Características y funciones del infinitivo

El **infinitivo** es la forma del verbo que funciona como un **sustantivo.** Es decir, es un **sustantivo verbal.**

El infinitivo puede realizar funciones propias tanto de un sustantivo como de un verbo; por ejemplo:

- ***Errare*** [sujeto] *humanum est.* → 'Equivocarse es humano'.
- *Dico* ***te bonum esse*** [subordinada sustantiva función CD]. → 'Digo que tú eres bueno'.

Como **forma verbal,** el infinitivo tiene las categorías de **tiempo** y **voz,** y, además, puede llevar **complementos verbales.** Por ejemplo:

- *Dux* ***pugnare*** *cupiebat.* → 'El general deseaba luchar'.
  S CD V

- *Dux* ***urbem delere*** *cupiebat.* → 'El general deseaba destruir la ciudad'.
  CD N
  S CD V

- *Dux incendio urbem* ***delere*** *cupiebat.* → 'El general deseaba destruir la ciudad con un incendio'.
  CC CD N
  S CD V

El infinitivo, pues, al ser un **sustantivo verbal,** puede desempeñar las siguientes funciones propias de un sustantivo:

- **Sujeto:**
  - ***Errare*** *humanum est.* → 'Equivocarse es humano'.
    S Atr V
- **Complemento directo:**
  - ***Vincere*** *scis, Anibal.* → 'Sabes vencer, Aníbal'.
    CD V Voc
- **Atributo:**
  - *Saepe fugere est* ***vincere.*** → 'A menudo huir es vencer'.
    CC S V Atr

2.2 El infinitivo de perfecto activo

Ya hemos estudiado (en la unidad 4) el infinitivo de presente activo, que aparece, además, en el enunciado del verbo, por ejemplo *amo amare.*

Habíamos dicho entonces que el **infinitivo de presente** se forma añadiendo la terminación ***-re*** al tema de presente. Por ejemplo: *amare, habere, ducere, capere, audire* o *esse.*

El **infinitivo de perfecto** activo, en cambio, se construye de esta forma:

Tema de perfecto + ***isse***

Así que los infinitivos de perfecto serán, siguiendo los ejemplos anteriores: *amav-isse, habu-isse, dux-isse, cep-isse, audiv-isse* y *fu-isse.*

Huellas del infinitivo

El infinitivo, como sustantivo verbal que es, llegó a declinarse. De ello quedan huellas en las lenguas románicas; así en castellano: cantar/cantares, haber/haberes, deber/deberes, etc.

Actividades

1 ¿Por qué el infinitivo puede desempeñar una doble función?

2 ¿Qué categorías verbales tiene el infinitivo?

3 ¿Qué funciones puede desempeñar el infinitivo como sustantivo?

4 ¿Cuál es la desinencia del infinitivo de presente activo?

5 ¿Cómo se forma el infinitivo de perfecto activo?

6 **Piensa y comparte en pareja.** Indica la función que desempeñan los infinitivos en estas oraciones:

- El público decidió salvar al gladiador vencido.
- Asistir al circo era muy apasionante.
- Para los gladiadores sin experiencia era muy probable morir.
- Querer es poder.
- Decidieron asistir al teatro.
- Saludarse y charlar eran parte del ritual de los baños romanos.
- Ambos gladiadores deseaban lo mismo, no morir.
- El deseo de vencer era común a todos los aurigas.
- Los invitados estaban deseosos de iniciar el banquete.

7 **Comprobamos.** Indica la persona, el número, el tiempo, el modo, la voz y el enunciado de las siguientes formas verbales; después, escribe el infinitivo del tiempo que corresponda (p. ej.: *vicerat* → 3.ª persona del singular del pretérito pluscuamperfecto de indicativo activo de *vinco -ere vici victum*; infinitivo perfecto activo → *vicisse*):

capiunt	*legerunt*
collocabam	*scripsi*
viceras	*laborabunt*
iuberemus	*agam*
tenueris	*capiebatis*
ornabamus	*putabo*
delevistis	*posuissem*

8 Analiza estas formas de infinitivo y enuncia los verbos a que pertenecen (p. ej.: *vicisse* → infinitivo de perfecto activo de *vinco -ere vici victum*):

iubere	*cecidisse*
scripsisse	*accipere*
laudavisse	*vulnerare*
dare	*laborare*
invenisse	*tenuisse*
agere	*perficere*
gerere	*legere*

Teatro romano de Acinipo, en Ronda (Málaga).

3 GRAMÁTICA

LAS FORMAS NOMINALES DEL VERBO: EL PARTICIPIO

3.1 Características y funciones del participio

El **participio** es la forma nominal del verbo que funciona como un adjetivo; es decir, el participio es un **adjetivo verbal.**

- Como **adjetivo,** tiene las categorías de **caso, género y número,** y desempeña las funciones de un adjetivo, incluso puede **sustantivarse.**
- Como **verbo,** presenta las categorías de **tiempo y voz,** y rige los mismos **complementos** que el verbo.

Nuestro participio (amado -a, habido -a, etc.) proviene del participio de perfecto pasivo latino: *amatus -a -um*, *habitus -a -um*, etc.

3.2 El participio de perfecto pasivo

La formación del participio de perfecto pasivo, que se declina y enuncia como un **adjetivo 2-1-2** (tipo *bonus -a -um*), sigue este esquema:

Tema de supino + desinencias

Verbo	Tema de supino	Participio de perfecto
amo -are -avi -atum	*amat-*	*amatus -a -um*
habeo -ere habui habitum	*habit-*	*habitus -a -um*
duco -ere duxi ductum	*duct-*	*ductus -a -um*
capio -ere cepi captum	*capt-*	*captus -a -um*
audio -ire -ivi -itum	*audit-*	*auditus -a -um*

Participio concertado

El participio es un adjetivo verbal. Cuando el participio **funciona como adjetivo,** se dice que es un participio concertado, puesto que **concuerda** con el sustantivo al que complementa en **caso, género y número.**

El participio de perfecto expresa una **acción anterior** a la del verbo principal y podremos traducirlo por nuestro participio pasado o por una oración de relativo. Por ejemplo:

– *Hostes legatum ad Gallos* ***missum*** *occiderunt*.

(*Hostes*: S; *legatum*: N; *ad Gallos missum*: ADY (PARTICIPIO); *legatum ad Gallos missum*: CD; *occiderunt*: V)

→ 'Los enemigos mataron al legado enviado/que había sido enviado a los galos'.

Participio sustantivado

También hemos dicho que el participio puede **sustantivarse.** En este caso, el participio **no concuerda** con ningún elemento de la oración, sino que él mismo **desempeña la función de un sustantivo.** Por ejemplo:

– *Verba volant,* ***scripta*** *manent.*

(*Verba*: S; *volant*: V; *scripta*: S; *manent*: V)

→ 'Las palabras vuelan, los escritos/las cosas escritas permanecen'.

Actividades

1 Los participios ¿son adjetivos o verbos?

2 ¿Qué es un adjetivo verbal?

3 ¿Qué desinencias toma el participio de perfecto latino?

4 ¿Cómo se declina el participio de perfecto latino?

5 ¿Qué es un participio concertado?

6 ¿Con qué y cómo concuerda un participio concertado?

7 ¿Cómo podemos traducir el participio de perfecto pasivo latino?

8 Enuncia los participios de perfecto pasivo de los siguientes verbos:

ago -ere egi actum

do dare dedi datum

capio -ere cepi captum

scribo -ere scripsi scriptum

censeo -ere censui censum

teneo -ere -ui tentum

cado -ere cecidi casum

9 **Piensa y comparte en pareja.** Concuerda el participio de perfecto pasivo del verbo entre paréntesis con su sustantivo y traduce el sintagma resultante:

pontem (facio -ere feci factum)

militibus (occido -ere -cidi occisum)

verba (dico -ere dixi dictum)

equites (mitto -ere misi missum)

re (nuntio -are -avi -atum)

10 **Comprobamos.** Analiza estas formas de participio de perfecto pasivo y enuncia el verbo al que pertenecen (p. ej.: *victas* → acusativo femenino plural del participio de perfecto pasivo de *vinco -ere vici victum*):

iussae	*victis*	*vulneratos*
scripta	*acta*	*laboratam*
laudati	*gestarum*	*data*

11 **Tabla.** Declina los siguientes sintagmas:

hostis captus *res gesta*

Cuádriga con auriga vencedor en el circo. Museo Arqueológico Nacional de Madrid.

12 **Comprobamos.** Analiza y traduce las siguientes oraciones:

- *Milites fugati in silvas venerunt.*
- *Victi Galli pacem a Caesare petebant.*
- *Milites pontem perfectum postero die deleverunt.*
- *In hostes missae tres legiones ingentibus proeliis omnem provinciam ceperunt.*
- *Hostes legatos ad Hannibalem missos ceperunt.*
- *Dux e castris hostium fugatus ad oppidum venit.*

13 **El espejo.** Traduce las siguientes oraciones al latín:

- Aníbal destruyó Sagunto sometida/que había sido sometida.
- César llegó con cinco legiones a la fortaleza conquistada/que había sido conquistada.
- Los enemigos apresaron a los soldados huidos/que habían huido.
- El general ordenó defender valientemente la ciudadela conquistada.

anayaeducacion.es. Consulta la «Guía de traducción» disponible en el banco de recursos.

4 GRAMÁTICA

LAS FUNCIONES SINTÁCTICAS DE LOS CASOS

A lo largo de este curso has ido viendo las distintas funciones que pueden desempeñar los casos latinos. A continuación, exponemos un resumen de esas funciones

Nominativo

El nominativo desempeña las funciones de **sujeto** (S) y **atributo** (ATR); por ejemplo:

- ***Roma magna urbs*** *est*. → 'Roma es una ciudad grande'.
  S — ATR — V

Vocativo

El vocativo desempeña la **función apelativa** (VOC); es decir, llama la atención del oyente. Generalmente, encontramos el vocativo entre comas y, a veces, con signos de admiración; por ejemplo:

- *Argentum*, ***Romani***, *non habemus*. → 'Romanos, no tenemos plata'.
  CD — VOC — MO — V

Acusativo

La función principal del acusativo es la de **complemento directo** (CD). El acusativo es el caso para expresar el objeto de la acción verbal; por ejemplo:

- *Caesar* ***copias*** *ducit*. → 'César conduce las tropas'.
  S — CD — V

El acusativo puede realizar también la función de **complemento circunstancial** (CC). Con esta función, el acusativo puede ir con o sin preposición:

- **Acusativo con preposición.** Por ejemplo: *in Italiam*, 'a Italia'; *ad Hispaniam*, 'hacia Hispania', etc.
- **Acusativo sin preposición**. En este caso, el acusativo expresa:
  - el lugar adonde **(acusativo de dirección),** que se suele utilizar para indicar la dirección a lugares muy concretos y menores; por ejemplo: *venire Romam*, 'venir a Roma'; *ire domum*, 'ir a casa', etc.
  - la **extensión,** bien **en el espacio,** bien **en el tiempo;** por ejemplo: *vixit annos triginta*, 'vivió treinta años'.

Genitivo

El genitivo desempeña la función de **complemento del nombre** (CN).

- ***Romae*** *muros videmus*. → 'Vemos los muros de Roma'.
  CN — CD — V

Dativo

El dativo desempeña la función de **complemento indirecto** (CI). El dativo expresa la persona o cosa interesada en la acción verbal; por ejemplo:

- ***Caesari*** *victoriam nuntiaverunt*. → 'Anunciaron la victoria a César'.
  CI — CD — V

Funciones de los casos

- **Nominativo:**
  - Sujeto (S).
  - Atributo (ATR).
- **Vocativo:**
  - Función apelativa (VOC).
- **Acusativo:**
  - Complemento directo (CD).
  - Complemento circusntancial (CC).
- **Genitivo:**
  - Complemento del nombre (CN).
- **Dativo:**
  - Complemento indirecto (CI).
- **Ablativo:**
  - Complemento circunstancial (CC).

Ablativo

El ablativo expresa una circunstancia, por lo que funciona como **complemento circunstancial** (CC).

La circunstancia que expresa el ablativo sin preposición será especificada (tiempo, espacio, modo, causa, etc.) por la **semántica del verbo y del nombre;** por ejemplo:

- ***Athenis*** *vivere* → 'Vivir en Atenas'.
- ***Carne et lacte*** *vivere* → 'Vivir de carne y leche'.
- ***Hieme*** *oppugnare* → 'Atacar en invierno'.
- *Ferire* ***gladio*** → 'Herir con la espada'.

En latín, como sabes, la circunstancia se puede expresar también mediante un **sintagma preposicional;** en este caso, es la preposición la que aporta el significado al sintagma.

Actividades

1 ¿Con qué casos expresarías la función de sujeto?

2 ¿Cómo concuerda con el sujeto un adjetivo que funciona como atributo?

3 ¿Qué caso desempeña la función de complemento del nombre?

4 ¿Qué caso desempeña la función de complemento indirecto?

5 ¿Qué función suele desempeñar el caso ablativo?

6 ¿Qué indica el acusativo con valor circunstancial?

7 **Comprobamos.** Indica el caso y la función de cada uno de los sustantivos que aparecen en las siguientes oraciones:

- *Hieme castra oppugnaverunt.*
- *Caesar Athenis vixit.*
- *Hostes multa oppida ceperunt.*
- *Duci Gallorum legati adventum nuntiaverunt.*
- *Romane, tu regere populos debes.*
- *Hispani carne et pane vivunt.*
- *Saguntum magnum oppidum erat.*
- *Milites Caesaris multos hostes gladio vulnerant.*

8 **Piensa y comparte en pareja.** Con ayuda del vocabulario, analiza y traduce las estas oraciones:

- *Helvetii cupiebant iter per provinciam facere.*
- *Amulius rex proicere pueros in fluvium iussit.*
- *Bibere humanum est, ergo bibamus, amice!*
- *Sibi servire grave est.*
- *Senatores in periculis mutare vestem solebant.*
- *Somnus dolorem vincere incipit.*
- *Gladiator est sine crimine homicida.*
- *Dente lupus, cornu taurus petit.*
- *Est proprium stultitiae aliena vitia cernere.*
- *Auream mediocritatem diligimus.*
- *Opera hominis tempus delere solet.*
- *Scribam paucis diebus omnia.*
- *Doloris medicina philosophia est.*
- *Hic dolor tuus levis erat.*
- *Verba hominum ventus delet.*
- *Hic civilibus studiis clarus fuit et litteris doctus.*
- *Ignis quoque hominibus necessarius est.*
- *Tristis sua sorte erat.*

9 **El espejo.** Con ayuda del vocabulario, traduce al latín:

- Todos los enemigos deseaban atacar el campamento de César.
- El Senado decidió enviar dos legiones a Hispania.
- El aprender es útil.
- Escuchar tu discurso fue pesado.
- Debemos conquistar las ciudadelas.
- El Senado decidió hacer la guerra.

anayaeducacion.es. Consulta la «Guía de traducción» disponible en el banco de recursos.

5 LÉXICO

APRENDE VOCABULARIO

5.1 Sustantivos

Estudia los siguientes sustantivos:

Sustantivos

Primera declinación (temas en *-a*)

epistula -ae, 'carta'
copia -ae, 'abundancia' [en pl., 'tropas']
puella -ae, 'niña, muchacha'
scientia -ae, 'conocimiento, ciencia'

Segunda declinación (temas en *-o*)

puer -i (m.), 'niño'
ferrum -i (m.), 'hierro'
ventus -i (m.), 'viento'

studium -ii (n.), 'afición, estudio'
arma -orum (n. pl.), 'las armas'
castra -orum (n. pl.), 'campamento'

Tercera declinación (temas en consonante)

dolor -oris (m.), 'dolor'
timor -oris (m.), 'temor'

pax pacis (f.), 'paz'
vox vocis (f.), 'voz'

opus operis (n.), 'obra'
scelus -eris (n.), 'crimen'

Tercera declinación (temas en *-i*)

ignis -is (m.), 'fuego'
orbis -is (m.), 'círculo'

nox noctis (f.), 'noche'
sors sortis (f.), 'suerte'

5.2 Verbos

Estudia los siguientes sustantivos:

Verbos

Primera conjugación (tema en *-a*)

do dare dedi datum, 'dar'
sto -are steti statum, 'estar en pie'

Segunda conjugación (tema en *-e*)

caveo -ere cavi cautum, 'guardarse de'
censeo -ere -ui -censum, 'declarar, estimar, tasar'
teneo -ere -ui -tentum, 'tener cogido'

Tercera conjugación (tema en consonante)

ago -ere egi actum, 'conducir, hacer'
cado -ere cecidi casum, 'caer, perecer'

Cuarta conjugación (tema en *-ī*)

invenio -ire inveni inventum, 'encontrar'
vincio -ire vinxi vinctum, 'atar'

Cuarta conjugación (tema en *-ĭ*)

accipio -ere accepi acceptum, 'recibir, acoger'
perficio -ere perfeci perfectum, 'hacer por completo, acabar'

Escena teatral. Fresco del siglo I, copia de un original griego del siglo IV a. C., procedente de Herculano. Museo Arqueológico Nacional de Nápoles.

5.3 El origen de las palabras

¿Sabes qué significan las palabras «lúdico», «preludio», «eludir» e «ilusión»? Todas ellas comparten una misma raíz, la de *ludus -i*, 'juego'.

Como puedes observar, el término *ludus -i*, 'juego', sigue vigente en varias palabras de las lenguas romances. Por ejemplo:

ludus -i, 'juego'

cast.: preludio	**gall.:** preludio	**it.:** preludio
cat.: preludi	**fr.:** prélude	**rum.:** preludiu

Otro ejemplo de la pervivencia del léxico latino se aprecia, por ejemplo, en palabras como «correo», «corriente», «correría» y «corretear», que, al igual que sucedía con los derivados del ejemplo anterior (preludio, eludir, etc.), también provienen todas ellas de una misma palabra latina; en este caso, del verbo *curro currere*, 'correr'. Este verbo ha dado lugar a un sustantivo en distintas lenguas romances; así:

curro currere, 'correr'

cast.: correr	**gall.:** correr	**it.:** correre
cat.: córrer	**fr.:** courir	**rum.:** curge

Actividades

Recuerda lo aprendido

1 **Asamblea de ideas.** Relaciona las siguientes palabras con los sustantivos que has estudiado y defínelas:

acopio	vociferar	orbitar
herrero	epistolar	ventoso
inerme	sorteo	ignífugo
castrense	científico	indoloro
apaciguar	pueril	temeroso

2 Relaciona las siguientes palabras con los verbos que has estudiado y defínelas:

caída	agencia	inaceptable
estancia	inventivo	precavido
tenencia	imperfecto	dadivoso

3 Escribe una oración con dos de las palabras castellanas estudiadas en la actividad anterior.

Conoce mejor el inglés

4 Busca los significados de las siguientes palabras inglesas. ¿Puedes decir qué relación tienen con las palabras latinas que has estudiado?

action	*copious*	*perfectly*	*puerility*
voice	*invention*	*orbital*	*science*

Termas romanas de Mura, en Valencia.

6 LÉXICO

LA FORMACIÓN DE PALABRAS

6.1 Del latín a las lenguas romances

Estudia las últimas dos normas de cambios fonéticos del latín al castellano y a otras lenguas romances que veremos en este curso:

Grupo -*cul-*

El grupo latino -*cul*- en un primer momento pasó a -*c'l*- (síncopa de la vocal postónica) y luego evolucionó en castellano a **-j-**, en catalán a **-ll-** y en gallego a **-ll-**.

Ej.: lat.: *acuculam* → cast.: aguja; cat.: agulla; gall.: agulla.

Grupo -*li-*

El grupo latino -*li*- intervocálico evolucionó a **-j-** y **-ll-** en castellano y a **-ll-** en catalán y en gallego.

Ej.: lat.: *concilium* → cast.: concejo; cat.: consell; gall.: concello.

6.2 La creación de nuevos términos

Aprende ahora los principales lexemas de origen griego y latino del campo semántico de la sociedad, la percepción y la psicología:

La sociedad

Latín	Lexema griego	Significado
vir -i	*-andr-o-*	varón
femina -ae	*-gin-*	mujer
senex -is	*ger-o-nto-*	anciano
populus -i	*-dem-*	pueblo
gens -ntis	*-etn-o-*	raza, pueblo
civitas -atis	*-poli-*	ciudad

La percepción y la psicología

Latín	Lexema griego	Significado
amor -oris	*-fil-o-*	amor
metus -us	*-fob-ia*	miedo
odium -ii	*mis-o-*	odio
somnus -i	*-hipn-o-*	sueño
anima -ae	*-psiqu-*	alma, espíritu
sonus -i	*-fon-i-*	sonido

Una lengua siempre útil

El latín y el griego siguen vigentes en nuestra lengua y cultura, y están especialmente presentes en el vocabulario jurídico, científico y técnico.

El latín ha sido vehículo de expresión universal de la cultura, romana primero y europea después. Hoy día sigue siendo útil para educar, para formar personas y para consolidar los conocimientos lingüísticos.

6.3 Latinismos

Para finalizar, aprende los últimos tres latinismos de este curso:

In memoriam

Significa literalmente 'en recuerdo'. Generalmente, se emplea referido a misas, escritos o actos recordatorios de una persona fallecida.
Por ejemplo: «Celebraron un acto *in memoriam* de los fundadores del Ateneo».

Hábitat

Significa 'lugar de condiciones apropiadas para que viva un organismo, especie o comunidad animal o vegetal'. Es una voz procedente de la forma verbal latina *habitat* ('habita' o 'vive'). Está castellanizado. Por ejemplo: «Estamos destruyendo el hábitat de muchos animales de manera acelerada».

Modus vivendi

Significa literalmente 'modo de vivir', aunque también significa 'base o regla de conducta'. En el lenguaje cotidiano ha pasado a utilizarse con el sentido de 'modo de ganarse la vida'.
Por ejemplo: «Aquellos delincuentes habían hecho del robo sistemático su *modus vivendi*».

Actividades

1 **El espejo.** Aplica las reglas de evolución fonética que has estudiado a lo largo del curso a las siguientes palabras para comprobar qué términos castellanos provienen de esas palabras latinas:

oculum · *claviculam* · *alium*
filium · *graculum* · *lenticulam*
foliam · *despoliare* · *auriculam*
apiculam · *mulierem* · *muraliam*
speculum · *oviculam* · *humiliare*

2 Di un doblete resultante de las siguientes palabras (ej.: *concilium* → concejo/concilio):

oculum · *foliam* · *claviculam* · *lenticulam*
filium · *apiculam* · *oviculam* · *auriculam*

3 **Comprobamos.** Relaciona las dos columnas y señala las diferencias que encuentres entre los significados del término patrimonial y el cultismo:

Cultismo	Patrimonial
cúmulo	hostal
comparar	cuajo
fervor	delgado
frígido	hostigar
coágulo	frío
hospital	colmo
delicado	hervor
fustigar	comprar

4 Relaciona los dobletes de la tabla anterior con su correspondiente étimo latino: *fervorem*, *hospitalem*, *fustigare*, *cumulum*, *comparare*, *coagulum*, *delicatum*, *frigidum*.

5 Busca los significados de las siguientes palabras y relaciónalas con la palabra de origen latino o con un lexema de origen griego:

androide · ciudadano
andrógino · gentilicio
senil · democracia
impopular · geriatría
etnia · femineidad
política · viril

6 Escribe cinco oraciones empleando, en cada una de ellas, algunas de las palabras castellanas estudiadas en la actividad anterior.

7 **Piensa y comparte en pareja.** Identifica el lexema (latino o griego) en las siguientes palabras y defínelas a partir del significado de ese lexema:

cosmopolita · psiquiatría
pandemia · hipnosis
triunvirato · amorío
populoso · meticuloso
civilización · filántropo
etnología · somnífero
poliandria · afonía
afeminar · unísono
senectud · anímico
gerontocracia · misógino
gentío · acrofobia
ginecólogo · odioso

8 Escribe una oración con cada uno de los latinismos que has estudiado en esta unidad y explica su significado.

anayaeducacion.es. Consulta el «Diccionario de latinismos» disponible en el banco de recursos.

COMPRUEBA LO APRENDIDO

1 **Sumamos.** Di si las siguientes afirmaciones son verdaderas o falsas y por qué:

a) La *spina* era la barrera que dividía en dos la pista del anfiteatro.

b) El infinitivo es un sustantivo verbal.

c) La terminación *-isse* es de infinitivo perfecto pasivo.

d) El participio de perfecto pasivo latino se declina como un adjetivo 2-1-2.

e) Los participios, al ser adjetivos verbales, no pueden sustantivarse.

f) El atributo puede ir en caso nominativo.

g) En latín, la circunstancia se puede expresar mediante el caso ablativo exclusivamente.

2 Indica la función que desempeñan los infinitivos en estas oraciones:

- Los gladiadores intentaban dar muerte al contrario.
- El flamear de pañuelos suponía el indulto del vencedor.
- Este espectáculo era aún más desagradable de presenciar.
- Era frecuente ver morir a los gladiadores.

3 **Tabla.** Analiza las siguientes formas verbales y tradúcelas. Después, indica cuál es su infinitivo de presente y de perfecto:

monebunt	*vidissem*	*sciebamus*
dederas	*dicant*	*feci*

4 Concuerda cada participio de perfecto pasivo del verbo entre paréntesis con su sustantivo y traduce el sintagma resultante:

oratio (*habeo -ere habui habitum*)

exercitui (*vinco -ere vici victum*)

matres (*amo -are -avi -atum*)

militibus (*interficio -ere -feci -fectum*)

opus (*gero -ere gessi gestum*)

5 Con ayuda del diccionario, analiza y traduce estas oraciones:

- *Magna dementia est divitias petere, sapientiam perdere.*
- *Sibi imperare est imperium maximum.*
- *Difficile est tristi laetitiam fingere.*
- *Galli aurum et argentum suis civitatibus tradere iusserunt.*
- *In errore perseverare stultum est.*
- *Britanni frumenta non serunt, sed lacte et carne vivunt.*
- *Senatus omnem provinciam capere statuit.*
- *Interim hostes statuerunt belli finem facere.*
- *Solent boni duces in proelio hoc facere, defectores occidere.*
- *Facinus est vincere civem Romanum.*

6 Con la ayuda del vocabulario, traduce al latín:

- No debemos esperar el bien en lo malo.
- Los griegos deseaban destruir Troya.
- Los soldados decidieron huir del campamento.
- Los galos decidieron huir del campamento.
- Los generales ordenaron atacar la fortaleza de los enemigos.

Comprende el texto y exprésate

7 Lee este texto y responde a las preguntas:

Violencia entre espectadores

En este mismo tiempo, por un motivo sin importancia se produjo una matanza bien grande entre los habitantes de Nocera y Pompeya, en un espectáculo de gladiadores [...]; y es que provocándose estos dos pueblos uno a otro con injurias, por medio de la licencia que se suele tomar la plebe en semejantes concentraciones, llegaron primero a tirarse piedras y después a empuñar las armas; vencieron los pompeyanos donde se hacía la fiesta [...]. Remitió el emperador el conocimiento de esta causa al Senado, y el Senado a los cónsules; de los cuales vuelta de nuevo al Senado: se prohibió a los pompeyanos celebrar tales juegos por diez años.

Tácito, *Anales*, XIV, 17.

a) **Rastreador de problemas.** ¿Puedes deducir en qué ciudad se celebraba el espectáculo? ¿Entre quiénes se produjo el incidente? ¿Era importante la causa que lo provocó? ¿Cómo se inició todo? ¿Cómo reaccionó la administración? ¿Qué sanción se impuso?

b) Hoy en día también se suelen producir altercados entre seguidores de equipos rivales. ¿Crees que hay semejanzas con el descrito por Tácito? ¿Suele intervenir actualmente la Administración? ¿Qué sanciones suelen imponerse?

anayaeducacion.es. Realiza la autoevaluación de la unidad.

CONTEXTOS CLÁSICOS

EDICIÓN BILINGÜE

Un espectáculo de gladiadores

[...] nunc omissis nugis mera homicidia sunt. Nihil habent quo tegantur; ad ictum totis corporibus expositi numquam frustra manum mittunt. Hoc plerique ordinariis paribus et postulaticiis praeferunt. Quidni praeferant? Non galea, non scuto repellitur ferrum. Quo munimenta? Quo artes? Omnia ista mortis morae sunt. Mane leonibus et ursis homines, meridie spectatoribus suis obiciuntur. Interfectores interfecturis iubent obici et victorem in aliam detinent caedem; exitus pugnantium mors est. Ferro et igne res geritur. Haec fiunt dum vacat harena.

Séneca, *Cartas morales a Lucilio*, I, 7.

Traducción

[...] ahora ya no son juegos, sino verdaderos homicidios. Los gladiadores no tienen nada con qué protegerse; al quedar todo su cuerpo expuesto a los golpes, nunca acomete la mano sin herir. La mayoría prefiere esto a los combates ordinarios y a los de favor. ¿Cómo no preferirlos? Ni casco, ni escudos protegen del hierro. ¿Para qué usar protección? ¿Para qué utilizar el arte de combatir? Todo ello no son más que dilaciones para la muerte. Por la mañana, los hombres son arrojados a osos y a leones; al mediodía, a los propios espectadores. Estos mandan que los que han matado luchen con los que ahora los tienen que matar, reservándose el ganador para otra matanza; el fin de estos luchadores es la muerte, y la tarea se lleva a término por el hierro y el fuego. Así se ocupan los tiempos muertos en la arena.

Lucha de gladiadores. Mosaico del siglo III. Museo Arqueológico Nacional de Madrid.

ACTIVIDADES

Comprende el texto

1 Lee en voz alta el texto latino y su traducción.

2 Indica el infinitivo simple de las formas personales que encuentres.

Amplía la información

3 Infórmate sobre los gladiadores romanos: origen, tipos, armamento, estilo de vida, etc., y elabora una presentación utilizando alguna aplicación informática para exponerla al resto de la clase.

Exprésate

4 **Sumamos.** Séneca expone en este fragmento extraído de su obra *Cartas morales a Lucilio* sus impresiones ante un inesperado espectáculo de gladiadores. ¿Te parece que al autor le gustan estos espectáculos?

5 Prepara un debate en clase sobre la atracción que puede ejercer la violencia en ciertos espectáculos actuales (televisión, cine, espectáculos de masas, etc.).

anayaeducacion.es. En el banco de recursos dispones de fichas para mejorar tu ciudadanía digital.

VERSIÓN LATINA

Los espectáculos de Nerón

Nero[1] spectaculorum plurima et varia genera edidit: circenses ludos, scaenicos ludos atque gladiatorium munus. Circensibus ludis commisit etiam camelorum quadrigas. Sparsit populo multa dona per omnes dies: frumenta, vestes, aurum, argentum, gemmas, margaritas, tabulas pictas. Nero hos ludos spectavit e proscaeni fastigio. Munus in amphitheatro ligneo dedit. Exhibuit naumachiam atque quinquennale certamen more Graeco instituit.

Suetonio, *Vida de los doce césares*, Nerón, VI.

NOTA: 1. *Nero -onis:* 'Nerón', emperador romano.

DE RUTA POR HISPANIA

El circo

Junto al anfiteatro, el circo fue el lugar favorito de diversión del pueblo romano. En él se celebraban carreras de carros que despertaban el fervor del público.

El circo consistía en un rectángulo de tierra alargado —*arena*— flanqueado a ambos lados por graderíos —*cavea*—, sobre un podio que acababa en semicírculo abierto y ligeramente descentrado en relación con el eje. En el extremo opuesto de encontraban las *carceres* o cuadras, en las que los animales aguardaban el momento de salida. En el centro de la *arena* estaba la *spina*, línea que la dividía en dos mitades. Obeliscos, estatuas e incluso fuentes adornaban el recinto.

Toledo, Mérida, Tarragona, Sagunto y Calahorra conservan, en mayor o menor medida, importantes restos de circos romanos.

ACTIVIDADES

Comprende el texto

1 Lee en voz alta el texto y tradúcelo conforme a las indicaciones del docente.

2 Analiza morfológicamente: *genera, ludis, commisit, dona, munus, more, edidit.*

3 Escribe el infinitivo presente y perfecto de las formas verbales del texto.

4 **Comprobamos.** Analiza sintácticamente: *Sparsit populo multa dona per omnes dies.*

Amplía la información

5 **Esquema.** Indica en forma de esquema, y según los datos contenidos en el texto de Suetonio, qué tipo de espectáculos celebró Nerón.

6 **VET.** El texto habla de un anfiteatro de madera. ¿Por qué crees que hubo teatros y anfiteatros de madera? ¿Crees que hoy hay estructuras arquitectónicas semejantes? ¿Cuáles y cómo son?

Recreación del complejo formado por templo, terraza y circo romano de Córdoba.

anayaeducacion.es. Consulta el «Mapa interactivo de la Hispania romana» disponible en el banco de recursos.

APÉNDICE

MORFOLOGÍA

1. Sustantivos
2. Adjetivos
3. Numerales
4. Pronombres
5. Verbos
6. Verbo *sum esse fui*

VOCABULARIO

Latín-castellano
Castellano-latín

1 SUSTANTIVOS

SUSTANTIVOS MASCULINOS Y FEMENINOS

	Singular				
	1.ª	**2.ª**	**3.ª**	**4.ª**	**5.ª**
Nominativo	*-a*	*-us/-er/-ir*	*-(i)s/Ø*	*-us*	*-es*
Vocativo	*-a*	*-e/-er/-ir*	*-(i)s/Ø*	*-us*	*-es*
Acusativo	*-am*	*-um*	*-em*	*-um*	*-em*
Genitivo	*-ae*	*-i*	*-is*	*-us*	*-ei*
Dativo	*-ae*	*-o*	*-i*	*-ui*	*-ei*
Ablativo	*-a*	*-o*	*-e*	*-u*	*-e*

	Plural				
	1.ª	**2.ª**	**3.ª**	**4.ª**	**5.ª**
Nominativo	*-ae*	*-i*	*-es*	*-us*	*-es*
Vocativo	*-ae*	*-i*	*-es*	*-us*	*-es*
Acusativo	*-as*	*-os*	*-es*	*-us*	*-es*
Genitivo	*-arum*	*-orum*	*-(i)um*	*-uum*	*-erum*
Dativo	*-is*	*-is*	*-ibus*	*-ibus*	*-ebus*
Ablativo	*-is*	*-is*	*-ibus*	*-ibus*	*-ebus*

SUSTANTIVOS NEUTROS

	Singular				
	1.ª	**2.ª**	**3.ª**	**4.ª**	**5.ª**
Nominativo	—	*-um*	*Ø*	*-u*	—
Vocativo	—	*-um*	*Ø*	*-u*	—
Acusativo	—	*-um*	*Ø*	*-u*	—
Genitivo	—	*-i*	*-is*	*-us*	—
Dativo	—	*-o*	*-i*	*-ui*	—
Ablativo	—	*-o*	*-e*	*-u*	—

	Plural				
	1.ª	**2.ª**	**3.ª**	**4.ª**	**5.ª**
Nominativo	—	*-a*	*-(i)a*	*-ua*	—
Vocativo	—	*-a*	*-(i)a*	*-ua*	—
Acusativo	—	*-a*	*-(i)a*	*-ua*	—
Genitivo	—	*-orum*	*-(i)um*	*-uum*	—
Dativo	—	*-is*	*-ibus*	*-ibus*	—
Ablativo	—	*-is*	*-ibus*	*-ibus*	—

2 ADJETIVOS

ADJETIVOS 2-1-2

	Singular			Plural		
	M.	F.	N.	M.	F.	N.
Nominativo	*-us/-er*	*-a*	*-um*	*-i*	*-ae*	*-a*
Vocativo	*-e/-er*	*-a*	*-um*	*-i*	*-ae*	*-a*
Acusativo	*-um*	*-am*	*-um*	*-os*	*-as*	*-a*
Genitivo	*-i*	*-ae*	*-i*	*-orum*	*-arum*	*-us*
Dativo	*-o*	*-ae*	*-o*	*-is*	*-is*	*-ui*
Ablativo	*-o*	*-a*	*-o*	*-is*	*-is*	*-u*

ADJETIVOS DE LA TERCERA DECLINACIÓN

	Tema en *i-*: *omni-*, 'todo'			
	Singular		Plural	
	M./F.	N.	M./F.	N.
Nom./Voc.	*omnis*	*omne*	*omnes*	*omnia*
Acusativo	*omnem*	*omne*	*omnes*	*omnia*
Genitivo	*omnis*		*omnium*	
Dat./Abl.	*omni*		*omnibus*	

Adjetivos de la tercera declinación

Dos terminaciones para los tres géneros en nominativo singular.

UNO, DOS Y TRES

	Unus una unum			*Duo duae duo*			*Tres tria*	
	M.	F.	N.	M.	F.	N.	M./F.	N.
Nominativo	*unus*	*una*	*unum*	*duo*	*duae*	*duo*	*tres*	*tria*
Acusativo	*unum*	*unam*	*unum*	*duos*	*duas*	*duo*	*tres*	*tria*
Genitivo	*unius*			*duorum*	*duarum*	*duorum*	*trium*	
Dativo	*uni*			*duobus*	*duabus*	*duobus*	*tribus*	
Ablativo	*uno*	*una*	*uno*	*duobus*	*duabus*	*duobus*	*tribus*	

NUMERALES

		Cardinales	Ordinales
1	I	*unus -a -um*	*primus -a -um*
2	II	*duo duae duo*	*secundus -a -um*
3	III	*tres tria*	*tertius -a -um*
4	IV	*quattuor*	*quartus -a -um*
5	V	*quinque*	*quintus -a -um*
6	VI	*sex*	*sextus -a -um*
7	VII	*septem*	*septimus -a -um*
8	VIII	*octo*	*octavus -a -um*
9	IX	*novem*	*nonus -a -um*
10	X	*decem*	*decimus -a -um*
11	XI	*undecim*	*undecimus -a -um*
12	XII	*duodecim*	*duodecimus -a -um*
13	XIII	*tredecim*	*tertius decimus*
14	XIV	*quattuordecim*	*quartus decimus*
15	XV	*quindecim*	*quintus decimus*
16	XVI	*sedecim*	*sextus decimus*
17	XVII	*septemdecim*	*septimus decimus*
18	XVIII	*duodeviginti*	*duodevicesimus*
19	XIX	*undeviginti*	*undevicesimus*
20	XX	*viginti*	*vicesimus*
21	XXI	*viginti unus -a -um*	*vicesimus primus*
30	XXX	*triginta*	*tricesimus*
40	XL	*quadraginta*	*quadragesimus*
50	L	*quinquaginta*	*quinquagesimus*
60	LX	*sexaginta*	*sexagesimus*
70	LXX	*septuaginta*	*septuagesimus*
80	LXXX	*octoginta*	*octogesimus*
90	XC	*nonaginta*	*nonagesimus*
100	C	*centum*	*centesimus*
1000	M	*mille*	*millesimus*

4 PRONOMBRES

PRONOMBRES PERSONALES Y REFLEXIVOS

	1.ª persona		2.ª persona		Reflexivo
	Singular	Plural	Singular	Plural	Sg./Pl.
Nominativo	*ego*	*nos*	*tu*	*vos*	—
Vocativo	—	—	*tu*	*vos*	—
Acusativo	*me*	*nos*	*te*	*vos*	*se*
Genitivo	*mei*	*nostri/nostrum*	*tui*	*vestri/vestrum*	*sui*
Dativo	*mihi*	*nobis*	*tibi*	*vobis*	*sibi*
Ablativo	*me*	*nobis*	*te*	*vobis*	*se*

PRONOMBRES-ADJETIVOS DEMOSTRATIVOS

	***hic haec hoc*, 'este, esta, esto'**					
	Singular			Plural		
	M.	F.	N.	M.	F.	N.
Nominativo	*hic*	*haec*	*hoc*	*hi*	*hae*	*haec*
Acusativo	*hunc*	*hanc*	*hoc*	*hos*	*has*	*haec*
Genitivo	*huius*			*horum*	*harum*	*horum*
Dativo	*huic*			*his*		
Ablativo	*hoc*	*hac*	*hoc*	*his*		

	***iste ista istud*, 'ese, esa, eso'**					
	Singular			Plural		
	M.	F.	N.	M.	F.	N.
Nominativo	*iste*	*ista*	*istud*	*isti*	*istae*	*ista*
Acusativo	*istum*	*istam*	*istud*	*istos*	*istas*	*ista*
Genitivo	*istius*			*istorum*	*istarum*	*istorum*
Dativo	*isti*			*istis*		
Ablativo	*isto*	*ista*	*isto*	*istis*		

	***ille illa illud*, 'aquel, aquella, aquello'**					
	Singular			Plural		
	M.	F.	N.	M.	F.	N.
Nominativo	*ille*	*illa*	*illud*	*illi*	*illae*	*illa*
Acusativo	*illum*	*illam*	*illud*	*illos*	*illas*	*illa*
Genitivo	*illius*			*illorum*	*illarum*	*illorum*
Dativo	*illi*			*illis*		
Ablativo	*illo*	*illa*	*illo*	*illis*		

TEMA DE PRESENTE EN VOZ ACTIVA

	Modo indicativo				
	1.ª (-*a*)	2.ª (-*e*)	3.ª (cons.)	4.ª (-*ĭ*)	4.ª (-*ī*)
Presente	*am-o* *ama-s* *ama-t* *ama-mus* *ama-tis* *ama-nt*	*habe-o* *habe-s* *habe-t* *habe-mus* *habe-tis* *habe-nt*	*duc-o* *duc-i-s* *duc-i-t* *duc-i-mus* *duc-i-tis* *duc-u-nt*	*capi-o* *capi-s* *capi-t* *capi-mus* *capi-tis* *capi-u-nt*	*audi-o* *audi-s* *audi-t* *audi-mus* *audi-tis* *audi-u-nt*
Pretérito imperfecto	*ama-ba-m* *ama-ba-s* *ama-ba-t* *ama-ba-mus* *ama-ba-tis* *ama-ba-nt*	*habe-ba-m* *habe-ba-s* *habe-ba-t* *habe-ba-mus* *habe-ba-tis* *habe-ba-nt*	*duc-e-ba-m* *duc-e-ba-s* *duc-e-ba-t* *duc-e-ba-mus* *duc-e-ba-tis* *duc-e-ba-nt*	*capi-e-ba-m* *capi-e-ba-s* *capi-e-ba-t* *capi-e-ba-mus* *capi-e-ba-tis* *capi-e-ba-nt*	*audi-e-ba-m* *audi-e-ba-s* *audi-e-ba-t* *audi-e-ba-mus* *audi-e-ba-tis* *audi-e-ba-nt*
Futuro imperfecto	*ama-b-o* *ama-b-ĭ-s* *ama-b-ĭ-t* *ama-b-ĭ-mus* *ama-b-ĭ-tis* *ama-b-u-nt*	*habe-b-o* *habe-b-ĭ-s* *habe-b-ĭ-t* *habe-b-ĭ-mus* *habe-b-ĭ-tis* *habe-b-u-nt*	*duc-a-m* *duc-e-s* *duc-e-t* *duc-e-mus* *duc-e-tis* *duc-e-nt*	*capi-a-m* *capi-e-s* *capi-e-t* *capi-e-mus* *capi-e-tis* *capi-e-nt*	*audi-a-m* *audi-e-s* *audi-e-t* *audi-e-mus* *audi-e-tis* *audi-e-nt*

	Modo subjuntivo				
	1.ª (-*a*)	2.ª (-*e*)	3.ª (cons.)	4.ª (-*ĭ*)	4.ª (-*ī*)
Presente	*am-e-m* *am-e-s* *am-e-t* *am-e-mus* *am-e-tis* *am-e-nt*	*habe-a-m* *habe-a-s* *habe-a-t* *habe-a-mus* *habe-a-tis* *habe-a-nt*	*duc-a-m* *duc-a-s* *duc-a-t* *duc-a-mus* *duc-a-tis* *duc-a-nt*	*capi-a-m* *capi-a-s* *capi-a-t* *capi-a-mus* *capi-a-tis* *capi-a-nt*	*audi-a-m* *audi-a-s* *audi-a-t* *audi-a-mus* *audi-a-tis* *audi-a-nt*
Pretérito imperfecto	*ama-re-m* *ama-re-s* *ama-re-t* *ama-re-mus* *ama-re-tis* *ama-re-nt*	*habe-re-m* *habe-re-s* *habe-re-t* *habe-re-mus* *habe-re-tis* *habe-re-nt*	*duc-e-re-m* *duc-e-re-s* *duc-e-re-t* *duc-e-re-mus* *duc-e-re-tis* *duc-e-re-nt*	*cape-re-m* *cape-re-s* *cape-re-t* *cape-re-mus* *cape-re-tis* *cape-re-nt*	*audi-re-m* *audi-re-s* *audi-re-t* *audi-re-mus* *audi-re-tis* *audi-re-nt*

FORMAS NO PERSONALES EN VOZ ACTIVA

	Infinitivo				
	1.ª (-*a*)	2.ª (-*e*)	3.ª (cons.)	4.ª (-*ĭ*)	4.ª (-*ī*)
Presente	*ama-re*	*habe-re*	*duc-e-re*	*cape-re*	*audi-re*

TEMA DE PERFECTO EN VOZ ACTIVA

	Modo indicativo				
	1.ª (-a)	2.ª (-e)	3.ª (cons.)	4.ª (-ĭ)	4.ª (-ī)
Pretérito perfecto	*amav-i* *amav-isti* *amav-it* *amav-imus* *amav-istis* *amav-erunt*	*habu-i* *habu-isti* *habu-it* *habu-imus* *habu-istis* *habu-erunt*	*dux-i* *dux-isti* *dux-it* *dux-imus* *dux-istis* *dux-erunt*	*cep-i* *cep-isti* *cep-it* *cep-imus* *cep-istis* *cep-erunt*	*audiv-i* *audiv-isti* *audiv-it* *audiv-imus* *audiv-istis* *audiv-erunt*
Pretérito pluscuam-perfecto	*amav-era-m* *amav-era-s* *amav-era-t* *amav-era-mus* *amav-era-stis* *amav-era-nt*	*habu-era-m* *habu-era-s* *habu-era-t* *habu-era-mus* *habu-era-tis* *habu-era-nt*	*dux-era-m* *dux-era-s* *dux-era-t* *dux-era-mus* *dux-era-tis* *dux-era-nt*	*cep-era-m* *cep-era-s* *cep-era-t* *cep-era-mus* *cep-era-tis* *cep-era-nt*	*audiv-era-m* *audiv-era-s* *audiv-era-t* *audiv-era-mus* *audiv-era-tis* *audiv-era-nt*
Futuro perfecto	*amav-er-o* *amav-eri-s* *amav-eri-t* *amav-eri-mus* *amav-eri-stis* *amav-eri-nt*	*habu-er-o* *habu-eri-s* *habu-eri-t* *habu-eri-mus* *habu-eri-tis* *habu-eri-nt*	*dux-er-o* *dux-eri-s* *dux-eri-t* *dux-eri-mus* *dux-eri-tis* *dux-eri-nt*	*cep-er-o* *cep-eri-s* *cep-eri-t* *cep-eri-mus* *cep-eri-tis* *cep-eri-nt*	*audiv-er-o* *audiv-eri-s* *audiv-eri-t* *audiv-eri-mus* *audiv-eri-tis* *audiv-eri-nt*

	Modo subjuntivo				
	1.ª (-a)	2.ª (-e)	3.ª (cons.)	4.ª (-ĭ)	4.ª (-ī)
Pretérito perfecto	*amav-eri-m* *amav-eri-s* *amav-eri-t* *amav-eri-mus* *amav-eri-stis* *amav-eri-nt*	*habu-eri-m* *habu-eri-s* *habu-eri-t* *habu-eri-mus* *habu-eri-tis* *habu-eri-nt*	*dux-eri-m* *dux-eri-s* *dux-eri-t* *dux-eri-mus* *dux-eri-tis* *dux-eri-nt*	*cep-eri-m* *cep-eri-s* *cep-eri-t* *cep-eri-mus* *cep-eri-tis* *cep-eri-nt*	*audiv-eri-m* *audiv-eri-s* *audiv-eri-t* *audiv-eri-mus* *audiv-eri-tis* *audiv-eri-nt*
Pretérito pluscuam-perfecto	*amav-isse-m* *amav-isse-s* *amav-isse-t* *amav-isse-mus* *amav-isse-stis* *amav-isse-nt*	*habu-isse-m* *habu-isse-s* *habu-isse-t* *habu-isse-mus* *habu-isse-tis* *habu-isse-nt*	*dux-isse-m* *dux-isse-s* *dux-isse-t* *dux-isse-mus* *dux-isse-tis* *dux-isse-nt*	*cep-isse-m* *cep-isse-s* *cep-isse-t* *cep-isse-mus* *cep-isse-tis* *cep-isse-nt*	*audiv-isse-m* *audiv-isse-s* *audiv-isse-t* *audiv-isse-mus* *audiv-isse-tis* *audiv-isse-nt*

FORMAS NO PERSONALES

	Infinitivo (voz activa)				
	1.ª (-a)	2.ª (-e)	3.ª (cons.)	4.ª (-ĭ)	4.ª (-ī)
Perfecto	*amav-isse*	*habui-sse*	*duxisse*	*cepisse*	*audivisse*

	Participio (voz pasiva)				
	1.ª (-a)	2.ª (-e)	3.ª (cons.)	4.ª (-ĭ)	4.ª (-ī)
Perfecto	*amatus -a -um*	*habitus -a -um*	*ductus -a -um*	*captus -a -um*	*auditus -a -um*

6 VERBO SUM ESSE FUI

TEMA DE PRESENTE

Modo indicativo		
Presente	**Pretérito imperfecto**	**Futuro imperfecto**
sum	*eram*	*ero*
es	*eras*	*eris*
est	*erat*	*erit*
sumus	*eramus*	*erimus*
estis	*eratis*	*eritis*
sunt	*erant*	*erunt*

Modo subjuntivo		
Presente	**Pretérito imperfecto**	**Futuro imperfecto**
sim	*essem*	—
sis	*esses*	
sit	*esset*	
simus	*essemus*	
sitis	*essetis*	
sint	*essent*	

TEMA DE PERFECTO

Modo indicativo		
Pretérito perfecto	**Pretérito pluscuamperfecto**	**Futuro perfecto**
fui	*fueram*	*fuero*
fuisti	*fueras*	*fueris*
fuit	*fuerat*	*fuerit*
fuimus	*fueramus*	*fuerimus*
fuistis	*fueratis*	*fueritis*
fuerunt	*fuerant*	*fuerint*

Modo subjuntivo		
Pretérito perfecto	**Pretérito pluscuamperfecto**	**Futuro perfecto**
fuerim	*fuissem*	—
fueris	*fuisses*	
fuerit	*fuisset*	
fuerimus	*fuissemus*	
fueritis	*fuissetis*	
fuerint	*fuissent*	

FORMAS NO PERSONALES

	Presente	Perfecto
Infinitivo	*esse*	*fuisse*

VOCABULARIO LATÍN-CASTELLANO

ABREVIATURAS

Abl.: ablativo
Ac.: acusativo
adj.: adjetivo
adv.: adverbio
conj.: conjunción
cp.: comparartivo
Dat.: dativo
f.: femenino
imper.: impersonal
indecl.: indeclinable
indef.: indefinido
inter.: interrogativa
interj.: interjección
m.: masculino
n.: neutro
Nom.: nominativo
part.: partícula
pl.: plural
pp.: participio pasado
prep.: preposición
pron.: pronombre
sg.: singular
sust.: sustantivo

A

a, ab, abs (prep. Abl.): de, desde —el exterior—

absolutus -a -um: acabado, completo, perfecto

abundantia -ae (f.): abundancia, plenitud

ac (conj.): y

accipio -ere -cepi -ceptum: tomar para sí, recibir, acoger

Achaia -ae (f.): Acaya [Grecia como provincia romana]

acies -ei (f.): línea de batalla

acriter: vivamente, enérgicamente

acta -orum (n. pl.): acciones, hechos, hazañas, actas

ad (prep. Ac.): a, hacia —al exterior—

adicio -ere -ieci -iectum: lanzar, echar hacia, añadir

administro -are -avi -atum: servir a, gobernar

adulescens -entis: adolescente

advenio -ire -veni -ventum: llegar a, venir a

adventus -us (m.): llegada

adversus -a -um: opuesto, adverso

aedificium -ii (n.): edificio

aedifico -are -avi -atum: construir, edificar

aedilis -is (m.): edil

Aegyptus -i (m.): Egipto

aequus -a -um: igual

aer aeris (m.): aire

aerarium -ii (n.): erario, tesoro público

aestas -atis (f.): estío, verano

aetas -atis (f.): edad

Aetna -ae (f.): Etna [volcán de Sicilia]

Aetolia -ae (f.): Etolia [provincia griega]

Africa -ae (f.): África

age!: ¡venga!, ¡vamos!

ager -i (m.): campo

aggrego -are -avi -atum (*ad, grex*): agregar, unir

ago -ere egi actum: hacer, impulsar, conducir // ***vitam agunt***: hacen la vida, viven

agricola -ae (m.): agricultor

agricultura -ae (f.): agricultura

Alba -ae (f.): Alba [ciudad de la antigua Italia]

Albis -is (m.): Elba [río de Germania]

alienus -a -um: de otro, extraño

aliquis -qua -quid (pron.-adj. indef.): alguno, alguien, uno

alius -a -ud: otro

altus -a -um: alto, profundo

amicitia -ae (f.): amistad

amicus -a -um: amigo, aliado

amicus -i (m.): amigo

amo -are -avi -atum: amar

amoenus -a -um: ameno, agradable, encantador

amor -oris (m.): amor, afecto, cariño

amphitheatrum -i (n.): anfiteatro

amplus -a -um: amplio, grande

Amulius -ii (m.): Amulio [rey de Alba]

ancilla -ae (f.): criada, esclava

angulus -i (m.): ángulo, esquina

anima -ae (f.): alma, aliento, vida

animal -is (n.): animal

animus -i (m.): alma, espíritu

Annibal -alis (m.): Aníbal

annus -i (m.): año

ansa -ae (f.): asa

ante (prep. Ac.): ante, delante de

antiquus -a -um: antiguo

antrum -i (n.): antro, cueva, gruta

aperio -ire -erui -rtum: abrir

Apollo -inis (m.): Apolo [hijo de Júpiter y Latona]

appello -are -avi -atum: llamar

Appia -ae (f.): la vía Apia

Appius -ii (m.): Apio [prenombre romano]

apud (prep. Ac.): junto a, en casa de, entre

aqua -ae (f.): agua, lluvia

aquaticus -a -um: acuático, húmedo

aquila -ae (f.): águila, insignia de las legiones

Aquitania -ae (f.): Aquitania [parte meridional de la Galia]

ara -ae (f.): altar

arbitrium -ii (n.): arbitrio, juicio, decisión, albedrío

arbor -oris (f.): árbol

arcus -us (m.): arco

Arevaci -orum (m. pl.): los arévacos [pueblo celtibérico de la Tarraconense]

argentum -i (n.): plata

Ariovistus -i (m.): Ariovisto [jefe de los suevos]

arma -orum (n. pl.): armas

Armenia -ae (f.): Armenia [región de Asia Menor]

ars artis (f.): arte, oficio, medio, técnica

arvum -i (n.): tierra de labor, campo

Asia -ae (f.): Asia

asper -era -erum: rugoso, áspero

aspicio -ere aspexi aspectum: mirar a, contemplar

Astures -um (m. pl.): los astures

Athenae -arum (f. pl.): Atenas

atque (conj.): y

atrium -ii (n.): sala, vestíbulo

Attica -ae (f.): Ática [región de Grecia cuya capital era Atenas]

attingo -ere -tigi -tactum: tocar a, limitar con

auctoritas -atis (f.): autoridad, creación

audacia -ae (f.): osadía, audacia

audax -acis: audaz, osado

audeo audere ausus sum: osar, atreverse

audio -ire -ivi -itum: oír

auditus -a -um: conocido

augeo -ere auxi auctum: acrecentar, aumentar

augur -uris (m.): augur

augurium -ii (n.): augurio, presagio

Augustus -i (m.): Augusto

Aurelianus -i (m.): Aureliano

aureus -a -um: áureo, de oro

auriga -ae (m.): auriga, conductor

auris -is (f.): oreja, oído

aurum -i (n.): oro

aut (conj.): o

autem (conj.): pero, en cambio

autumnalis -e: otoñal

auxilium -ii (n.): ayuda // (pl.) tropas auxiliares

avarus -a -um: avaro, codicioso

ave/avete: hola (tú)/hola (vosotros)

avis -is (f.): ave, pájaro

avunculus -i (m.): tío materno

B

Baetica -ae (f.): la Bética

barba -ae (f.): barba

basilica -ae (f.): basílica

bellicus -a -um: relativo a la guerra, guerrero

bellum -i (n.): guerra

bene (adv.): bien

beneficium -ii (n.): beneficio

bibo -ere bibi: beber

bis (adv.): dos veces

Boeotia -ae (f.): Beocia [región de Grecia]

bonus -a -um: bueno

brevis -e: breve, corto

Britanni -orum (m. pl.): britanos [habitantes de Britania]

Britannia -ae (f.): Britania [actual Gran Bretaña]

Brundisium -ii (m.): Brindisi [ciudad de Italia]

bulla -ae (f.): bula [medallón que llevaban los niños varones colgado del cuello hasta su paso a la adolescencia]

C

cado -ere cecidi casum: caer, perecer, matar

caelus -i (m.): cielo

Caesar -aris (m.): César [nombre de familia en la *gens Iulia*. Cayo Julio César, general, político y dictador]

Caia -ae (f.): Gaya, Caya [nombre de mujer]

Caius -ii (m.): Gayo, Cayo [nombre de varón]

calco -are -avi -atum: pisotear

caldarius -a -um: de baño caliente // ***caldarium -ii*** (n.): en las termas, estancia con agua caliente

calidus -a -um: caliente, cálido

camelus -i (m.): camello

Campania -ae (f.): la Campania [región de Italia]

candidus -a -um: blanco, brillante

canis -is (m./f.): perro/-a

Cantabri -orum (m. pl.): los cántabros

Cantabria -ae (f.): Cantabria [país de los cántabros, en la Hispania Tarraconense]

canto -are -avi -atum: cantar, tocar un instrumento

cantus -us (m.): canto, canción

capillus -i (m.): cabello, cabellera, pelo

capio -ere cepi captum: coger, tomar

capitalis -e: que concierne a la cabeza, capital

Capitolium -ii (m.): el Capitolio

captivus -a -um: cautivo, prisionero

capto -are -avi -atum: tratar de coger, captar

caput -itis (n.): cabeza

carmen carminis (n.): canción, canto, poesía

caro carnis (f.): carne

Carthago Nova: Cartagena

carus -a -um: querido, amado

caseus -i (m.): queso

castra -orum (n. pl.): campamento

Cato -onis (m.): Catón [nombre de varios romanos ilustres]

causa -ae (f.): causa

caveo -ere cavi cautum: guardarse de, precaver

cedo -ere cessi cessum: marchar, irse, retirarse, dar

celebro -are -avi -atum: celebrar

Celtae -arum (m. pl.): celtas

Celtiberia -ae (f.): Celtiberia [región de la Hispania Citerior]

ceno -are -avi -atum: comer

censeo -ere -ui censum: declarar, estimar, tasar

censor -oris (m.): censor, crítico

censorius -a -um: censorio, relativo o propio del censor

centum: cien

Ceres -eris (f.): Ceres [diosa latina de la agricultura]

cerno -ere crevi cretum: separar, apreciar

certamen -inis (n.): competición, lucha

certus -a -um: decidido, seguro

cibo -are -avi -atum: dar de comer

cibus -i (m.): alimento, comida

cingo -ere cinxi cinctum: ceñir, rodear

cingula -ae (f.): cinturón, ceñidor

circa (adv.): alrededor // (prep. Ac.) alrededor de

circensis -e: circense, del circo

circum (adv.): alrededor // (prep. Ac.) alrededor de

circus -i (m.): circo

civilis -e: civil, cívico

civis -is (m./f.): ciudadano, -a

civitas -atis (f.): ciudad, estado

clamo -are -avi -atum: dar voces, gritar

clamor -oris (m.): grito, griterío

claritas -atis (f.): claridad, resplandor

clarus -a -um: brillante, famoso, claro

Claudius -ii (m.): Claudio [nombre y sobrenombre romano de varón]

clementia -ae (f.): clemencia, bondad

cliens -entis (m.): cliente

Cocles -itis (m.): Horacio Cocles [guerrero legendario]

cognomen -inis (n.): sobrenombre, apodo

Collatia -ae (f.): Colacia [pequeña ciudad del Lacio]

Collatinus -i (m.): Colatino [sobrenombre de L. Tarquinio, marido de Lucrecia]

colligo -are -avi -atum: atar, unir

collis -is (m.): colina

colloco -are -avi -atum: colocar

collum -i (n.): cuello

colo -ere colui cultum: cultivar, cuidar, honrar, venerar

colonia -ae (f.): colonia

color -oris (m.): color

comitium -ii (n.) lugar del foro donde se celebraban los comicios

committo -ere -misi -missum: emprender, llevar a cabo

commoveo -ere -movi -motum: remover, agitar, suscitar

communis -e: común, ordinario

comoedia -ae (f.): comedia

comparo -are -avi -atum: preparar, procurar, comparar

compleo -ere -evi -etum: llenar, colmar

concilium -ii (n.): unión, reunión

concito -are -avi -atum: empujar conjuntamente, incitar, provocar

concordo -are -avi -atum: estar unido, concordar

condo -didi -ditum: fundar, edificar

coniunx -ugis (m./f.): esposo, esposa, cónyuge

connubium -ii (n.): matrimonio

consentio -ire -sensi -sensum: estar de acuerdo

consilium -ii (n.): consejo, decisión

constituo -ere -stitui -stitutum: colocar en pie, levantar, decidir

consuetudo -inis (f.): costumbre, hábito

consul -ulis (m.): cónsul

contra (prep. Ac.): frente a, contra

controversia -ae (f.): controversia, discusión

contus -i (m.): pértiga, pica

convivium -ii (n.): banquete, convite

copia -ae (f.): abundancia (en pl., tropas)

cor cordis (n.): corazón

Cornelius -ii (m.): Cornelio [nombre de una *gens* romana]

cornu -us (n.): cuerno, ala del ejército

corona -ae (f.): corona, guirnalda, diadema

corpus corporis (n.): cuerpo

corrumpo -ere -rupi -ruptum: destruir, corromper

credo -ere credidi creditum: creer

crimen -inis (n.): acusación, delito

crudelis -e: cruel

cubiculum -i (n.): habitación, alcoba

cui (Dat. sg. de *qui quae quod // quis quae quid*): al que, a quién, a qué

cultus -us (m.): cultivo, cultura

cum (prep. Abl.): con, contra

Cupido -inis (m.): Cupido [dios del Amor, hijo de Marte y Venus]

cupido cupidinis (f.): deseo

cupidus -a -um: deseoso, aficionado

cupio -ire -ii -itum: desear, anhelar

cura -ae (f.): preocupación, cuidado

Curia -ae (f.): curia, senado

curo -are -avi -atum: preocuparse, cuidar, tener cuidado

curro -ere cucurri cursum: correr, recorrer

currus -us (m.): carro

custodio -ire -ivi -itum: custodiar, guardar

D

Daci -orum (m. pl.): dacios [habitantes de Dacia]

Dalmatia -ae (f.): Dalmacia [provincia romana frente a Italia en el Adriático]

datus -a -um: participio *de do dare*

de (prep. Abl.): de, desde —arriba hacia abajo—

dea -ae (f.): diosa

deambulo -are -avi -atum: pasear

debeo -ere -ui -itum: deber, estar obligado

decem: diez

decerno -ere -crevi -cretum: decidir

decimus -a -um: décimo

dedo dedidi deditum: entregar

deduco -ere -duxi -ductum: llevar de arriba abajo, apartar

defector -oris (m.): traidor, tránsfuga

defendo -ere -fendi -fensum: apartar, defender

deinde: después

delecto -are -avi -atum: agradar

delego -are -avi -atum: delegar

deleo -ere -evi -etum: destruir, borrar

delibero -are -atum: deliberar, decidir

delicatus -a -um: delicioso, delicado, suave

dementia -ae (f.): locura

dens -ntis (m.): diente

densus -a -um: denso, espeso

deprehendo -ere -di -sum: detener, interceptar

describo -ere -scripsi -scriptum: transcribir, copiar

desidero -are -avi -atum: desear

desidia -ae (f.): inactividad, pereza

desilio -ire -silui -sultum: saltar, bajar de un salto

deterreo -ere -ui -itum: desviar con terror, disuadir

detraho -ere -traxi -tractum: quitar, echar abajo

deus -i (m.): dios, divinidad

dexter -tra -trum: derecho, diestro

dexter -t[e]ra -t[e]rum: derecho, que está a la derecha, diestro

Diana -ae (f.): Diana [hija de Júpiter y Latona]

dico -ere dixi dictum: decir

dies -ei (f.): día // (m.) fecha

differo -ferre distuli dilatum: diferir, dispersar, diferenciarse

difficilis -e: difícil, arduo

difficultas -atis (f.): dificultad

digitus -i (m.): dedo

diligo -ere -lexi -lectum: estimar, amar

directus -a -um: directo, recto, perpendicular

discerno -ere -crevi -cretum: separar, distinguir

disciplina -ae (f.): instrucción, educación, disciplina

discordia -ae: desacuerdo, discordia

distribuo -ere -bui -butum: distribuir

divitiae -arum (f. pl.): fortuna, riquezas

divus -i (m.): dios

do dare dedi datum: dar, entregar

doceo -ere docui doctum: enseñar, informar

doctus -a -um: sabio, docto

dolor -oris (m.): dolor [físico]

domesticus -a -um: doméstico, de la casa, de la familia

dominus -i (m.): señor, dueño

domus -us (f.): casa

donum -i (n.): regalo, ofrenda

dormio -ire: tener sueño, dormitar

druides -um (m. pl.): los druidas

duco -ere duxi ductum: conducir, llevar

dulcis -e: dulce, agradable

duo duae duo: dos

duodecim: doce

duodecimus -a -um: duodécimo

duodeviginti (indecl.): dieciocho

duplico -are -avi -atum: duplicar, hacer el doble

dux ducis (m.): guía, jefe, general

E

e, ex (prep. Abl.): de, desde —el interior—

edo -ere -didi -ditum: hacer público

edoceo -ere -docui -doctum: enseñar a fondo, informar

educo -duxi -ductum: hacer salir, avanzar

effigies -ei (f.): imagen, retrato

egeo -ere -ui: carecer, tener necesidad

ego: yo

elementum -i (n.): elemento

eloquentia -ae (f.): elocuencia

emo -ere emi emptum: comprar

Emporiae -arum (f. pl.): Ampurias

eo -ire -itum: ir, trasladarse

epistula -ae (f.): carta, mensaje

eques -ites (m./f.): jinete, caballería

equitatus -us (m.): caballería

equus -i (m.): caballo

ergo (conj.): así pues, por consiguiente

erigo -ere erexi erectum: levantar

erro -are -avi -atum: equivocarse

error -oris (m.): error, equivocación

esse: infinitivo de *sum*

estne?: ¿acaso es...?

et: y, también

etiam: aún, además, también

Etruria -ae: Etruria [región de Italia, hoy Toscana]

Europa -ae (f.): Europa

ex (prep. Abl.): de, desde

excipio -cepi -ceptum: tomar de entre, sacar, exceptuar

excito -are -avi -atum: hacer salir, excitar, despertar

exclamo -are -avi -atum: exclamar, gritar

exerceo -ercui -ercitum: tener en movimiento, ejercitar

exercitus -us (m.): ejército

exhibeo -ere -bui -bitum: tener en público, presentar, exhibir

exitus -us (m.): salida

expono -ere -posui -positum: poner a la vista, exponer

expositio -onis (f.): exposición, definición

expugno -are -avi -atum: tomar por asalto, conquistar

extra (prep. Ac.): fuera de

extremus -a -um: extremo, último

F

fabula -ae (f.): historia, narración, mito

facies -ei (f.): apariencia, rostro

facilis -e: fácil

facinus -oris (n.): crimen

facio -ere feci factum: hacer, realizar

fama -ae (f.): fama, noticia

fastigium -ii (n.): parte alta

faveo -ere favi fautum: favorecer, interesarse por

femina -ae (f.): mujer

ferrum -i (n.): hierro

fertilis -e: fértil, productivo

fidelis -e: fiel

fides -ei (f.): fe

filia -ae (f.): hija

filius -ii (m.): hijo

fingo -ere finxi fictum: modelar, formar

finis -is (m.): límite // (pl.) territorio

firmus -a -um: fuerte, seguro

fistula -ae (f.): cañería, conducto, canal

Florianus -i (m.): Floriano [emperador romano]

flumen -inis (n.): masa de agua que fluye, río

fluvius -ii (m.): río

fons -ntis (m.): fuente

forma -ae (f.): forma, figura

fortis -e: fuerte

fortuna -ae (f.): fortuna

frater -tris (m.): hermano

fraus fraudis (f.): engaño, error

frigus -oris (n.): frío, frialdad, fresco

fructus -us (m.): fruto, producto

frux frugis: producto, fruto

frumentum -i (n.): trigo

fugio -ere fugi fugitum: huir de

G

Gades -ium (f. pl.): Cádiz [ciudad de la Bética]

galea -ae (f.): casco, cresta

Galli -orum (m. pl.): los galos

Gallia -ae (f.): la Galia

gallina -ae (f.): gallina

gallus -i (m.): gallo

gaudeo -ere gavisus sum: alegrarse, estar contento

gaudium -ii (n.): alegría

gemma -ae (f.): gema, joya

generosus -a -um: noble, magnánimo, generoso

Genius -ii (m.): Genio [divinidad familiar]

gens gentis (f.): raza, linaje, gente, pueblo // (pl.) bárbaros

gentilicius -a -um: gentilicio

genu -us (n.): rodilla

genus -eris (n.): clase, raza, género, nación, conjunto

Germani -orum (m. pl.): los germanos

Germania -ae (f.): la Germania [hoy Alemania]

gero -ere gessi gestum: llevar a cabo, realizar, dirigirse

gestus -a -um: pp. de *gero*

gladiator -oris (m.): gladiador

gladius -ii (m.): espada

gloria -ae (f.): gloria, reputación, hazaña

graculus -i (m.): grajo

gradus -us (m.): paso, grado, clase

Graecia -ae (f.): Grecia

Graecus -a -um: griego

grammatica -ae (f.): gramática

grammaticus -i (m.): gramático, profesor [de Secundaria]

gratia -ae (f.): gracia

gratus -a -um: grato, agradable

gravis -e: pesado, penoso

gyrus -i (m.): giro, vuelta

H

habeo -ere habui habitum: tener

habito -as -are -avi -atum: habitar, ocupar, vivir

habitus -a -um: pp. de *habeo*

halo -are -avi -atum: soplar

Hamilcar -aris (m.): Amílcar [general cartaginés]

Hannibal -alis (m.): Aníbal [caudillo cartaginés]

Hasdrubal -alis (m.): Asdrúbal [general cartaginés]

hasta -ae (f.): lanza

haurio -ire hausi haustum: agotar

haut (adv.): no

Helvetii -orum (m. pl.): los helvecios

heu (interj.): ¡ah!, ¡ay!

Hiberus -i (m.): Ebro [el río]

hic haec hoc: este, esta, esto [demostrativo]

hiems hiemis (f.): invierno

Hispania -ae (f.): Hispania

Hispanus -a -um: hispánico, de Hispania

historia -ae (f.): historia

hodie: hoy

homicida -ae (m./f.): homicida

homo -inis (m.): hombre, persona

honor -oris (m.): honor

hora -ae (f.): hora

Horatii -iorum (m. pl.): los tres Horacios [que lucharon contra los tres Curiacios]

Horatius -ii (m.): Horacio [nombre de varón romano]

horror -oris (m.): aspereza, temblor, temor

hortus -i (m.): huerto, jardín

hospitalis -e: hospitalario, del huésped

hostis -is (m./f.): enemigo, extranjero

humanus -a -um: humano, que concierne al ser humano

Hypatia -ae (f.): nombre de mujer

I

Iacetani -orum (m. pl.): los jacetanos [pueblo de la Tarraconense]

iacio -ere ieci iactum: lanzar, disparar

iam (adv.): ya

Ianiculum -i (n.): Janículo [una de las siete colinas de Roma]

ibi (adv.): aquí, allí

igitur (conj.): entonces, por consiguiente

ignis -is (m.): fuego

ille illa illud: aquel, aquella, aquello

Illyricum -i (n.): región de Iliria

imago -inis (f.): imagen, representación

impello -puli -pulsum: golpear, pulsar, empujar, impeler

imperium -ii (n.): mando, imperio

impero -are -avi -atum: mandar, disponer, encargar

impetus -us (m.): ataque, embestida

impius -a -um: impío, malvado

imploro -are -avi -atum: invocar llorando, implorar

impluvium -ii (n.): impluvio

impono -ere -posui -positum: poner, colocar en, aplicar

in (prep. Ac.): a, hacia // (prep. Abl.): en, dentro de

incendium -ii (n.): incendio, fuego

incertus -a -um: incierto, dudoso

incipio -ere -cepi -ceptum: acometer, comenzar

incola -ae (m.): habitante

incolumis -e: sano, intacto

inde (adv.): de allí

Indi -orum (m. pl.): los indios [habitantes de India]

India -ae (f.): India [vasta región de Asia]

indignus -a -um: indigno

induo -ui -utum: poner, vestir, vestirse

inferi -orum (m. pl.): los infiernos

infra (prep. Ac.): debajo de, menos de

ingens -entis: ingente, enorme

inhumanus -a -um: inhumano, bárbaro, cruel

inicio -ere -eci -ectum: echar, arrojar

inimicus -a -um: enemigo

iniuria -ae (f.): injusticia, afrenta

inlustris -e: ilustre, claro, evidente

inmodicus -a -um: desmesurado, excesivo

inmortalis -e: inmortal, eterno

inrationalis -e: irracional

inserto -are -avi -atum: insertar, introducir

insidia -ae (f.): insidia, traición, emboscada

instituo -ere -ui -utum: poner en pie, establecer

instituta -orum (n. pl.): instituciones

instruo -ere -uxi -uctum: disponer, preparar

insula -ae (f.): isla

intellego -lexi -lectum: conocer, darse cuenta, comprender

inter (prep. Ac.): en medio de, entre

interea (adv.): mientras tanto

interficio -ere -feci -fectum: matar, destruir

interim (adv.): entretanto

intra (prep. Ac.): dentro de

invenio -ire inveni inventum: encontrar

invidia -ae (f.): odio, antipatía, envidia

inviolatus -a -um: inviolado, respetado

Iovis: gen. de *Iuppiter*

ira -ae (f.): ira

iracundus -a -um: irritable, iracundo

ire: infinitivo de *eo*

irrumpo -ere -rupi -ruptum: irrumpir, precipitarse violentamente

iste ista istud: ese, esa, eso

ita (adv.): así, de tal manera

Italia -ae (f.): Italia

itaque: y así

iter itineris (n.): camino, trayecto, recorrido

iubeo -ere iussi iussum: mandar, ordenar

iudicium -ii (n.): juicio, proceso

Iulius -ii (m.): Julio [nombre de varón]

iungo -ere iunxi iunctum: juntar, unir

Iunius -ii (m.): junio

Iuno -onis (f.): Juno [diosa, esposa de Júpiter]

Iuppiter Iovis (m.): Júpiter

ius iuris (n.): derecho

iustitia -ae (f.): justicia

iuvenis -e: joven

iuvo -are -avi -atum: ayudar

L

labor -oris (m.): esfuerzo, trabajo

laboro -are -avi -atum: trabajar

lac lactis (n.): leche

lacus -us (m.): lago, estanque

laetitia -ae (f.): alegría

lana -ae (f.): lana

Lar Laris (m.): Lar [divinidad protectora de la familia]

lateo -ere -ui: estar oculto, esconderse

Latinus -a -um: latino, del Lacio

Latium -ii (n.): Lacio

laudo -are -avi -atum: alabar

laus laudis (f.): alabanza

laxus -a -um: amplio

lectus -a -um: selecto, escogido

legalis -e: conforme a la ley, legal

legatus -i (m.): legado, embajador

leges: Nom./Ac. pl. de *lex*

legio legionis (f.): legión

lego -ere legi lectum: elegir, leer

legumen -inis (n.): legumbre

lingua -ae (f.): lengua, lenguaje

leo -onis (m.): león

levis -e: leve

lex legis (f.): ley, orden

liberi -orum (m. pl.): los hijos

ligneus -a -um: de madera, parecido a la madera

lignum -i (n.): madera, leño, tronco

limes limitis (m.): sendero, senda, linde, frontera

liminaris -e: del umbral, inicial

linquo -ere -liqui: dejar

littera -arum (f. pl.): carta, literatura

litus -oris (n.): litoral, playa

Livia -ae (f.): Livia [nombre de mujer]

Livius -ii (m.): Livio [nombre de varón]

locus -i (m.): lugar, sitio, región

longus -a -um: largo

lorica -ae (f.): loriga, coraza, cota de malla

lucidus -a -um: brillante, manifiesto, lúcido

Lucius -ii (m.): Lucio [nombre de varón]

Lucius Tarquinius Superbus: Lucio Tarquinio el Soberbio

Lucrecia -ae (f.): Lucrecia

lucrum -i (n.): ganancia, lucro

ludo -ere lusi lusum: jugar

ludus -i (m.): juego // (pl.) juegos públicos

luna -ae (f.): luna

lunula -ae (f.): amuleto que llevaban las niñas romanas hasta el día de su boda

lupus -i (m.): lobo

luxus -us (m.): exuberancia, lujo

Lusitani -orum (m. pl.): los lusitanos

Lusitania -ae (f.): Lusitania [actual Portugal]

lux lucis (f.): luz, brillo

M

Macedonia -ae (f.): Macedonia

magister -tri (m.): maestro, jefe, director

magistra -ae (f.): maestra

magistratus -us (m.): magistrado, cargo público, magistratura

magnanimus -a -um: magnánimo

magnitudo -inis (f.): grandeza, magnitud

magnopere (adv.): con insistencia, grandemente

magnus -a -um: grande

Malaca -ae (f.): Málaga [ciudad de la Bética]

male (adv.): mal

malus -a -um: malo

maneo -ere mansi mansum: permanecer

Manes -ium (m. pl.): los manes, almas de los muertos

manus -us (f.): mano

Marcellus -i (m.): Marcelo

Marcus -i (m.): Marco [nombre de varón]

mare maris (n.): mar

margarita -ae (f.): perla

Marius -ii (m.): Mario [nombre de varón]

Mars Martis (m.): Marte [dios de la guerra]

Massilia -ae (f.): Marsella

mater -tris (f.): madre

Mavortius -a -um: de Marte, belicoso

maxime (adv.): muchísimo, lo más posible

maximus -a -um: máximo

mecum: conmigo

medicina -ae (f.): medicina, alivio

mediocritas -atis (f.): moderación, medianía

mei: mío (en genitivo)

mel mellis (n.): miel

melius: (adj. cp. de *bonus*) mejor // (adv. cp. de *bene*) mejor

memoria -ae (f.): memoria

mens mentis (f.): mente, espíritu, inteligencia, manera

mensa -ae (f.): mesa

mensis -is (m.): mes

mercator -oris (m.): mercader, comerciante

Mercurius -ii (m.): Mercurio [dios mensajero]

mereo -ere -ui -itum: merecer, ganar, cobrar

meridies -ei (m.): mediodía

meta -ae (f.): meta, extremidad, finalidad

Metellus -i (m.): Metelo [nombre de una de las ramas de la *gens Caecilia*]

metus -us (m.): miedo

meus -a -um: mío

migro -are -avi -atum: marcharse, emigrar

miles -itis (m.): soldado

milia -ium (n. pl.): miles, millares

militiam -ae (f.): milicia, servicio militar

mille: mil

Minerva -ae (f.): Minerva [diosa]

minimus -a -um: mínimo, muy pequeño

minutus -a -um: pequeño

miser -a -um: desdichado, desgraciado

miserabilis -e: miserable

miseria -ae (f.): miseria, desgracia, adversidad

mitto -ere misi missum: enviar

moderatio -onis (f.): moderación, mesura

modicus -a -um: mesurado, moderado

modus -i (m.): medida, modo, manera

moenia -ium (n. pl.): murallas, fortificaciones

moneo monuere -nui -nitum: aconsejar, exhortar, recordar, advertir

mons -ntis (m.): monte, montaña

monstro -are -avi -atum: mostrar

morbus -i (m.): enfermedad

morituri (m. pl.): los que van a morir

mors mortis (f.): muerte

mortalis -e: mortal

mortuus -a -um: muerto

mos moris (m.): costumbre, hábito

motus -us (m.): movimiento

moveo -ere movi motum: mover

mulier -eris (f.): mujer

multus -a -um: mucho

mundus -i (m.): el mundo, el universo

municipium -ii (n.): municipio, ciudad municipal

munus -eris (n.): espectáculo, oficio

murus -i (m.): muralla, muro, pared

musica -ae (f.): música

muto -are -avi -atum: mudar, cambiar, mutar

N

nam (conj.): pues

narro -are -avi -atum: contar, narrar

natio -onis (f.): nacimiento, raza, nación

natura -ae (f.): naturaleza

naturalis -e: natural

naumachia -ae (f.): naumaquia, batalla naval

nauta -ae (m.): marinero

navalis -e: naval, náutico

navigo -are -avi -atum: navegar

navis -is (f.): nave, embarcación

ne: (adv.): no // (conj.): que no // (part. inter.): ¿acaso?

nec (conj.): y no, ni

necessarius -a -um: necesario, inevitable

neco -are -avi -atum: matar // ***nece eum:*** mátalo

nego -are -avi -atum: decir que no, negar

nemus -oris (n.): bosque sagrado

Neptunus -i (m.): Neptuno [dios de los mares]

neque (conj.): y no, ni

Nero -onis (m.): Nerón [sobrenombre de la familia Claudia]

Nervii -orum (m. pl.): los nervios [antiguo pueblo de Bélgica]

nescio -ire nescii nescitum: no saber

nobilis -e: noble, famoso

nobis (Dat./Abl. de *nos*): a/por nosotros

nobiscum: con nosotros

nomen -inis (n.): nombre

nomino -are -avi -atum: nombrar, designar

non (adv.): no

nos: nosotros

nosco -ere novi notum: conocer, aprender a conocer

noster -tra -trum: nuestro

novem: nueve

novus -a -um: nuevo

nox noctis (f.): noche

Numa -ae (m.): Numa (Pompilio), [segundo rey de Roma]

Numantia -ae (f.): Numancia

Numantinus -a -um: de Numancia

numen -inis (n.): voluntad, mandato, divinidad, numen

numero -are -avi -atum: contar, tener, pagar, considerar

numerus -i (m.): número

numquam: nunca

nunc (adv.): ahora

nuntio -are -avi -atum: anunciar

nuntius -ii (m.): mensajero, nuncio

nuptiae -arum (f. pl.): boda, nupcias

nutrio -ire -ivi -itum: nutrir, alimentar

O

ob (prep. Ac.): delante de, por causa de

obstinatus -a -um: obstinado, resuelto, constante

obstringo -ere -strinxi -strictum: sujetar, encadenar, atar

obstupefacio -ere -feci -factum: llenar de estupor, paralizar

obtineo -ere -tinui -tentum: obtener, poseer, conservar

occasus -us (m.): ocaso, caída

occido -ere -cidi -sisum: matar, cortar

occupo -are -avi -atum: ocupar antes, apoderarse de

occurro -curri -cursum: correr al encuentro, encontrarse con, oponerse a

Octavianus -i (m.): Octaviano [sobrenombre de Augusto]

octo: ocho

oculus -i (m.): ojo

odium -ii (n.): odio

odor -oris (m.): olor

oliva -ae (f.): olivo, aceituna

Olympus -i (m.): Olimpo [monte mansión de los dioses]

omnis -e: todo

Onoba -ae (f.): Huelva [ciudad de la Bética]

opera -ae (f.): trabajo, actividad

oportet -ere -uit: (imper.) es necesario, conviene

oppidum -i (n.): plaza fuerte, fortaleza, ciudad

oppugno -are -avi -atum: atacar, asaltar

optimus -a -um: óptimo, lo mejor

opus operis (n.): obra

oraculum -i (n.): oráculo, respuesta de un dios

oratio -onis (f.): palabra, discurso

orator -oris (m.): orador

orbis -is (m.): círculo, el orbe, superficie circular, superficie de la Tierra

Orcus -i (m.): el Orco [divinidad infernal, el infierno]

ordo -inis (m.): fila, orden, clase social

Oretani -orum (m. pl.): los oretanos [pueblo de la Celtiberia cuya capital fue Cástulo]

orno -are -avi -atum: adornar, embellecer, dotar de

os oris (n.): boca

os ossis (n.): hueso, osamenta

otium -ii (n.): ocio, descanso

ovatio -onis (f.): entrada triunfal

Ovidius -ii (m.): Ovidio

P

paene (adv.): casi

paeninsula -ae (f.): península

Palatinum -ii (n.): Palatino [el monte]

panis -is (m.): pan

Pannonia -ae (f.): Panonia [región de Europa situada en Hungría]

pannus -i (m.): paño, tela

papyrus -i (f.): papiro

paratus -a -um: a punto, preparado, dispuesto

pario -ere peperi partum: parir, dar a luz

parma -ae (f.): escudo pequeño

paro -are -avi -atum: preparar, adquirir

pars partis (f.): parte, porción

Parthi -orum (m. pl.): los partos [pueblo de Persia]

particeps -cipis: partícipe, participante

parvulus -a -um: pequeño, párvulo

parvus -a -um: pequeña

passus -us (m.): paso

pater -tris (m.): padre

patientia -ae (f.): paciencia

patria -ae (f.): patria, país natal

patricii -orum (m. pl.): los patricios

paucus -a -um: poco, escaso

pavor -oris (m.): pavor, miedo

pax pacis (f.): paz

pecunia -ae (f.): dinero

pedes -itis (m.): peatón, soldado de infantería

pellis -is (f.): piel

penates -ium (m. pl.): los penates [dioses protectores del hogar]

penso -are -avi -atum: pesar, juzgar, valorar

per (prep. Ac.): a través de, por

percipio -ere -cepi -ceptum: recoger

perdo -ere -didi -ditum: perder

peregrinus -i (m.): extranjero, no ciudadano

perficio -ere perfeci perfectum: hacer por completo, acabar

periculum -i (n.): peligro, riesgo

perpaucus -a -um: muy poco

perpetuus -a -um: continuo, permanente

persevero -are -avi -atum: persistir, perseverar

persona -ae (f.): máscara de actor, personaje, carácter

persuadeo -ere -susasi -suasum: convencer, persuadir

pes pedis (m.): pie

peto -ere -ivi -itum: dirigirse a, atacar

petra -ae (f.): roca, piedra

philosophia -ae (f.): filosofía

philosophus -i (m.): filósofo

Phoenicia -ae (f.): Fenicia [país litoral de Siria]

pictus -a -um: de vivo colorido, pintado, adornado

pietas -atis (f.): religiosidad, piedad

pila -ae (f.): pelota, bola, globo, esfera

pilum -i (n.): venablo, dardo, lanza arrojadiza

pirum -i (n.): pera

piscis -is (m.): pez

pius -a -um: piadoso, justo

placeo -ere -cui -citum: agradar

planicies -ei (f.): llanura

planta -ae (f.): planta, vegetal, retoño

plaudo plausi plausum: golpear, batir, aplaudir

plebeius -a -um: plebeyo, de la plebe

plebs plebis (f.): plebe

plenus -a -um: lleno

ploro -are -avi -atum: llorar

plurimus -a -um: muchísimo

Pluto -onis (m.): Plutón [dios de los infiernos]

pluvia -ae (f.): lluvia

podium -ii (n.): plataforma

poema -ae (f.): poema, obra en verso

poena -ae (f.): rescate, venganza, castigo, pena

Poeni -orum (m. pl.): los cartagineses

poeta -ae (m.): poeta

Pompilius -ii (m.): (Numa) Pompilio [segundo rey de Roma]

pono -ere posui positum: poner, dejar, colocar, disponer

pons pontis (m.): puente

pontifex -icis (m.): pontífice

populus -i (m.): pueblo

Porcius -ii (m.): Porcio [nombre gentilicio romano]

Porsenna -ae (m.): Pórsena [rey etrusco]

porta -ae (f.): puerta

porto -are -avi -atum: llevar, transportar

possibilis -e: posible

possum potui: poder

post (prep. Ac.): detrás de, después

postea (adv.): después

posterus -a -um: siguiente, que viene después

potens -ntis: poderoso

potestas -atis (f.): poder, potestad

potius (cp. de *potis*): mejor, preferible, de mayor valor

prae (prep. Abl.): delante de, a causa de

praebeo -ere -bui -bitum: procurar, dar, proporcionar

praeclarus -a -um: muy claro, luminoso, preclaro, ilustre

praeda -ae (f.): presa, botín de guerra

praenomen -inis (n.): nombre propio de una persona

praeparo -are -avi -atum: preparar

praesidium -ii (n.): defensa, guardia

praeter (prep. Ac.): por delante de, además de

praeterea (adv.): además

praetexta toga: toga praetexta [toga blanca con borde púrpura que podían vestir los niños, los senadores y altos magistrados]

praetor -oris (m.): pretor

prandium -ii (n.): almuerzo

prevenio -ire -veni -ventum: arribar, llegar

primum (adv.): en primer lugar

primus -a -um: primero

princeps principis (adj. y sust.): príncipe, el primero, el que ocupa el primer lugar

Priscus -i (m.): Prisco (Tarquinio), o el Antiguo [rey de Roma]

pro (prep. Abl.): delante de, a favor de

probo -are -avi -atum: probar, experimentar

probus -a -um: excelente, bueno, honrado

procedo -ere -cessi -cessum: ir adelante, avanzar, continuar

proelium -ii (n.): batalla, combate

progenitor -oris (m.): progenitor, ascendiente

prohibeo -ere -bui -bitum: alejar, rechazar

proicio -icere -ieci -iectum: lanzar hacia delante, expulsar

prope (prep. Ac.): cerca de

propinquus -a -um: próximo, cercano

propositum -i (m.): intención, propósito

proprius -a -um: propio, personal

propter (prep. Ac.): a causa de, por

proscaenium -ii (n.): proscenio

Proserpina -ae (f.): Proserpina

prosum profui prodesse: aprovechar, ser útil, servir a

provincia -ae (f.): provincia

proximus -a -um: cercano, vecino

prudentia -ae (f.): prudencia

publicus -a -um: público, oficial

Publius -ii (m.): Publio [nombre de varón]

pudicitia -ae (f.): castidad, pudor

pudicus -a -um: púdico, virtuoso

puella -ae (f.): niña, muchacha, chica

puer -i (m.): niño, muchacho

pugna -ae (f.): lucha

pugno -are -avi -atum: luchar (con los puños), combatir

pulcher -chra -chrum: bello, hermoso

pulcherrimus -a -um: hermosísimo

pulso -are -avi -atum: echar, empujar, impulsar

punicus -a -um: cartaginés, de Cartago

puto -are -avi -atum: considerar, creer, pensar

Q

quadrigae -arum (f. pl.): cuadriga

quae (Nom. f. sg.): que, la cual

quaestio -onis (f.): pregunta

quaestor -oris (m.): cuestor

quantus -a -um: cuánto

quartus -a -um: cuarto

quattuor: cuatro

que (-que): y (e)

quid: qué, cuál

quies -etis (f.): descanso, reposo

quindecim: quince

quinque: cinco

quinquennalis -e: quinquenal, que sucede cada cinco años

quoque: también

R

Raetia -ae (f.): Recia [región de los Alpes orientales]

rapio -ere rapui raptum: arrebatar, raptar

ratio -onis (f.): razón, inteligencia

rationalis -e: racional

rectus -a -um: derecho, recto

reduco -ere -duxi -ductum: llevar hacia atrás, replegar

refero -ferre rettuli relatum: hacer volver, restablecer

regia -ae (f.): corte, residencia real, palacio

regina -ae (f.): reina

regio -onis (f.): región

regius -a -um: real, regio

regnum -i (n.): reino, reinado

rego -ere rexi rectum: guiar, regir, gobernar

relinquo -ere -liqui -lictum: dejar

rem publicam: Ac. sg. *res publica*

remaneo -mansi -mansum: detenerse, pararse, subsistir

remitto -ere -misi -missum: hacer volver, cesar

repudium -ii (n.): divorcio, repudio

requiesco -quievi -quietum: descansar

res publica: República, el Estado

res rei (f.): cosa

rescindo -ere -scidi -scissum: cortar, separar, anular

responsum -i (n.): respuesta

rete -is (n.): red

retiarius -ii (m.): reciario [tipo de gladiador]

rex regis (m.): rey, soberano

rhetor -oris (m.): orador, retórico, profesor de la escuela superior

rhetoricus -a -um: propio de la retórica

Rhoda -ae (f.): Rodas [ciudad costera de la Tarraconense, hoy Rosas]

rogo -are -avi -atum: preguntar, consultar

Roma -ae (f.): Roma

Romanus -a -um: romano

Romulus -i (m.): Rómulo

rosa -ae (f.): rosa

rostra -arum (n. pl.): tribuna de los oradores

rota -ae (f.): rueda

roto -are -avi -atum: mover circularmente, hacer rodar, voltear

rus ruris (n.): campo, tierra de labor

S

Sabini -orum (m. pl.): los sabinos [pueblo al NE de Roma]

sabinus -a -um: sabino, de los sabinos

sacer sacra sacrum: sacro, sagrado

sacrificium -ii (n.): sacrificio

saeculum -i (n.): generación, siglo

saepe (adv.): muchas veces

saepio -ire saepsi -ptum: cercar, rodear con una valla

sagino -are -avi -atum: engordar

sagitarius -ii (m.): arquero, Sagitario

sagitta -ae (f.): flecha

Saguntum -i (n.): Sagunto

salarius -a -um: de la sal, perteneciente a la sal

Salassi -orum (m. pl.): los salasos [pueblo que habitó al pie de los Alpes peninos]

salutatio -onis (f.): saludo, homenaje

saluto -are -avi -atum: saludar

sanctus -a -um: santo, sagrado

sanguis -inis (m.): sangre

sapientia -ae (f.): sabiduría

sapio -ere -ii: saber, entender, tener sabor

saporatus -a -um: sabroso

Saturnus -i (m.): Saturno

scaenicus -a -um: escénico, teatral

scelus -eris (n.): crimen

sceptrum -i (n.): cetro, reinado

schola -ae (f.): ocio dedicado al estudio, lección, escuela

scientia -ae (f.): conocimiento, ciencia

scio -ire scii scitum: saber

Scipio -onis (m.): Escipión

scribo -ere scripsi scriptum: escribir

scriptus -a -um: escrito

scutum -i (n.): escudo

Scythae -arum (m. pl.): los escitas [pueblo de la Antigüedad]

se: a sí, a ellos

secundum (prep. Ac.): después de, según, de acuerdo con

secundus -a -um: segundo

secutor -oris (m.): secutor [tipo de gladiador]

sed: pero, sino, sino que

sedeo -ere sedi sessum: estar sentado, sentarse

seges -etis (f.): campo [de cereales], sembrado

semino -are -avi -atum: sembrar

semper (adv.): siempre

senator -oris (m.): senador

senatus -us (m.): senado, asamblea de ancianos

senex -is (m.): anciano, viejo

senilis -e: senil

sensibilis -e: sensible

sensus -us (m.): sentido, sensibilidad

sentio -ire sensi sensum: sentir, percibir

sepelio -ire -ivi -pultum: sepultar

septem: siete

sermo -onis (m.): discurso, conversación, lenguaje

sero -ere sevi satum: sembrar, plantar

serpens -ntis (m./f.): serpiente

serva -ae (f.): sierva, esclava

servio -ire -ivi -itum: servir

servo -are -avi -atum: salvar, guardar, cuidar

servus -i (m.): siervo, esclavo

sestertius -ii (m.): sestercio [moneda romana]

severitas -atis (f.): seriedad, gravedad

severus -a um: severo, grave

sex: seis

sextus -a -um: sexto

sibi: (Dat.) a él/a ella/a ello

sic (adv.): así, de esta manera

Sicilia -ae (f.): Sicilia

signum -i (n.): señal, bandera, marca, señal, indicio

sileo -ere -ui: callarse, guardar silencio

silva -ae (f.): bosque, selva

similis -e: semejante, parecido

simulacrum -i (n.): imagen, imitación, estatua [de un dios]

sine (prep. Abl.): sin

societas -atis (f.): unión, asociación, sociedad

socius -a -um: asociado, común

socius -ii (m.): aliado, compañero

sol solis (m.): sol

soleo solere solitus sum: soler, tener costumbre

solus -a -um: solo, único

solvo -ere solvi solutum: desatar

somnus -i (m.): sueño

sonus -i (m.): sonido, ruido

soror -oris (f.): hermana

sors sortis (f.): suerte

spargo -ere sparsi sparsum: esparcir, diseminar

species -ei (f.): aspecto, apariencia, forma

spectaculum -i (n.): observación, espectáculo

spectator -oris (m.): espectador

specto -are -avi -atum: mirar, observar

speculum -i (m.): espejo

spero -are -avi -atum: esperar, tener esperanzas

spes spei (f.): esperanza

spina -ae (f.): espina [muro que dividía la arena del circo]

sponsa -ae (f.): novia, prometida

sponsio -onis (f.): promesa solemne, compromiso recíproco, apuesta

stagnum -i (n.): estanque, charca

statua -ae (f.): estatua

statuo -ere -ui -utum: establecer, erigir

status -us (m.): posición

stella -ae (f.): estrella

stipendium -ii (n.): tributo, impuesto

stirps stirpis (f.): linaje, estirpe

sto -are steti statum: estar de pie, estar inmóvil, mantenerse firme

studeo -ere -ui: afanarse, dedicarse con afán

studium -ii (n.): afición, estudio, afán

stultitia -ae (f.): necedad, tontería

stultus -a -um: necio, tonto

sub: (prep. Ac.) al pie de, debajo de // (prep. Abl.) al pie de, debajo

subigo -egi -actum: hacer subir, remover la tierra, someter

subitus -a -um: súbito, imprevisto

subiugo -are -avi -atum: hacer pasar bajo el yugo, subyugar

Sublicius (pons): Sublicio [puente de Roma, construido por Anco Marcio y hecho de estacas]

sudo -are -avi -atum: sudar

sum esse fui: ser, estar, haber

summoveo -ere -movi -motum: apartar, arrojar, alejar

summus -a -um: el más alto, elevado

super: (prep. Ac.) sobre, encima de // (prep. Abl.) sobre, encima de

superbia -ae (f.): soberbia

superbus -a -um: altivo, orgulloso

superior -ius: más alto, superior

supero -are -avi -atum: sobresalir, traspasar

supra (prep. Ac.): encima de, más de

surgo surrexi surrectum: levantarse, surgir, elevarse, levantarse de un asiento o de la cama

suscipio -ere -cepi -ceptum: coger por debajo, asumir, emprender

sustineo -tinui -tentum: sostener, llevar encima

suus -a -um: suyo

Syracusae -arum (f. pl.): Siracusa

Syracusanus -a -um: de Siracusa

T

tabella -ae (f.): tablilla

taberna -ae (f.): tienda, taberna

tabula -ae (f.): tabla, registro, lista, pintura

taceo -ere -cui -citum: callarse, guardar silencio

taedium -ii (n.): tedio, aburrimiento

Tagus -i (m.): Tajo [el río]

tamen: no obstante, sin embargo

tametsi: (conj.) aunque, a pesar de que // (adv.) sin embargo, no obstante

tantum: solamente

tantus -a -um: tan grande

Tarentinus -a -um: de Tarento

Tarentum -i (n.): Tarento [ciudad de la Magna Grecia en Italia]

Tarquinius -ii (m.): Tarquinio [nombre de dos reyes de Roma]

Tarraconensis -e: de la Hispania Tarraconense

taurus -i (m.): toro, buey

tecum: contigo

temerarius -a -um: irreflexivo, imprudente

tempestas -atis (f.): tempestad, tiempo, lapso de tiempo

templum -i (n.): templo, recinto sagrado

tempus -oris (n.): tiempo

teneo -ere -nui -ntum: tener sujeto, retener, agarrar

tepidarium -ii (n.): sala de agua tibia [en las termas]

terra -ae (f.): tierra, territorio, región

terreo -ere -ui -itum: aterrar, asustar

terribilis -e: terrible

terror -oris (m.): terror, espanto

tertius -a -um: tercero

testis -is (m./f.): testigo

testudo -inis (f.): tortuga, formación en tortuga

texo -ere -ui -tum: tejer

theatrum -i (n.): teatro

Thessalia -ae (f.): Tesalia [región de Grecia]

Tiberis -is (m.): Tíber [el río]

Tiberius -ii (m.): Tiberio [prenombre romano. Tiberio, emperador]

timeo -ere -ui: tener miedo, temer

timor -oris (m.): temor, miedo

toga -ae (f.): toga

togatus -a -um: togado

tolero -are -avi -atum: llevar, sostener, soportar

totus -a -um: todo, entero

tragoedia -ae (f.): tragedia

traho -ere traxi tractum: atraer, tirar de, llevar

trans (prep. Ac.): al otro lado de

transmitto -ere -misi -missum: transmitir, enviar al otro lado

trecentesimus -a -um: tricentésimo

tres tria: tres

tribunal -alis (n.): tribunal

tribunicius -a -um: tribunicio, propio del tribuno

tribunus -i (m.): tribuno

triclinium -ii (n.): triclinio [el comedor]

tridens -ntis (m.): tridente, arpón

triginta: treinta

triplex -plicis: triple

tristis -e: triste

triumphus -i (m.): triunfo, desfile triunfal

Troia -ae (f.): Troya

tu: tú

tum (adv.): entonces

tunc (adv.): entonces, en aquel momento

tunica -ae (f.): túnica, ropa interior, corteza, cáscara

turba -ae (f.): muchedumbre, alboroto

Turdetani -orum (m. pl.): los turdetanos [pueblo de la Bética]

Tusci -orum (m. pl.): los etruscos

Tusculum -i (n.): Túsculo [antigua ciudad del Lacio]

tuus -a -um: tuyo

Tyrus -i (f.): Tiro [ciudad de Fenicia]

U

ubi: donde

ultra: (adv.) más allá / (prep. Ac.) más allá de

unda -ae (f.): onda, ola

unguis -is (m.): uña, garra

unus una unum: uno

urbanus -a -um: urbano, propio de la ciudad

urbs urbis (f.): ciudad [por extensión, Roma]

utilis -e: útil

utinam: ¡ojalá!

uxor -oris (f.): esposa

V

vacuus -a -um: vacío, desierto

vale: adiós (a ti) // **valete:** adiós (a vosotros)

valeo -ere valui valitum: ser fuerte, tener salud, valer

Valerius -ii (m.): Valerio [nombre de varón]

vallis -is (f.): valle, cañada

vallum -i (n.): empalizada

varius -a -um: variado, diverso

Vascones -um (m. pl.): los vascos

vasto -are -avi -atum: despoblar, devastar, arrasar

velites -um (m. pl.): vélites [soldados de infantería ligera]

velum -i (n.): vela, velo, manto

venatio -onis (f.): cacería

vendo -ere -didi -ditum: vender

venenum -i (n.): droga, veneno

venio -ire veni ventum: venir, ir, llegar

ventus -i (m.): viento

Venus -eris (f.): Venus [la diosa]

venustas -atis (f.): belleza, gracia

verbum -i (n.): palabra

veritas -atis (f.): verdad

verus -a -um: verdadero

Vesta -ae (f.): Vesta [diosa, Hestia en su acepción griega]

vestal -alis (f.): vestal

vestis -is (f.): vestido

veto -are -ui -itum: vetar, prohibir

Vettones -um (m. pl.): los vetones [pueblo de la Lusitania]

via -ae (f.): camino, calzada

viator -oris (m.): caminante

vice: [Abl. *vicis*] en vez de

vicinus -a -um: vecino, cercano

victoria -ae: victoria

video -ere visi visum: ver

vigilia -ae (f.): vigilia, vela

vigilo -are -avi -atum: velar, estar despierto, vigilar

vigor -oris (m.): vigor, energía

vilis -e: de poco valor, vil

villa -ae (f.): villa, casa de campo, finca

vincio -ire vinxi vinctum: atar

vinco -ere vici victum: vencer

Vindelici -orum (m. pl.): los vindélicos [pueblo del Ilírico]

vinum -i (n.): vino

vir viri (m.): varón, hombre

Viriathus -i (m.): Viriato

virilis -e: viril // **virilis toga:** toga viril [que se vestía en el paso de la infancia a la adolescencia]

virtus -utis (f.): valor, virtud

vita -ae (f.): vida

vitium -ii (n.): vicio, defecto, falta

vivo -ere vixi victum: vivir, tener vida

vobiscum: con vosotros

voco -are -avi -atum: llamar, invocar

volo -are -avi -atum: volar

Volsci -orum: los volscos [pueblo del Lacio]

voluntas -atis (f.): voluntad, deseo

voro -are -avi -atum: comer, devorar

vos: vosotros / **vobis** (Dat./Abl.)

vox vocis (f.): voz, palabra

Vulcanus -i (m.): Vulcano [el dios]

vulnero -are -avi -atum: herir

vulnus -eris (n.): herida, golpe

vultus -us (m.): expresión, rostro, aspecto

Z

Zacynthus -i (f.): Zacinto o Zante

Zephyrus -i (m.): Céfiro [viento del oeste]

VOCABULARIO CASTELLANO-LATÍN

A

a: *ad*

agricultor: *agricola -ae* (m.)

agua: *aqua -ae* (f.)

ala [del ejército]: *cornu -us* (n.)

alegría: *laetitia -ae* (f.)

amar: *amo -are -avi -atum*

amigo: *amicus -i* (m.) // *amicus -a -um*

amistad: *amicitia -ae* (f.)

Aníbal: *Hannibal -alis* (m.)

animal: *animal -alis* (n.)

anunciar: *nuntio -are -avi -atum*

año: *annus -i* (m.)

aprender: *disco -ere didici*

apresar: *capio -ere cepi captum*

aquel aquella aquello: *ille -a -ud*

asunto: *res rei* (f.)

atacar: *oppugno -are -avi -atum*

ataque: *impetus -us* (m.)

Augusto: *Augustus -i* (m.)

auxilio: *auxilium -ii* (n.)

avaricia: *avaritia -ae* (f.)

ayuda: *auxilium -ii* (n.)

ayudar: *iuvo -are -avi -atum*

B

bajo: *sub*

batalla: *proelium -ii* (n.)

beneficio: *beneficium -ii* (n.)

bien: sust. *bonum -i* (n.) // adv. *bene*

bosque: *silva -ae* (f.)

botín: *praeda -ae* (f.)

breve: *brevis -e*

bueno: *bonus -a -um*

C

caballería: *equitatus -us* (m.)

caballo: *equus -i* (m.)

cabeza: *caput -itis* (n.)

campamento: *castra -orum* (n. pl.)

capturar: *capio -ere cepi captum*

carta: *littera -arum* (f. pl.)

cartagineses: *Carthaginienses -ium* (m. pl.)

casa de campo: *villa -ae* (f.)

César: *Caesar -aris* (m.)

cinco: *quinque*

ciudad: *urbs urbis* (f.) // *civitas -atis* (f.)

ciudadela: *oppidum -i* (n.)

coger: *capio -ere cepi captum*

colina: *collis -is* (m.)

colocar: *pono -ere posui positum*

Cómodo: *Commodus -i* (m.)

con: *cum*

conducir: *duco -ere duxi ductum*

conquistar: *teneo -ere -nui -ntum* // *capio -ere cepi captum*

consigo: *secum*

cónsul: *consul -is* (m.)

contar: *numero -are -avi -atum*

contener: *habeo -ere -ui -itum* // *contineo -ere -tinui -tentum*

contra: *adversus* // *adversum* // *contra* (todos con acusativo)

corto: *brevis -e*

cosa: *res rei* (f.)

costumbre: *mos moris* (m.)

creer: *credo -ere -didi -ditum*

cuatro: *quattuor*

cuerno: *cornu -us* (n.)

cuerpo: *corpus -oris* (n.)

D

dar: *do dare dedi datum*

deber: *debeo -ere -ui -itum*

decidir: *decerno -ere -crevi -cretum* // *dico dicere dιxι dιctum* // *delibero -are -atum* // *instituo -ere -tui -tutum*

defender: *defendo -ere -ndi -nsum*

derecha: *dexter -t[e]ra -t[e]rum*

desdichado: *miser -a -um*

desear: *cupio -ere -ii -itum*

destruir: *deleo -ere -evi -etum*

devastar: *vasto -are -avi -atum*

día: *dies diei* (m./f.)

diente: *dens dentis* (m.)

dios: *deus -i* (m.)

diosa: *dea -ae* (f.)

discurso: *oratio -onis* (f.)

doce: *duodecim*

dos: *duo duae duo*

dueño: *dominus -i* (m.)

duro: *durus -a -um*

E

ejército: *exercitus -us* (m.)

elegir: *lego -ere legi lectum* // *eligo -ere elegi electum*

en: *in* [+ Abl.]

enemigo: *hostis -is* (m.) // *inimicus -a -um*

enfermedad: *morbus -i* (m.)

engaño: *dolus -i* (m.) // *fraus fraudis* (f.)

entregar: *do dare dedi datum*

enviar: *mitto -ere misi missum*

envidia: *invidia -ae* (f.)

esclava: *serva -ae* (f.) // *ancilla -ae* (f.)

esclavo: *servus -i* (m.)

escuchar: *audio -ire -ivi -itum*

espada: *gladius -ii* (m.)

esperar: *exspecto -are -avi -atum* // *spero -are -avi -atum*

establecer: *instituo -ere -tui -tutum*

este esta esto: *hic haec hoc*

estrella: *stella -ae* (f.)

F

fama: *fama -ae* (f.)

famoso -a: *clarus -a -um* // *inlustris -e*

feliz: *beatus -a -um*

fortaleza: *oppidum -i* (n.)

fortuna: *fortuna -ae* (f.)

fuente: *fons fontis* (m.)

fuerte: *fortis forte*

furor: *furia -ae* (f.)

G

Galia: *Gallia -ae* (f.)

galo -a: *Gallus -a -um*

general: *dux ducis* (m.)

Germania: *Germania -ae* (f.)

gloria: *gloria -ae* (f.)

gobernar: *rego -ere rexi rectum*

grande: *magnus -a -um*

grave: *gravis -e*

Grecia: *Graecia -ae* (f.)

griego -a: *Graecus -a -um*

guerra: *bellum -i* (n.)

H

haber: *sum esse fui*

habitante: *incola -ae* (m.)

hacer: *facio -ere feci factum*

herida: *vulnus -eris* (n.)

hija: *filia -ae* (f.)

hijo: *filium -ii* (m.)

Hispania: *Hispania -ae* (f.)

hispano: *Hispanus -a -um*

hombre: *homo -inis* (m.) // *vir -i* (m.)

huir: *fugio -ere fugi fugitum*

humano: *humanus -a -um*

I

idóneo: *aptus -a -um*

iluminar: *illustro -are -avi -atum*

ilustre: *illustris -e // praeclarus -a -um*

imperio: *imperium -ii* (n.)

incendiar: *incendo -ere -cendi -censum*

ingente: *ingens -ntis // magnus -a -um*

inicio: *initium -ii* (n.)

invierno: *hiems hiemis* (f.)

ira: *ira -ae* (f.)

isla: *insula -ae* (f.)

Italia: *Italia -ae* (f.)

J

jurar: *iuro -are -avi -atum*

justicia: *iustitia -ae* (f.)

L

largo: *longus -a -um*

legado: *legatus -i* (m.)

legión: *legio -onis* (f.)

ley: *lex legis* (f.)

llegar: *advenio -ire -veni -ventum // pervenio -ii -ire -ventum*

llevar: *gero -ere gessi gestum* [la guerra] // *duco -ere duxi ductum // fero ferre tuli latum*

lobo: *lupus -i* (m.)

luchar: *pugno -are -avi -atum*

lugar: *locus -i* (m.)

M

de madera: *ligneus -a -um*

malo: *malus -a -um*

mandato: *imperium -ii* (n.)

mar: *mare -is* (n.)

Marcelo: *Marcellus -i* (m.)

matar: *occido -ere -cidi -cisum*

mensajero: *nuntius -ii* (m.)

Mercurio: *Mercurius -ii* (m.)

mes: *mensis -is* (m.)

mío: *meus -a -um*

miedo: *metus -us* (m.) // *timor -oris* (m.)

Minotauro: *Minotaurus -i* (m.)

monte: *mons montis* (m.)

mucho: *multus -a -um* // adv. *multum*

muerte: *mors mortis* (f.)

mujer: *mulier -eris* (f.) // *femina -ae* (f.)

N

naturaleza: *natura -ae* (f.)

Nerón: *Nero -onis* (m.)

Nilo: *Nilus -i* (m.)

niño: *puer -i* (m.)

no: *haut // non*

nosotros: *nos*

nuestro: *noster -tra -trum*

Numa: *Numa -ae* (m.)

nunca: adv. *numquam*

O

ocho: *octo*

odio: *odium -ii* (n.)

oído: *auris -is* (f.)

ojalá: *utinam!*

ojo: *oculus -i* (m.)

ordenar: *iubeo -ere iussi iussum // impero -are -avi -atum*

oro: *aurum -i* (n.)

os (pron.): *vos*

P

padre: *pater patris* (m.)

patria: *patria -ae* (f.)

paz: *pax pacis* (f.)

pedir: *peto -ere -ivi -itum*

peligro: *periculum -i* (n.)

península: *paeninsula -ae* (f.)

pequeño: *minutus -a -um // parvus -a -um*

pero: *sed*

perpetuo: *perpetuus -a -um*

pesado: *gravis -e*

pedir: *peto -ere -ivi -itum*

plata: *argentum -i* (n.)

poeta: *poeta -ae* (m.)

procurar: *praebeo -ere -bui -bitum*

procurar: *do das dare dedi datum*

profundo: *altus -a -um*

próximo: *propinquus -a -um*

pueblo: *populus -i* (m.)

R

raptar: *rapio -ere -ui -ptum*

rayo: *fulmen -inis* (n.)

regalo: *donum -i* (n.)

reina: *regina -ae* (f.)

rey: *rex regis* (m.)

Rin: *Rhenus -i* (m.)

río: *fluvius -ii* (m.) // *flumen -inis* (n.)

rodear: *cingo -ere cinxi cinctum*

Roma: *Roma -ae* (f.)

romano: *Romanus -a -um*

S

sabino: *Sabinus -a -um*

Sagunto: *Saguntum -i* (n.)

semejante: *similis -e*

Senado: *Senatus -us* (m.)

ser: *sum esse fui*

Sicilia: *Sicilia -ae* (f.)

siempre: adv. *semper*

sin: *sine* [+ Abl.]

sino: conj. *sed*

soldado: *miles -itis* (m.)

someter: *subicio -icere -ieci -iectum // subigo -egi -actum*

su: *suus -a -um*

sueño: *somnus -i* (m.)

T

temer: *timeo -ere -ui*

tener: *habeo -ere -ui -itum*

tiempo: *tempus -oris* (n.)

tierra: *terra -ae* (f.)

todo -a: *omnis -e // totus -a -um* (todo entero)

tomar: *capio -ere cepi captum*

toro: *taurus -i* (m.)

trabajo: *opera -ae* (f.) // *opus -eris* (n.) // *labor -oris* (m.)

traer: *duco -ere duxi ductum*

tras: *post* [+ Ac.]

tropas: *copiae -arum* (f. pl.)

Troya: *Troia -ae* (f.)

tú: *tu*

tuyo: *tuus -a -um*

Túsculo: *Tusculum -i* (n.)

U

unir: *iungo -ere iunxi iunctum*

uso: *usus -us* (m.)

útil: *utilis -e*

V

valientemente: *strenue*

veloz: *celer -eris -ere*

vencedor: *victor -oris* (m.)

vencer: *vinco -ere vici victum*

venir: *venio -ire veni ventum*

ver: *video -ere vidi visum*

verano: *aestas -atis* (f.)

verdad: *veritas -atis* (f.)

verdadero: *verus -a -um*

victoria: *victoria -ae* (f.)

vida: *vita -ae* (f.)

vino: *vinum -i* (n.)

virtud: *virtus -utis* (f.)

vivir: *vivo -ere vixi victum // habito -are -avi -atum*

Y

y: *et*

Suma Piezas es un proyecto educativo de Anaya para Educación Secundaria.

En la realización de esta obra han intervenido:

EDICIÓN: Eduardo Martín Lara

DISEÑO, GRÁFICOS Y CARTOGRAFÍA: Patricia G. Serrano, Juan Carlos Quignon, Paz Franch, Miguel Ángel Castillejos y Míriam Arribas

ILUSTRACIÓN: Montserrat Batet

MAQUETACIÓN: Raquel Horcajo

CORRECCIÓN: Sergio Borbolla

EDICIÓN GRÁFICA: Elena Achón

FOTOGRAFÍA: Alamy/Cordon Press, Age Fotostock, Aisa, Album, Archivo Anaya (Candel, C.; Cosano, P.; Hernández Moya, B.; Leiva, Á.; Martin, J.; Martín, J. A.; Osuna, J.; Padura, S.; Ruiz Pastor, L.; Steel, M.; Sánchez, J.; Valls, R.), Dreamstime, Istock/Getty images, Scala, 123 RF y colaboradores.

Fundación Bertelsmann
Por el empleo juvenil

ORIENTACIÓN ACADÉMICA Y PROFESIONAL: elaborada con el asesoramiento de la Fundación Bertelsmann.

COMPROMISO ODS

Nuestras publicaciones mantienen el rigor en el uso y en la selección de los contenidos, en las imágenes y en el lenguaje, para cumplir con la **no discriminación** por razón de género, cultura u opinión.

Grupo Anaya considera la **responsabilidad social** y **medioambiental** uno de sus valores fundamentales. Por ello, se compromete a:

- mejorar nuestros resultados en materia de medio ambiente,
- reducir nuestras emisiones de carbono,
- hacer uso de los recursos naturales de manera responsable y
- eliminar cualquier impacto negativo de nuestra actividad en los bosques en peligro.

Dichos compromisos, entre otros, hacen que **el 100 % del papel utilizado** en nuestros libros tenga el sello **PEFC.**

Importante:

Las **actividades** propuestas en este libro deben ser realizadas en cuadernos u hojas sueltas; nunca en el propio libro.

Los **enlaces** a las páginas web que aparecen en este libro han sido revisados en la fecha de su impresión. La editorial no se hace responsable de las modificaciones o las anulaciones que se produzcan en ellos con posterioridad a dicha fecha.

ISBN: 978-84-698-8393-8 - Depósito Legal: M-5047-2021 - Printed in Spain.

ET040574/1E1I - 8450064